21世纪普通高等学校信息素质教育系列规划教材

信息检索

（视频版）

主　编　明均仁

副主编　李爱明　谢守美　李少义

华中科技大学出版社

http://www.hustp.com

中国·武汉

内容简介

本书对信息素养、信息资源、信息检索的方法和途径进行了介绍;以信息资源检索工具为主线,系统地阐述了信息检索的基本知识,较全面地比较了各类图书、期刊、会议论文、科技报告、学位论文、专利等类型的信息资源的特点和国内外主要检索工具及其检索方法;针对计算机和网络技术的发展,对网络信息检索和图书馆检索服务进行了深入分析;结合大学生的需求,详细介绍了学位论文写作所需的资料准备、论文构成和撰写等内容。

本书实用性强,适用面广,图文并茂,便于教学与阅读。本书可作为高等院校大学生的信息检索课程教材,也可作为各类信息机构的岗位培训教材。

图书在版编目(CIP)数据

信息检索/明均仁主编.—武汉:华中科技大学出版社,2021.2(2025.9重印)
ISBN 978-7-5680-6963-2

Ⅰ.①信…　Ⅱ.①明…　Ⅲ.①信息检索-高等学校-教材　Ⅳ.①G254.9

中国版本图书馆 CIP 数据核字(2021)第 035798 号

信息检索
Xinxi Jiansuo

明均仁　主编

策划编辑:曾　光
责任编辑:白　慧
封面设计:孢　子
责任监印:朱　玢
出版发行:华中科技大学出版社(中国·武汉)　　电话:(027)81321913
　　　　　武汉市东湖新技术开发区华工科技园　　邮编:430223
录　　排:武汉创易图文工作室
印　　刷:武汉邮科印务有限公司
开　　本:787mm×1092mm　1/16
印　　张:13.75
字　　数:370 千字
版　　次:2025 年 9 月第 1 版第 4 次印刷
定　　价:59.00 元

前言

PREFACE

信息已成为当今社会发展的重要战略资源,信息检索作为专门研究信息存储与信息获取的学科,对于提高人们的信息素养与信息获取能力具有重要意义。

目前,各高校都开设了"信息检索""文献信息检索与论文写作""信息检索与利用""网络信息资源检索与利用"等课程,其目的就是使非图书情报档案专业的学生能更好地使用各种信息检索系统,提升信息检索能力。本书不仅介绍了信息检索的基本知识,并按照信息资源的类别阐述了各类信息资源的检索和使用,包括图书信息检索、期刊信息检索、特种文献检索、网络信息检索和图书馆检索服务,还阐述了学位论文的资料准备、结构和撰写等内容。

本书共八章,由明均仁担任主编,负责全书的组织设计、质量控制和统编定稿。本书编写分工如下:第 1 章由邓梅霜、谢守美编写,第 2 章和第 3 章由李爱明、张石琦编写,第 4 章由李少义、李育琛编写,第 5 章由朱君妍、冯利娜编写,第 6 章和第 8 章由明均仁、陈晓禹、邓梅霜编写,第 7 章由陈蓉、明均仁编写。

在本书编写过程中,借鉴了国内部分外最新的出版物、数据库和网上资料,因为篇幅所限,未能在文中一一注明,在此谨向各位专家学者表示由衷的感谢。由于书中涉及的国内外信息检索系统较多,且各个检索系统不断升级更新,也由于作者水平有限,加之时间仓促,书中难免存在不当或错误之处,恳请读者批评指正,以便不断改进。

本书具有全面系统、资料丰富、内容实用、图文并茂、可操作性强等特点,便于教学与阅读,读者可通过扫描书中的二维码观看对应微课视频。同时,本书配套有精心制作的 PPT 课件、教学大纲、实验大纲、讲义、习题库等辅助教学资料,授课教师可发邮件至 xinxijiansuo2021@126.com 免费索取。

编 者
2021 年 01 月

目录

CONTENTS

第1章

绪论

微课视频

　　知识是人类进步的阶梯,而书籍是知识传承的载体。高校图书馆藏书丰富,是大学生们身边一座取之不尽的知识"金矿",是走出课堂后仍陪伴在身边的最博学的老师。

　　著名作家、哲学家赵鑫珊在他的散文体自传《我是北大留级生》中坦言,他为了能在北大图书馆继续汲取知识,故意挂科留级一年,如饥似渴地大量阅读国际大师们的原著,打通文理界限,为自己种下了哲学、艺术、科学的种子,为后来瞩目的成就奠定了坚实的基础。当代女作家迟子建也饱含深情地回忆,她因高考失利只考上一所名不见经传的大兴安岭示范专科学校,可是却拥有充足的时间泡在图书馆里看书,觉得图书和大自然对她的帮助很大,并建议人们多读经典书,"不读经典就像你每天早上只吃维生素不吃早饭,这样会造成营养的失衡。文化的传承一定要有一个过程,不读经典作品,你就不知道它的滋养有多深厚"。

　　如果说,课堂上老师把你领进知识的大门,那么图书馆就是个人修行的最好去处。身处书山学海之中,那种刻苦钻研、自强不息的精神定会得到极大的激发,而独立思考、勇于探索的能力也会得到很好的培养。这也为培养终身学习的习惯、适应社会发展变化、不断接受新生事物、勇于创新打下了良好的基础。

　　有人曾告诫即将走入大学的学子们:如果说,在大学里有一门课不能逃,那就是图书馆;如果说,在课堂之外有个最能让你成长的地方,那就是图书馆;如果说,在一个学校里有一处最有价值的地方,那就是图书馆。因此,倘若在大学的几年时间里你很少去图书馆,就等于浪费了一大笔财富。即使你所在的大学没有像北大、清华等名牌大学那样的图书馆,但是所在学校图书馆里面的信息量肯定足够让你吸收了。有空就去图书馆吧,那里绝对是一块"风水宝地"。

　　其实,每一个不愿荒度光阴、对知识如饥似渴的大学生都会迫不及待地走入图书馆这座知识的宝殿。然而,令人遗憾的是,面对种类繁多的图书、期刊,身处一排排森然林立的书柜之中时,新入校的大学生往往茫然不知所措。更可惜的是,一些快毕业的大学生竟然对馆内藏有的数字图书及网络资源还一无所知,当需要撰写毕业论文时才急匆匆地跑来查询。这些现象说明大学生对图书馆资源缺乏深度了解,也反映了信息时代的大学生缺乏对信息的敏锐感,其信息处理和利用能力亟待提高。

　　为了帮助大学生更好地利用图书馆资源,各高校专门开设信息检索课程,旨在提高大学生的信息素养,使他们了解并掌握各种文献资源及其检索方法。本教材首先对电子图书资源、期刊信息资源、特种文献资源、网络信息资源等资源的检索方法做全面而具体的介绍;然后,介绍图书馆可以提供的各种检索服务;最后,针对大学生撰写学位论文时可能遇到的问题进行技术指导。

1.1　大学生信息素质教育

　　网络时代,文献信息服务方式和知识载体的多元化趋势日益明显,知识的传播手段和传播渠道有了重大的改变,表现出了前所未有的多样性和复杂性。虽然人们可以轻而易举地通过互联网获取大量信息和知识,但是很难在庞大而杂乱的信息海洋里迅速而准确地筛取所需的信息。而作为文献信息储存和传递中心的图书馆,在信息整合、信息检索、信息咨询等方面默默地开展自己的工作,为读者提供快捷、方便的服务。所以,图书馆仍然是大学生获取信息和知识的首选之地。

尽管图书馆提供了丰富的信息资源,但大学生读者也需培养和提高信息素质,才能更好地获得自己所需要的信息。

1.1.1　信息素质的定义

信息素质一词,最早是由美国信息产业协会主席 Paul 在 1974 年提交的一份报告中提出的。当时,他将信息素质定义为:"经培训后能够在工作中运用信息的人即认为具备了信息素质,他们在掌握信息工具的使用及熟悉信息源的基础上,能够解决实际问题。"经过 5 年的研究,美国信息产业协会于 1979 年更新了信息素质的定义,即"掌握了利用信息工具的知识与技能,并能够将其应用于解决实际问题"。

1989 年,美国图书馆协会(American Library Association, ALA)明确指出:"具备信息素质的人,是能够敏锐地洞察信息需求,并能够进行相应的信息检索、评估和有效利用所需信息的人。"

我国学者马海群指出,信息素质可广义地理解为信息化社会中个体成员所具有的各种信息品质,包括信息智慧(涉及信息知识与技能)、信息道德、信息意识、信息觉悟、信息观念、信息潜能、信息心理等。

美国学者 H. B. Rader 对信息素质的定义:信息素质是在解决问题和做决策时有效地找到和评价信息的能力。包括在现代信息环境中求生存、谋发展的能力,迅速适应外部环境变化的能力,解决问题时能把合适的信息找出来的能力,还包括熟练使用计算机方面的能力。他认为,信息素质是未来社会生存的必备条件,具备较强信息素质的人将是在信息社会中能够终身学习的人。

简单地说,信息素质就是人们获取、评价和使用知识信息资源的能力,是人们跨入信息社会,在生理素质、心理素质和社会文化素质等基本品质的基础上,发展并优化出来的一种新品质,是信息时代对人类的一种高要求,是现代人才在信息环境下获取、加工和利用知识信息所必需的技能。信息素质的内涵包括三个方面:信息意识、信息能力、信息道德。信息意识是指人们对信息的敏感程度,信息能力是指发现、评价、利用和交流信息的能力,信息道德是指在信息活动中应遵循的道德规范。

1.1.2　信息素质的个体特征和评判标准

信息素质是现代人必备的一种能力、品质或素养,那么作为一名具备信息素质的学生应具有哪些特征?

美国图书馆协会和教育传播与技术协会于 1998 年制定的九大信息素质标准从信息素质、独立学习和社会责任三个方面加以表述:

(1)信息素质的标准:具备信息素质的学生能够有效并高效地获取信息,能够全面地、评判性地评估信息,能够准确地、创造性地利用信息。

(2)独立学习的标准:具有独立学习能力的学生具备较高的信息素质,能探求与个人兴趣有关的信息,能够理解文献以及对信息进行其他形式的创造性表达,能够在信息查询与知识创新中力争最优。

(3)社会责任的标准:对学习社区和社会有积极贡献的学生具备信息素质,并能认识信息对民主社会的重要性,能够基于伦理道德规范利用信息以及信息技术,在探求和创新信息的过程中具有团队精神。

除了上面介绍的由一些国家机构或协会制定的标准和指南之外,一些大学在实施信息素质教育教学的过程中,也制定了符合自身特色的信息素质标准。例如,美国加州州立大学(CSU)在信息素质教育计划中,确定信息素质共包括十种核心能力:①确定研究主题;②确定研究主题的信息需求;③检索与研究主题相关的信息;④利用信息技术获取信息;⑤评估信息;⑥组织和分析信息;⑦利用信息技术进行交流;⑧明确有关信息和信息技术的伦理、法律和社会政治问题;⑨评判性地利用、评价和对待从大众媒介获取的信息;⑩对研究过程和结果进行评价。

◆ 1.1.3　信息素质教育的意义

(1)信息素质教育是社会经济发展的需要。

在信息社会,经济主体由制造业转向以高新科技为核心的第三产业,即信息和知识产业,劳动力主体也不再是机械的操作者,而是信息的生产者和传播者。信息技术在资料生产、科研教育、医疗保健、企业和政府管理以及家庭中得到广泛应用,在对经济和社会发展产生巨大而深刻的影响的同时,也从根本上改变了人们的生活方式、行为方式和价值观念。高效查询、存储、利用信息成了人们日常工作和学习中必不可少的技能。只有接受信息素质教育,人们才能适应信息时代的需求,找到理想的工作,自由自在地享受信息技术带来的各种便捷服务。

(2)信息素质教育是信息时代促进高校进行的一场教育改革。

高等院校顺应时代发展,培养符合社会需要的合格人才。信息社会需要具备信息素质的人才,高校就必须在教育观念、教学计划、教学课程安排等方面不断进行革新,对在校大学生进行信息素质教育,培养其良好的信息意识、较强的信息能力和较高的信息道德,尤其是要使他们牢固树立终身学习的观念,不断地更新自我,完善自我,适应知识经济时代发展的需要。

目前,高校在信息素质培养上存在一定的误区,如将信息检索课程或计算机课程完全等同于信息素质教育。事实上,信息素质教育的内涵不仅包括利用信息的能力,还包括强烈的信息意识和信息道德意识等。高校学生信息素质的培养不能光靠图书馆一个部门,可以结合各高校的实际情况大胆尝试各种教学形式。例如,采用联机信息素质指导(online information literacy instruction),作为课堂教学的辅助;还可以将信息素质教学活动置于实现其他课程教学目标的背景下进行,在辅助其他课程完成教学任务的同时,也实现了培养学生信息素质能力的目标。总之,信息素质教学目标的实现需要图书馆员、教师、学生及管理层的密切合作,只有这样,才能更好地开展信息素质教育。

(3)信息素质教育是当代大学生必须接受的一项通识教育。

大学生首先应该懂得,信息素质是现代社会的人类应该具备的一种基本品质,掌握信息技术是人们立足社会应该通晓的一项普通技能。大学生在大学期间要自觉地接受信息素质教育,努力提高个人信息素质。大学生要在课堂外多多利用图书馆,善于利用图书馆,把图书馆当成课堂外另一个不可缺少的老师。刚走入大学的新生要迅速熟悉和了解各种图书馆馆藏资源(纸质文献、数字图书、网络资源等),要结合专业课的学习,主动到图书馆查询相关信息和资料,以获得及时辅导,并拓展知识结构,培养一种自我探究式的学习能力。将来走向社会,大学生应该将这种学习方式延续到今后的生活和工作中,适应日新月异的信息技术和不断发展的时代步伐。

◆ 1.1.4 信息素质教育的现状

自 20 世纪 40 年代第一台电子计算机诞生以来,信息技术得到迅猛发展,而随着互联网的出现,一种全新的网络经济由此产生,人类社会从工业时代跨入了信息时代。

可以说,互联网正在快速地改变着全球经济,也改变着人类的文明,改变着我们每一个人的生活方式和工作方式。信息取代物质、资本而成为社会的战略资源,要想在社会竞争中立于不败之地,就必须最先获取丰富的信息资源,因此急需大批具备信息素质的人才。高校就是为信息社会培养合格的信息技术人才的地方,信息素质教育应当成为高校的重要任务。

美国是一个危机意识十分强烈的国家,在教育领域显得尤为突出。早在 20 世纪 70 年代末 80 年代初,由于多项研究成果表明,美国学生在数理学科和其他学科领域的测验成绩令人遗憾,因此美国教育质量委员会发表了一篇名为《处于危险中的国家》的报告。后来在里根总统的倡议下,该委员会又撰写了一份报告,阐明了学业水准下降的现状与提高教学质量的必要性,并在全国的电视、报纸等新闻媒体广为报道,引起了公众对教育问题前所未有的关注,促使许多州的立法机关和学校采取措施以改进教学工作,并制定了一系列信息素质评估标准。从信息素质教育评估标准可以看出,当时美国已经在为未来的信息社会做准备,具有高瞻远瞩的战略思维。

20 世纪 80 年代初,邓小平提出"计算机普及要从娃娃抓起",这句意义深远的话推动了我国计算机普及事业和信息科技事业的长足发展,也引起了教育界对信息素质教育的高度重视。

2000 年我国教育部印发了《中小学信息技术课程指导纲要(试行)》,明确了中小学信息技术课程的主要任务:培养学生对信息技术的兴趣和意识,让学生了解和掌握信息技术基本知识和技能,了解信息技术的发展及其应用对人类日常生活和科学技术的深刻影响。通过信息技术课程使学生具有获取信息、传输信息、处理信息和应用信息的能力,教育学生正确认识和理解与信息技术相关的文化、伦理和社会等问题,负责任地使用信息技术;培养学生良好的信息素养,把信息技术作为支持终身学习和合作学习的手段,为适应信息社会的学习、工作和生活打下必要的基础。并要求信息技术课程的设置要考虑学生心智发展水平和不同年龄阶段的知识经验和情感需求,小学、初中和高中阶段的教学内容安排要有各自明确的目标,要体现出各阶段的侧重点,要注意培养学生利用信息技术对其他课程进行学习和探讨的能力。努力创造条件,积极利用信息技术开展各类学科教学,注重培养学生的创新精神和实践能力。

教育部一直倡导高校培养大学生良好的信息素养,以适应信息时代的需要。虽然"文献检索课"不能取代信息素质培养,但它也是信息素质培养的一个重要部分。80 年代初,教育部颁发了《中华人民共和国高等学校图书馆工作条例》,将"文献检索课"规定为高校图书馆工作任务之一。1992 年 5 月,原国家教委又印发了《文献检索课教学基本要求》,对"文献检索课"的课程性质、教学目的要求、课程组织计划、教学检查评估做了细致而全面的规定。1999 年 6 月,《中共中央国务院关于深化教育改革,全面推进素质教育的决定》中指出:在"一次教育"已经过时,"终生教育"成为时代要求的形势下,现代高等教育的一个重要目标就是要培养大学生的信息素质。2002 年,教育部高等学校图书情报工作指导委员会主办的全国高校信息素质教育学术研讨会在黑龙江大学召开,首次将"文献检索课教学学术研讨会"改名为"信息素质教育学术研讨会",这表明文献检索课教学已进入了新的阶段,发生了质的变化,图书馆用户教育又向前迈进了一大步。近几年,教育部大力提倡包括信息素质教育在内的素质教育,高教司已在"新世纪高等教育教学改革工程"中设立了"网络条件下的文献信息用户教育研究"项目,并委托清华大学图书馆主持研究。

尽管国家教育部门十分重视大学生信息素质的培养,但我国高校对信息检索课程普遍不够重视。大多数高校仅把信息检索课作为选修课,甚至由于选课的学生人数比较少而干脆取消这门课。由于我国教育还是以应试教育为主,信息素质教育大都停留于口号中,所以导致大学生的信息素质层次普遍较低。60%的大学生不了解信息系统,停留在纸本文献上;70%以上的大学生在撰写毕业论文(设计)时不会利用图书馆藏书,甚至工作后也不会获取与利用信息。

目前国内还缺乏像美国高校信息素质评估标准那样的标准,更没有一个评估和考量的机构。总之,在信息素质教育上,我国高校同国外高校相比还显得有些形式化、表面化,仍存在一定的差距。

1.2　信息素养

信息素养(information literacy)的本质是全球信息化需要人们具备的一种基本能力。信息素养是一个含义广泛的综合性概念,信息素养不仅包括高效的利用信息资源和信息工具的能力,还包括获取和甄别信息、加工和处理信息、传递和创造信息的能力,更重要的是具有独立自主学习的态度和方法、批判精神以及强烈的社会责任感和参与意识,并将它们用于实际问题的解决中。

◆　1.2.1　信息素养的定义

信息素养概念的酝酿始于美国图书检索技能的演变。1974 年,美国信息产业协会主席 Paul Zurkowski 率先提出"信息素养"这一全新概念,将其解释为:信息素养是人们利用大量的信息工具及主要信息源使问题得到解答的技能。信息素养的概念一经提出,便得到了广泛传播和使用。世界各国的研究机构纷纷围绕如何提高信息素养展开了广泛的探索和深入的研究,对信息素养概念的界定、内涵和评价标准等提出了一系列新的见解。

1987 年,信息学家 Patrieia Breivik 将信息素养概括为:一种了解提供信息的系统并能鉴别信息价值,选择获取信息的最佳渠道,掌握获取和存储信息的基本技能。

1989 年,美国图书馆协会(ALA)下设的"信息素养总统委员会"在其年度报告中对信息素养的含义进行了重新概括:"要成为一个有信息素养的人,就必须能够确定何时需要信息,并且能够有效地查寻、评价和使用所需要的信息。"即认为信息素养是个体能够认识到需要信息,并且能够对信息进行检索、评估和有效利用的能力,包括文化素养、信息意识和信息技能三个层面。

1992 年,Doyle 在《信息素养全美论坛的终结报告》中将信息素养定义为:一个具有信息素养的人,他能够认识到精确的和完整的信息是做出合理决策的基础,确定对信息的需求,形成基于信息需求的问题,确定潜在的信息源,制定成功的检索方案,从包括基于计算机和其他信息源获取信息、评价信息、组织信息于实际的应用,将新信息与原有的知识体系进行融合,在批判性思考和问题解决的过程中使用信息。

简而言之,信息素养是一种基本能力,是一种对信息社会的适应能力。美国教育技术CEO 论坛 2001 年第 4 季度报告提出,21 世纪的能力素质包括基本学习技能(读、写、算)、信息素养、创新思维能力、人际交往与合作精神、实践能力。信息素养是其中一个方面,它涉及信息的意识、信息的能力和信息的应用。

信息素养是一种综合能力,涉及各方面的知识,是一种特殊的、涵盖面很宽的能力,它包含人文、技术、经济、法律等诸多因素,和许多学科有着紧密的联系。信息技术支持信息素养,通晓信息技术强调对技术的理解、认识和使用。而信息素养的重点是内容、传播、分析,包括信息检索以及评价,涉及更宽的方面。信息素养是一种了解、搜集、评估和利用信息的知识结构,既需要通过熟练地运用信息技术,也需要通过完善的调查方法,通过鉴别和推理来完成。信息素养是一种信息能力,信息技术是它的一种工具。

◆ **1.2.2　信息素养的具体内容和评价标准**

1)信息素养的具体内容

信息素养包括关于信息和信息技术的基本知识和基本技能,运用信息技术进行学习、合作、交流和解决问题的能力,以及信息意识和信息社会伦理道德问题。具体而言,信息素养应包含以下五个方面的内容:

①热爱生活,有获取新信息的意愿,能够主动地在生活实践中不断地查找、探究新信息;

②具有基本的科学和文化常识,能够较为自如地对获得的信息进行辨别和分析,正确地加以评估;

③可灵活地支配信息,较好地掌握选择信息、拒绝信息的技能;

④能够有效地利用信息来表达个人的思想和观念,并乐意与他人分享不同的见解或资讯;

⑤无论面对何种情境,都能够充满自信地运用各类信息解决问题,有较强的创新意识和进取精神。

美国提出的"信息素养"概念则包括三个层面:文化层面(知识方面)、信息意识(意识方面)和信息技能(技术方面)。经过一段时期的发展后,正式定义为:"要成为一个有信息素养的人,他必须能够确定何时需要信息,并具有检索、评价和有效使用所需信息的能力。"

信息素养的四个要素共同构成一个不可分割的统一整体,其中信息意识是先导,信息知识是基础,信息能力是核心,信息道德是保证。

2)信息素养的评价标准

1998 年,美国图书馆协会和教育传播与技术协会制定了学生学习的九大信息素养标准,概括了信息素养的具体内容。

标准一:具有信息素养的学生能够有效和高效地获取信息。

标准二:具有信息素养的学生能够熟练地、批判性地评价信息。

标准三:具有信息素养的学生能够精确地、创造性地使用信息。

标准四:作为一个独立学习者的学生具有信息素养,并能探求与个人兴趣有关的信息。

标准五：作为一个独立学习者的学生具有信息素养，并能欣赏作品和其他对信息进行创造性表达的内容。

标准六：作为一个独立学习者的学生具有信息素养，并能力争在信息查询和知识创新中做得最好。

标准七：对学习社区和社会有积极贡献的学生具有信息素养，并能认识信息对民主社会的重要性。

标准八：对学习社区和社会有积极贡献的学生具有信息素养，并能实行与信息和信息技术相关的符合伦理道德的行为。

标准九：对学习社区和社会有积极贡献的学生具有信息素养，并能积极参与小组的活动以探求和创建信息。

◆ 1.2.3 信息素养的能力表现

信息素养主要表现为以下八个方面的能力。

1）运用信息工具

能熟练使用各种信息工具，特别是网络传播工具。

2）获取信息

能根据自己的学习目标有效地收集各种学习资料与信息，能熟练地运用阅读、访问、讨论、参观、实验、检索等获取信息的方法。

3）处理信息

能对收集的信息进行归纳、分类、存储记忆、鉴别、遴选、分析综合、抽象概括和表达等。

4）生成信息

在信息收集的基础上，能准确地概述、综合、履行和表达所需要的信息，使之简洁明了、通俗流畅并且富有个性特色。

5）创造信息

在多种信息的交互作用的基础上，迸发创造思维的火花，产生新信息的生长点，从而创造新信息，达到收集信息的终极目的。

6）发挥信息的效益

善于运用收集的信息解决问题，让信息发挥最大的社会和经济效益。

7）信息协作

使信息和信息工具作为跨越时空的、"零距离"的交往和合作中介，使之成为延伸自己的高效手段，同外界建立多种和谐的合作关系。

8）信息免疫

浩瀚的信息资源往往良莠不齐，需要有正确的人生观、价值观，要有甄别能力以及自我控制和自我调节能力，能自觉抵御和消除垃圾信息及有害信息的干扰和侵蚀，并且完善合乎时代要求的信息伦理素养。

◆ 1.2.4 提高信息素养的现实要求

1）信息意识与情感

要具备信息素养，无疑要学会运用信息技术，但不一定非得精通信息技术。况且，随着科学技术的发展,信息技术正朝着成为"大众的伙伴"的方向发展,操作也越来越简单,为人们及时获取各种可靠的信息提供了便利。因此,现代人的信息素养的高低,首先取决于其信息意识和情感。信息意识与情感主要包括:①积极面对信息技术的挑战,不畏惧信息技术;②以积极的态度学习操作各种信息工具;③了解信息源并经常使用信息工具;④能迅速而敏锐地捕捉各种信息,并乐于把信息技术作为基本的工作手段;⑤相信信息技术的价值与作用,了解信息技术的局限性及负面效应,从而正确对待各种信息;⑥认同与遵守信息交往中的各种道德规范和约定。

2)信息技能

现代社会中的师生应该具备以下六大信息技能:

①确定信息任务——确切地判断问题所在,并确定与问题相关的具体信息。

②决定信息策略——在可能需要的信息范围内决定哪些是有用的信息资源。

③检索信息策略——开始实施查询策略。这一部分技能包括使用信息获取工具,组织安排信息材料和课本内容的各个部分,以及决定搜索网上资源的策略。

④选择利用信息——在查获信息后,能够通过听、看、读等行为与信息发生相互作用,以决定哪些信息有助于解决问题,并能够摘录所需要的记录,拷贝和引用信息。

⑤综合信息——把信息重新组合和打包成不同形式,以满足不同的任务需求。综合可以很简单,也可以很复杂。

⑥评价信息——通过回答问题确定实施信息问题解决过程的效果和效率。在评价效率方面,还需要考虑花费在价值活动上的时间,以及对完成任务所需时间的估计是否正确等。

1.2.5 开展信息素养教育的有效途径

信息技术教育包括两个层面,一是信息技术课程,二是信息技术课程与其他课程的整合。

如今,提高青少年的信息素养已经成为渗透素质教育的核心要素。这就对教师提出了新的要求,即在开设信息技术课程的同时,积极、努力地探索信息技术与其他课程的整合思路与方法,在课堂上应用现代信息技术,把信息技术教育课程真正融入其他课程中,通过学校教育培养学生的信息素养。为此,教师应做到以下几点。

努力将信息素养的培养融入存在有机联系的教材、认知工具、网络以及各种学习与教学资源的开发之中。通过多样化的信息呈现形式来促进学生对信息的需求,培养学生查找、评估、有效利用、传达和创造具有各种表征形式的信息的能力,并由此扩展学生对信息本质的认识。

坚持以学生的发展为本。不要过分注重学科知识的学习,而应关心如何引导学生应用信息技术工具来解决问题,特别是通过把信息技术的学习与学科教学相结合,让学生把信息技术作为获取知识、加工信息、为解决问题服务的工具。同时,教师要关心学生的情感发展,不能因为信息技术的介入而忽略了与学生的直接对话和沟通。

在培养学生信息素养的同时,还要注意发展与信息素养密切相关的"媒体素养""计算机素养""视觉素养""艺术素养""数字素养",以期全面提高学生的综合素质以适应信息时代的需要。

信息素养教育要以培养学生的创新精神和实践能力为核心。因此,在信息技术课程中,必须创建自主学习和协作学习的环境,让学生自主探究、主动学习,教师成为课程的设计者和学生学习的指导者,让学生真正成为学习的主体。教师可以利用网络和多媒体技术,构建信息丰富的,有利于学生自主学习、协作学习和研究性学习的反思性学习环境与工具,开发学生自主学习的能力,允许学生进行自由探索,极大地促进他们的批判性、创造性思维的养成和发展。

在我国,针对国内教育的实际情况,学生的信息素养培养主要针对以下五个方面的内容:

(1)热爱生活,有获取新信息的意愿,能够主动地在生活实践中不断地查找、探究新信息。

(2)具有基本的科学和文化常识,能够较为自如地对获得的信息进行辨别和分析,正确地加以评估。

(3)可灵活地支配信息,较好地掌握选择信息、拒绝信息的技能。

(4)能够有效地利用信息,善于表达个人的思想和观念,并乐意与他人分享不同的见解或信息。

(5)无论面对何种情境,都能够充满自信地运用各类信息解决问题,有较强的创新意识和进取精神。

1.3　信息与信息资源

◆　1.3.1　信息、知识、情报

信息、情报、知识通常被人们混为一谈,但学术界一直在对这些概念进行探讨,认为它们之间有着区别与联系。

什么是信息?不同领域、不同学科有着不同的见解,有的认为信息是物质的范畴与属性,有的认为信息就是事件,有的把信息看成结构,有的把它看作知识的代表,等等。但总体可概括为两类基本观点:

一是信息的哲学观。从哲学角度来看,信息的概念可以分为两个基本层面,即本体论信息和认识论信息。所谓本体论信息,是指一切事物的存在方式和运动状态的自我表述。不同的事物有着各自不同的存在方式与运动状态、运动规律,这就构成了各种事物的特征,也就是这些事物各自发出的不同信息。这强调的是信息的客观存在性。而所谓认识论信息,是指主体对事物的存在方式和运动状态的具体描述。人们通过识别信息来认识世界和改造世界。这强调的是信息的主观认识性。信息既是客观存在的,又是人类主观认识的产物。

二是信息的发生观。根据信息发生情况的不同,可以将信息分为三种类型:自然信息、生物信息和社会信息。自然信息是指山川、河海、日月、星辰等自然界的变化所提供的信息。生物信息是指生物之间或生物与人之间相互联系所使用的语言或信号,如气味语言、声音语言、色彩语言、运动语言等。社会信息是指人与人之间传递的信息,包括各种消息、知识、情报等。人与人之间传递信息的工具通常有语言、文字、图像、电子数据等。

信息具有一种基本特征,即独立性。同一信息可以用文字记录,也可以用语言表达,可以用录音磁带存储,也可以用图像显示,其意义保持不变。

　　信息普遍存在于自然界、人类社会以及人们的认识和思维过程中,因而具有客观性、普遍性、无限性、相对性、抽象性、依附性、动态性、共享性、传递性等特点。在现代社会中,人们每天都要处理和传递各种不同形式的信息,随着信息量的增大、信息价值的增长、信息交换频率的提高,信息已成为现代社会一大资源。从形式上看,信息是可测量的;从内容上看,信息是可评估和选择的;从价值上看,信息是不会因使用而耗损或消亡的,但会随着时空的变化而失去意义。

　　什么是知识?同信息一样,它也没有一个统一的定义,但大致存在两种观点:

　　一是知识的认识观,即认为知识就是人类对自然和社会的运动形态和规律的认识和掌握,是从感性认识向理性认识的飞跃,透过现象看本质,从而掌握事物的客观规律。

　　二是知识的信息观。这种观念认为知识就是人脑接受外界的信息,意识和思维把收到的信息与已存储(记忆)的信息联系起来,进行加工组合,从而建立起一个个的信息系统,也就是一个个的知识单元,这些知识单元进而构成关于客观世界的各种事物的概念、规律和理论。由此可见,信息是产生知识的原材料,知识是信息加工的产物。

　　知识作为信息系统,仍然具有信息的基本特征,能够传递、接受、存储、处理、输出信息。

　　什么是情报?有人认为情报是帮助特定对象思考与行动的、经过筛选和整理的知识。而更多的人认为情报就是某对象所需的特定信息,例如,科技部门所需要的信息称为科技信息或科技情报,军事部门所需的信息就是军事情报,图书馆向用户提供的信息就是图书情报。

　　信息、知识和情报三者之间既有联系又有区别。信息包含知识和情报,知识、情报都是特殊的信息,其中知识是人类认识事物运动规律的系统化信息,而情报是向特定对象传递的特定知识或信息。知识和情报之间是一种交叉关系,提供给特定对象的情报有的是知识,有的只是某种信息。由此得出信息、知识和情报三者之间的关系图(见图1.1)。

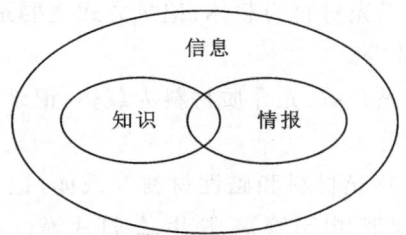

图 1.1　信息、知识和情报三者关系图

1.3.2　信息资源的类型

　　马费成在《信息资源管理》中提出:"所谓资源,是指在自然界和人类社会中可以用以创造物质财富和精神财富的、原始的、达到一定量的客观存在形态,如土地资源、矿产资源、森林资源、海洋资源、石油资源、人力资源等。一般可分为自然资源和社会资源两大类。"随着信息时代的到来,信息已经成为一种越来越重要的社会资源。人们对信息进行加工、存储和利用,可以带来极为广泛的经济效益和社会效益。信息资源成为人类发展所必需的资源,与物质资源、能源资源一起,成为现代社会经济发展的三大支柱。

　　什么是信息资源?从资源的定义推导得出,可以为人类创造物质财富和精神财富的一切信息就是信息资源。其实,对信息资源的理解应该分为两个层面:从狭义上讲,信息资源是由信源发出,通过人脑和智能机器加工处理的一切信息;从广义上讲,信息资源是指人类社会信息活动中积累的以能创造物质财富和精神财富的信息为核心,以及参与加工、存储和利用这些信息的一切设备、技术、人才的集合,也就是与信息活动相关的各种资源的总称。

信息资源的范围十分广泛,种类繁多,其分类方法也多种多样。

第一,从信息资源所描述的对象来划分,信息资源可分为自然信息资源、机器信息资源和社会信息资源等。自然信息资源是指来自自然界的信息资源,机器信息资源是指反映和描述机器(体系)本身运动状态及变化特征的信息资源,社会信息资源是指人类生产与生活中不断产生和交流的信息资源。

第二,从信息资源的载体和存储方式来划分,信息资源可分为天然信息资源、智力信息资源、实物信息资源、文献信息资源、网络信息资源等。天然信息资源是指以自然物质为载体,未经人类发掘的自然信息资源;智力信息资源是指以人脑为载体,经过人脑加工的信息资源,包括人所掌握的技能、经验等;实物信息资源是指以人类生产出的产品、样品、模型等实物为载体的信息资源,人们可以通过这些加工出来的实物所传递的信息进行学习和仿制;文献信息资源是指以文献为载体的信息资源;网络信息资源是指计算机技术、通信技术、多媒体技术相互融合而形成的网络上可查找到的资源。

其中,文献信息资源又可根据不同的划分方式分为不同的类型。

(1)以记录方式和载体材料为依据,可划分为书写型文献信息资源、印刷型文献信息资源、缩微型文献信息资源、机读型文献信息资源、声像型文献信息资源。

书写型文献信息资源:一般以纸张为载体,记录方式为人工抄写,包括手稿、信件、日记、原始档案等。

印刷型文献信息资源:主要以纸张为载体,记录方式主要是印刷技术,包括油印、铅印、胶印、复印、激光打印等。

缩微型文献信息资源:以感光材料为载体,记录方式主要是光学记录技术,主要类型有缩微胶卷、缩微平片、缩微卡片等。

机读型文献信息资源:以磁介质、光介质材料为载体,记录方式为磁录、光录技术,主要类型有磁带、磁盘、软盘、光盘等。

声像型文献信息资源:以感光材料和磁性材料为载体,记录方式为光录技术和磁录技术,主要类型有唱片、录音录像带、电影胶卷、胶片、幻灯片等。

(2)以不同加工深度为依据,可划分为零次文献、一次文献、二次文献、三次文献。

零次文献:主要指尚未经过系统整理形成正式文献的零散资料,如未正式发表的书信、手稿、讨论稿、实验的原始数据、工程草图、人们在某些专业会议上口头交流的经验或某些论点等。

一次文献:主要指作者以本人的研究成果为基本素材而创作或撰写的文献,如学术专著、期刊论文、专利说明书等。

二次文献:主要指文献工作者对一次文献进行加工、提炼和压缩之后得到的产物,是为了便于管理和利用一次文献而编辑、出版和累积起来的工具性文献,一般包括目录、题录、文摘、索引等。

三次文献:主要指对有关的一次文献和二次文献进行广泛深入的分析研究之后综合概括而成的产物,具体包括述评、综述、文献指南等。

（3）以不同的著录形式为依据，可划分为图书、期刊、报纸、研究报告、会议文献、专利文献。本教材将按这种文献划分类型进行讲述。

图书：论述或介绍某一学科或领域知识的出版物，包括两种类型，一是阅读类图书，二是参考类图书。

期刊：印刷或非印刷形式的出版物，具有统一的题名，定期或不定期以连续分册的形式出版，有卷期或年月标志，并且计划无限期地连续出版。

报纸：有固定名称、刊期、开本，以新闻报道为主要内容，每周至少出版一期的散页连续出版物。

研究报告：一种特殊类型的信息源，一般用来反映科学研究和开发、调查工作的成果或进展情况。研究报告也具有向上级或其他相关人员陈述工作成果的作用。

会议文献：关于各类学术交流会议的资料和出版物，包括与会者在会议前和会议中提交的会议论文预印本、与会者在会议上宣读的论文、会议期间散发的资料和会议后经过编辑加工的正式出版物。

专利文献：由国家专利主管机关出版的，对各种发明创造进行详细描述，并表明在一定时期内发明所有人拥有独占权的法律文件的总称。

此外，还可从信息资源的内容划分为政治、经济、文化等方面的信息资源，从信息资源的来源划分为来自组织内部的信息资源和来自组织外部的信息资源。信息资源的划分标准和方式并不是唯一的、固定的，之所以要从不同角度进行划分，是为了更好地认识信息资源的特征，以便对信息资源进行管理、开发和利用。

◆ 1.3.3　网络信息资源

随着计算机和网络技术的高速发展，我们的信息渠道已不再局限于书籍、报刊，而更多地来自网络。如出版社和数据库商提供的电子期刊、电子图书、各种数据库资源；企业和商业公司提供的搜索引擎、网络新闻、网络书籍、手机信息、网络音像等；政府部门发布的大量网上权威信息；教育和科研部门提供的开放获取活动、机构知识库提供的权威研究信息，以及各种机构网站和个人网站提供的信息。随着不断的开发和传递，网络信息的规模越来越庞大，将成为信息的海洋。不仅网络信息呈爆炸式发展，网民也就是网络信息的用户数量也日趋增长。2020 年，中国互联网络信息中心（CNNIC）发布第 45 次《中国互联网络发展状况统计报告》，报告显示，截至 2020 年 3 月，我国网民规模达 9.04 亿，互联网普及率达 64.5%，我国手机网民规模达 8.97 亿，网民使用手机上网的比例达 99.3%。毫无疑问，互联网已成为信息传递和存储的重要载体。丰富的资源、便捷且超越时空的传递方式使人们更加依赖网络，并把它当成获取信息的一大主要渠道和交流沟通的重要平台。因此，网络信息资源是互联网时代人们生活中必不可少的信息资源。

1）网络信息资源的特点

网络信息资源是一切互联网中可利用的电子化信息资源的总和。相较于传统的文献信息资源，网络信息资源呈现出不同的特点。

（1）信息数量庞大。政府、机构、企业、个人每天都在通过互联网发送各种信息，网络信息量呈几何级数增长，是其他任何信息资源所无法比拟的。

（2）信息内容丰富。网络信息几乎涵盖各个领域，其形式也各种各样，如文字、声音、图像等,无奇不有。

(3)信息以数字化形式记录、存储和传递。这是网络信息资源的主要特征,网络信息通过磁介质、光介质存储和传送于计算机网络中,可以被反复查询和传递,并且在传递中没有耗损。

(4)信息传播速度快,共享程度高,交互性强。由于信息被转化为光信号并通过光纤传播,所以网络信息的传播速度极快。网络用户可共享同一份信息,这使得信息得到最广泛、最便捷的利用。在网络上,用户既是信息资源的享用者,又是信息资源的提供者,网络成为信息互动交流的平台。

(5)网络信息复杂多变。网络信息不仅数量在不断地增长,内容也不断地被更新和淘汰,这使得网络信息资源复杂多变,极不稳定,处于动态变化中。

(6)网络信息良莠不齐。网络信息浩如烟海,鱼目混珠在所难免,要辨别信息质量的高低、信息的真伪,还需要人们的甄别或相关部门的认定。

2)网络信息资源的类型

与传统的信息资源相比,网络信息资源的类型也更加丰富,常见的划分方法有:

(1)从信息内容来看,可以分为新闻信息、学术信息、教育信息、休闲娱乐信息、文学艺术信息、医疗保健信息等类型。

(2)从表现形式来看,可分为文字、图片、音频、视频和多媒体等多种形式。

(3)按所对应的非网络信息的类型,可分为图书馆藏目录、电子书刊、参考工具书、数据库和其他类型的信息。

(4)按人类交流信息的方式,可分为非正式出版信息、半正式出版物、正式出版物。

(5)按信息存取方式,可分为邮件型、电话型、揭示板型、广播型、图书馆型、书目型。

(6)按网络信息资源的层次,可分为指示信息、信息单元、文献、信息资源、信息系统等。

(7)按网络信息资源传播范围,可分为光盘局域网信息、联机网络信息和 Internet 网络信息。

(8)按信息的加工层次,可分为网络资源指南和搜索引擎、联机馆藏目录、网络数据库、电子期刊、电子图书、电子报纸、参考工具书和其他动态信息。

第2章

信息检索基本知识

微课视频

2.1　信息检索概论

◆ 2.1.1　信息检索的定义与特点

1. 信息检索的定义

信息检索的概念有狭义和广义之分。狭义的信息检索（information retrieval）是指依据一定的方法，从已经组织好的大量有关文献集合中，查找并获取特定的相关文献的过程。这里的文献集合，不是通常所指的文献本身，而是关于文献的信息或线索。如果要真正获取文献中所记录的信息，那么还要依据所取得的文献线索索取原文。广义的信息检索包括信息的存储和检索（storage and retrieval）两个过程。其中信息存储包括三个步骤。

第一步：信息的选择与收集。它是指检索系统根据本系统的服务目的，确定信息收集、处理的原则，对分布在各处的离散的信息进行收集和加工。

第二步：信息的标引。标引是信息加工人员对收集到的信息的内容特征进行分析之后，为每条信息加上系统能够识别的检索标识的过程。

第三步：形成大量有序可检的信息集合。工作人员将标引后的信息条目录入系统，并将其按照一定的顺序排列起来，形成有序的信息集合——数据库，从而为信息检索奠定基础。

信息的检索过程则是信息存储的逆过程。信息用户根据自己的需求对主题和概念进行认真分析后，将自己的信息需求转化为检索表达式，该检索表达式与系统标识的比较、匹配过程就是检索的过程。

简言之，信息检索是指将信息按一定的方式组织起来，并根据信息用户的需要找出有关信息的过程和技术。狭义的信息检索是指信息检索过程的后半部分，即从信息集合中找出所需要的信息的过程，也就是我们常说的信息查寻（information search 或 information seek）。对于信息用户来说，信息检索仅指信息的查找过程。本教材所涉及的信息检索也仅限于信息查找的概念。

2. 信息检索的特点

随着科学技术的发展，尤其是计算机的应用，信息检索从手工检索发展到计算机检索。

手工检索（manual retrieval，简称手检）是一种传统的检索方法，即以手工翻检的方式，利用工具书（包括图书、期刊、目录卡片等）来检索信息的一种检索手段。检索过程是靠人们手工操作完成的，并匹配人脑的思考、比较和选择，其中最常见、最基本的方法是追溯法、工具法、混合交替法。

手工检索的方法比较简单、灵活，容易掌握。但是，手工检索费时、费力，特别是进行专题检索和回溯性检索时，需要翻检大量的检索工具反复查询，花费大量的人力和时间，而且很容易造成误检和漏检。

计算机检索（computer retrieval，简称机检）指人们在计算机或计算机检索网络的终端机上，使用特定的检索指令、检索词和检索策略，从计算机检索系统的数据库中检索出需要的信息，继而再由终端设备显示或打印的过程。计算机检索系统包括图书馆的联机公共目录检索系统（online public access catalogue，OPAC）、各种联机数据库、Internet 上的信息资源等。在计算机检索过程中，人是整个检索方案的设计者和操纵者。

计算机检索是在计算机技术、通信技术和网络技术迅猛发展的基础上建立起来的,在信息服务领域具有划时代的意义。它产生于 20 世纪 50 年代,发展于 80 年代中期,90 年代后随着国际互联网技术的发展而进入了一个崭新的时期。其发展经历了脱机检索、联机检索、光盘检索、Web 信息资源检索,具体发展历程如下:

1)脱机检索(50 年代末—60 年代中期)

● 这是计算机检索的原始时期。

● 只能进行简单的检索。

● 专业检索人员定期批量处理用户的情报要求。

● 用户不能立刻获得检索结果。

2)联机检索(60 年代末—70 年代初)

1963 年—1964 年,美国洛克希德导弹与航空公司的情报实验室建立了人机对话式联机情报检索系统(DIALOG 系统的前身)。此后在 60 年代末到 70 年代初联机检索系统得以快速发展,国际著名的 DIALOG 系统、ORBIT 系统、MEDLINE 系统都是在这个时期发展起来的。

● 用户可随时浏览检索结果。

● 由于这个阶段的计算机网络主要通过电话线连接,因而联机检索受到地区的限制。

3)国际联机检索(70 年代中期)

● 卫星通信技术的出现,使得联机检索系统打破了地域限制。而数据库的迅速发展及微机的大量涌现,更使得国际联机检索得到蓬勃发展。

● 联机检索系统进入发展的黄金时期,实现了人类情报资源的共享。

4)单机光盘检索(80 年代)

CD-ROM 技术促使计算机检索成本迅速下降(一张光盘的存储容量为 600 MB,价格便宜,而一张 DVD 光盘的容量最少可达 4.7 GB)。

5)光盘网络检索(90 年代)

● 光盘网络是一种计算机网络,如图书馆局域网。

● 实现多用户光盘资源共享。

6)Web 信息资源检索(90 年代末)

进入 90 年代后,随着网络技术的发展,尤其是互联网的迅猛发展,计算机检索进入了一个崭新的时期。检索方法更简单,检索结果更全面。

计算机检索的特点:

(1)检索速度快。手工检索需要数日甚至数周的课题,计算机检索只需要几小时甚至几分钟就可以完成。大大地提高了文献信息的检索速度,节约了读者的检索时间,提高了检索效率。

(2)检索功能强大,具有多种检索途径。一般来说,计算机检索除具有手工检索采用的途径外,还能满足多途径交叉检索的需要,对于综合性课题的检索其优势尤为突出。检索结果可以直接输出,可以选择性打印、存盘或通过 e-mail 传送检索结果,还可以直接在线订购原文。

(3)检索信息类型多。计算机检索不仅可以检索文本信息,而且可以检索视频、音频、图像等信息资源。

（4）检索范围大。计算机检索能在短时间内检索世界范围内的有关文献信息资源，真正达到了人类知识的共享。可以在任何时间、任何地点，通过网络检索共享服务器上的数据库。

（5）资源共享。用户可以不受时空限制，通过网络共享服务器上的检索数据库。

然而，计算机检索投资金额大，检索费用高、难度大，对读者水平要求高，有时计算机检索到的文献信息不一定能符合检索者的需求。

尽管手工检索和计算机检索各有特点，但二者之间也存在着内在的联系。手工检索与计算机检索是文献检索技术发展过程中的两大阶段。手工检索方法与计算机检索方法在原理上是相通的，在手段上是相异的。手工检索和计算机检索将长期共存。手工检索是计算机检索的基础，计算机检索是手工检索发展的高级阶段。现在的计算机检索的基本理论和方法都是从手工检索发展而来的。

◆ 2.1.2 信息检索的基本原理

信息检索的基本原理：通过对大量的、分散无序的文献信息进行搜集、加工、组织、存储，建立各种各样的检索系统，并通过一定的方法和手段使存储与检索这两个过程所采用的特征标识达到一致，以便有效地获得和利用信息源。然而，由于职业、知识水平、个人素质甚至习惯等因素的差异，信息存储人员（标引者）与信息检索用户（检索者）对同一信息的分析、理解会存在不同，比如《计算机在生物化学中的应用》一文，标引者可能将其归入"生物化学"类，而检索者可能在"计算机"类查找该文。这样，标引者与检索者之间发生了标引错位，存储的信息就无法检索到。

怎样才能保证信息存得到又取得出呢？那就要做到存储与检索所依据的规则必须一致，也就是说，标引者与检索者必须遵守相同的标引规则。这样，所有标引者对同一篇文献的标引结果都是一致的，不论是谁来检索，都能查到这篇文献。

信息存储与检索共同遵循的规则称为信息检索语言（详见第二节），只要标引者和检索者用同一种检索语言来标引要存入的信息特征和要查找的检索提问，使它们的标识形式达成一致，信息的存储过程与检索过程就具备了相符性。相应的，存入的文献也就可以通过信息检索工具（系统）检索出来。如果检索失败了，就要分析一下检索提问是否确切地描述了待查课题的主题概念，在利用检索语言时是否出了差错，从而导致检索提问标识错误。只有当检索提问标识和信息特征标识一致时，相关的文献才能被检索出来。

信息检索是以信息的存储与检索之间的相符性为基础的，如图 2.1 所示。如果两个过程不相符，那么信息检索就失去了基础。检索不到需要的信息，存储也就失去了意义。

◆ 2.1.3 信息检索工具

1. 信息检索工具的含义与构成要素

信息检索工具是指根据检索语言，将无序的文献按一定方式系统地组织起来，用以报道、存储和检索文献的工具，如专业文摘、图书目录、论文题录、文献数据库等。

文献、检索语言以及文献条目是构成检索工具的三个基本要素。其中，文献构成检索工具的主体，检索语言为文献的组织方式，文献条目则是文献的存在方式，如名称、作者、时间、机构、文献出处、简介等。

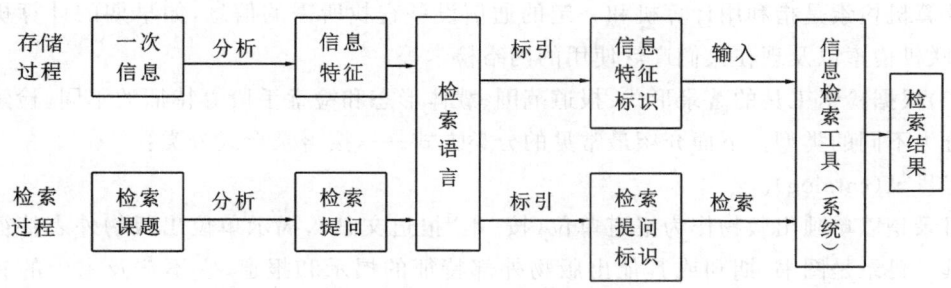

图 2.1　信息检索原理

2. 信息检索工具的特征

（1）必须详细描述文献的内容特征和外部特征。

所谓文献的外部特征是指文献的篇名、著者姓名、文献出处等。所谓文献的内部特征是指文献的主题词、分类号、内容摘要等。

（2）描述文献的记录（或称款目）。

每条记录或款目都必须具有各种检索标识（描述文献外部特征和内部特征的，专门用于信息检索的词、词组或代码，如分类号、主题词、分子式等）。

（3）全部文献条目按一定顺序，科学地组成一个有机的整体。

（4）能够提供多种检索途径。

3. 信息检索工具的职能

（1）报道职能。检索工具可以揭示某一时期或某一范围的科技文献的发展状况。通过检索工具对科技文献的报道，可以了解学科的历史、现有技术水平和未来的发展趋势。

（2）存储职能。检索工具能把有关文献的内容特征和外部特征著录下来，成为可以识别的一条条文献记录，并将文献记录按一定的次序排列组织起来，便于查找各类文献信息。

（3）检索职能。检索工具能够提供一定的检索手段，使人们按照一定的检索方法，及时、准确地查找出所需文献信息。

4. 信息检索工具的类型

（1）根据检索对象形式的不同，人们将信息检索分为文献检索、事实检索和数据检索。

文献检索是以文献为对象的信息检索，即利用相应的检索方式与手段，在存储文献的检索工具或文献数据库中，查找检索者在特定的时间和条件下所需文献的过程。

事实检索是以文献中抽取的事项为检索内容的信息检索，又称事项检索。检索对象包括事实、概念、思想、知识，也包括一些数据信息，需要针对查询要求，由检索系统进行分析、推理后再输出最终结果。如检索中共十一届三中全会何时召开，形成什么决议。

数据检索是以数值或图表形式表示的数据为检索对象的信息检索。即检索工具或检索系统中存储的是大量数据，包括物质的各种参数、电话号码、统计数据等数字数据，还包括图表、图谱、分子式、物质的各种特性等非数字数据。如 2010 年我国的 GDP 是多少，较上年同期增长了多少，人均 GDP 是多少？2010 年我国高等院校有多少所，在校学生有多少人？

（2）根据检索方式的不同，人们还常将信息检索分为手工检索和计算机检索。

手工检索是指用人工来处理和查找所需信息的检索过程，主要是依靠印刷型检索工具，如文摘、目录等二次文献。

　　计算机检索是指利用计算机和一定的通信设备查找所需的信息,如早期的计算机光盘检索、联机检索以及现在人们广泛使用的网络检索等。

　　(3)根据检索工具的著录形式、报道范围、载体形态和检索手段等特征的不同,检索工具可以分为不同的类型。下面介绍最常见的分类方式——按著录形式分类:

　　①目录(catalog)。

　　目录是以单独出版物作为报道单位(按"本"报道文献),揭示单位出版物外表特征的检索工具。目录是图书、期刊或其他出版物外部特征的揭示和报道,它不涉及书中的具体文章,一般只记录外部特征。因此目录的著录项目为书名、刊名、著者或编者、出版项、页数等。

　　目录的种类主要有篇名目录、著者目录、分类目录和主题目录等。常见的目录有国家书目(如我国的《全国新书目》《全国总书目》)、出版发行目录、馆藏目录、联合目录以及专题文献目录和引用出版物目录等。

　　②题录(title)。

　　题录是以单篇文献作为报道单位(按"篇"报道文献),揭示文献外表特征的检索工具。题录报道信息的深度比目录大,信息检索功能比目录强,是用来查找最新文献的重要工具。它与目录的主要区别是著录对象不同,目录的著录对象是单独出版物,题录的著录对象是单篇文献。

　　题录报道周期较短,收录范围广,著录较为简单。著录项目通常有文献号(题录号)、文献篇名、作者及工作单位、原文出处(包括刊名、出版年、卷号、期次、起止页码)等,但没有内容摘要。

　　③文摘(abstract)。

　　文摘型检索工具是在大量分散的文献中选择重要的部分,以简练的形式做成摘要,并按一定的方法组织排列起来的检索工具。它以单篇文献作为报道单位,揭示外表特征和内容特征。读者通过阅读文摘内容就可以很快地掌握文献的基本内容,从而决定文献的取舍,起到筛选文献的作用。因此文摘是存储和检索文献的主要工具,是检索工具的主体,是二次文献的核心。国际上著名的《工程索引》和《科学文摘》等就是典型的文摘型检索工具。

　　文摘的著录项目在题录的基础上增加了内容摘要项。因此,文摘的检索功能较题录要强一些。每条文摘款目都是由题录和文摘正文两部分组成。

　　④索引(index)。

　　索引型检索工具是根据一定的需要,把特定范围内的某些重要文献中的有关款目或知识单元,如书名、刊名、人名、地名、语词等,按照一定的方法进行编排,并指明出处,为用户提供文献线索的一种检索工具。索引的类型是多种多样的,在检索工具中,常用的索引类型有分类索引、主题索引、关键词索引、著者索引等。

　　⑤参考工具书(reference)。

　　参考工具书是分析和著录大量具体而常用的科学数据与事实,以备查用的各种常用工具书的总称。这类工具书包括字典、词典、百科全书、年鉴、手册、指南、名录等。

　　⑥搜索引擎。

　　搜索引擎是以网页为著录单元,在 web 中自动搜索信息并将其自动索引到 web 服务器。索引信息包括文档的地址,每个文档中单字出现的频率、位置等。网络搜索引擎有很多,比较著名的英文搜索引擎有 Yahoo、Google、Infoseek、Lycos、Gopher 等;中文搜索引擎有搜狐、网易、新浪等。具体内容参见本书第六章。

◆ 2.1.4 信息检索的意义和作用

1. 信息检索是信息素质教育的主要内容

21 世纪是经济信息化、社会信息化的时代。终身教育、开放教育、能力导向型教学成为教育理念的重要内涵。为满足知识创新和终身学习的需求,培养适应 21 世纪现代化建设需要的新型人才,发达国家和地区纷纷将信息素养或信息能力教育作为培养 21 世纪人才能力的重要内容。目前,美国从小学、中学到大学都已将信息素养课正式纳入课程设置中。信息素养是一个带有根本性的、重要的教育议题,是未来信息社会衡量国民素质和生产力的重要指标。在 1999 年召开的第三次全国教育工作会议上,颁布了《中共中央 国务院关于深化教育改革全面推进素质教育的决定》。在素质教育中,信息素质是一种综合的、在未来社会具有重要而独特的作用的基本素质,是当代大学生素质结构的基本内容之一。

信息素质既是一种能力素质,又是一种基础素质。通过信息检索知识的系统学习,学生对自身的信息需求将具有良好的自我意识,能意识到自身潜在的信息需求,并将其转化为显在的信息需求,进而能充分、正确地表达出来,对特定信息具有敏感的心理反应;同时具有查询、获取、分析和应用信息的能力,能对信息进行去伪存真、去粗取精,提炼、吸取符合自身需要的信息。可见,信息检索是当代大学生必须具备的能力,是大学生信息素质教育的重要内容。

2. 信息检索是创新人才应具备的基本技能

"知识经济是建立在知识和信息的生产、分配和使用之上的经济。"知识经济中的知识不是指传统意义上的承袭前人成果,通过教育手段传递而获得的科学文化与技能,而是特指在知识创新、科技创新的基础上,一系列重大科研成果的诞生和知识群体的崛起。科学技术的发现、发明与创造,实质上是一整套的创新过程。科学的发现是科学家的创新思维和实验手段相结合的成果,把科学定理、定律转化为技术发明也是一种创新,把新的科学技术运用到生产过程,形成现实的生产力,当然离不开创新。所以,知识经济是以知识创新、科技创新、市场创新以及体制创新推动的经济。江泽民同志指出:"要迎接科学技术突飞猛进和知识经济迅速兴起的挑战,最重要的是坚持创新,创新是一个民族进步的灵魂,是国家兴旺发达的不竭动力。"国家创新能力是决定其在国际竞争和世界格局中的地位的重要因素。

不言而喻,创新既是人类的一种社会实践活动,又是人类的一种思维活动。创新人才是创新活动的根本,知识经济呼唤创新人才,21 世纪需要大批创新人才。所谓创新就是创新主体运用新思想、新方法进行开拓性劳动,并取得成果的过程。这是对前人的一种超越,是思想认识的升华。创新思维或创造性思维是实现创新的关键,在创新活动中起着主导作用。所谓创新思维,是指人们在创造性活动中所特有的思维过程,是以独特的思维方式发现、提出、解决疑难问题,创造出新观点、新理论、新知识、新方法的一系列心理过程。只有掌握大量的信息资料,在自由想象中迸发创造的灵感,才能在前人不曾涉及的领域有所建树和突破。学生只有具有自立和创新精神,日后才能成为创新人才。而创新精神和创新能力的培养,离不开信息的搜集、整理、分析与利用。只有掌握信息检索技术与方法,才能高效获取、正确评价和善于利用信息。所以说,信息检索是创新人才应具备的基本技能。

3. 信息检索是科学研究的重要环节

一个科技工作者创新成果的多少,一个科研项目科技水平的高低,都与其开发、占有和利用人类信息资源的程度息息相关。因为科学研究具有连续性和继承性,没有继承就没有创新。正如伟大的科学家牛顿所说:"如果说我比别人看得远些,那是因为我站在巨人的肩膀上。"这句名言极其深刻地概括了科学研究的连续性和继承性的道理。《孙子兵法》中说:"知己知彼,百战不殆。"这也是古代人们对获取和利用信息的重要性的深刻总结。

信息检索是科学研究的重要环节。科技工作者在科学研究中,从选题、立项、试验、撰写研究报告、研究成果鉴定到申报奖项,每一环节都离不开信息检索。据统计,科研人员在整个研究过程中,查阅文献的时间占全部科研时间的 40% 左右。只有大量搜集、整理、分析与利用信息,才能弄清楚古今中外进行过哪些研究,运用了什么理论,采用何种方法,取得了什么成果,达到何种水平,哪些研究领域还没有涉及,哪些研究项目具有可行性、重要性和发展前景。首先,通过掌握这些信息,可以了解国内外科技水平与发展动向,利用已有的科研成果,避免重复他人的劳动,把自己的研究工作建立在一个较高的起点上。其次,通过信息这一智慧的火种,可以使科研人员开阔视野,打开思路,激发创造力,开拓更新的、更高层次的、更广阔的研究领域。最后,掌握信息检索技术与方法,可以大大提高信息检索效率,为科研工作赢得大量宝贵时间,缩短科研周期,加速科研进程,创造出更多的高附加值的技术成果。

在科学研究中注重信息搜集与利用,使某一研究领域取得重大突破的实例屡见不鲜。相反,忽视信息搜集与利用,盲目重复前人的研究,造成人力、物力和财力巨大浪费的例子也不胜枚举,在此不再赘述。总之,在知识经济时代,信息检索对科学研究工作的重要作用日趋明显。

4. 信息检索是开发信息资源的有效途径

在人类漫长的发展历程中,物质、能源和信息三种资源支配着人类最基本的生产活动。在不同的历史时期,这三种资源有着不同的地位和作用。信息技术推动了人类经济模式的转变,人类从工业经济时代进入信息经济时代,信息成为社会生产所需要的中心资源。正如美国未来学家奈斯比特所言:"在我们的新社会里,战略资源已是信息。它不是唯一的资源,但确是最重要的资源。"因为物质资源提供的是各种各样的材料,能源提供的是形形色色的动力,而信息资源提供的是知识和智慧。人们越来越清楚地认识到,知识就是力量,信息就是财富,信息资源在社会生产和人类生活中发挥着日益重要的作用。邓小平曾指出:"开发信息资源,服务四化建设。"江泽民同志一再强调:"四个现代化,哪一个也离不开信息化。"人们通过开发信息资源促进科学技术的进步和社会的发展。信息的占有和使用已成为国家兴衰和个人成败的关键,谁优先掌握了有价值的信息,谁就能在激烈的竞争中立于不败之地。

随着科学技术的迅猛发展,一方面信息数量激增,另一方面信息老化加速。据有关专家估计,20 世纪 40 年代以来产生和积累的信息量已经大大超过了在这之前的所有信息量之和。自 19 世纪开始,人类知识信息量每 50 年增长一倍,20 世纪中叶每 10 年增长一倍,20 世纪 70 年代以后每 5 年增长一倍。进入 20 世纪 90 年代以来,人们在社会上实际面对的正式出版物和各种非正式渠道传播的信息几乎每过一年就要翻一番。然而信息的实效性极强,每年有大量的信息还未进入交流系统就已成为垃圾。"我们都被淹没在信息的海洋中,但我们渴求新的信息。"人们对信息的渴望从来没有像今天这样强烈,人们的学习、工作和生活都离不开信息的参与。面对信息的汪洋大海,如果不掌握信息检索技术、方法与途径,就会陷入找不到、读不完的困境。信息检索技术就是从信息的集合中识别和获取信息的技术,人们可以利用这种技术有效地开发和利用各种信息资源,更广泛、更快捷、更全面地吸收和获取信息。因此,信息检索是开发信息资源的有效途径。

5. 信息检索是科学决策的前提

在日常工作和生活中,人们经常要做决策,一些重大决策关系到国家的兴衰、团体的成败和个人的前途,为此,必须进行科学决策。信息在决策中起重要作用,它是决策的前提和基础。正确的决策受多种因素的影响和制约,其决定因素在于决策者对决策对象有确切的了解和把握,对未来的行动和后果有正确的判断,这就取决于能否及时、准确、全面地掌握信息。信息的重要性在于消除不确定性,做到知己知彼,只有情况明,才能决心大。而且信息的作用贯穿于决策的全过程,从提出问题到选择方案,从确定目标到具体实施,每一步都离不开信息。生产关系与生产力之间的矛盾,在一定程度上是信息模糊、不畅与失真所致,而信息生产力有助于缓解和消除矛盾,减少冲突,使生产关系更加适应生产力的发展。知识经济是以知识决策为导向的经济。知识和信息对社会各生产要素的作用,就如同人的大脑对其他器官一样,居于支配地位,发挥主导作用。信息既是资本经营的指挥棒,也是有限资本的倍增器,它可以起到杠杆的作用,对国家的经济运行产生巨大的影响。信息化使以市场为导向的生产经营的盲目性大大降低。高效的信息传递,不但在很大程度上避免了不必要的浪费,而且通过信息导向为宏观政策制定灵活的发展战略,并根据实际情况不断调整自身的经营方针。把握瞬息万变的信息,就意味着把握稍纵即逝的商机。在知识经济时代,科学技术及信息将超越土地、人才和资源等生产要素,成为第一生产力。科技的迅猛发展不仅提高了劳动生产率,而且日益成为拉动消费、推动社会发展、实现经济增长的动力。无论是国家、部门还是企业,都将更多地依赖于数据、信息的交流、传播和利用。智能技术日益成为制定政策的手段,知识和信息日益成为科学、民主、合理决策之源泉。而信息检索则是获取信息的重要途径,是科学决策的必要前提。

综上所述,在经济信息化和社会信息化的 21 世纪,无论是素质教育的实施、创新人才的培养、科学研究的开展、信息资源的开发,还是科学决策的进行,都离不开信息检索技术的普及与应用。信息检索的重要作用及意义在未来的社会中将日益显现。

◆ 2.1.5 大学生学习信息检索的意义

1. 信息检索是获取知识的捷径

文献信息检索是获取知识的捷径。掌握文献信息检索方法与技能,可以帮助人们快、准、全地获取所需知识,最大限度地节省查找时间,使文献信息得到充分的利用。

美国普林斯顿大学物理系的一个年轻大学生,在图书馆里借阅有关公开资料,仅用四个月时间,就画出了一张原子弹的设计图。他设计的原子弹,体积小(棒球大小)、重量轻(7.5公斤)、威力大(相当于广岛原子弹 3/4 的威力)、造价低(当时仅需两千美元),使得一些国家纷纷致函美国大使馆,争相购买他的设计拷贝。20 世纪 70 年代,美国核专家泰勒收到一份题为《制造核弹的方法》的报告,他被报告中精湛的技术设计所吸引,惊叹道:"至今我看到的报告中,它是最详细、最全面的一份。"但使他更为惊异的是,这份报告竟出自哈佛大学经济专业的青年学生之手,而这个四百多页的技术报告的全部信息又都是从图书馆里那些极为平常的、完全公开的图书资料中所获得的。

2. 信息检索是科学研究的向导

要进行有价值的科学研究，必须依赖文献检索，全面获取相关文献信息，及时了解各学科领域出现的新问题、新观点，以确定自己的研究起点和研究目标。

美国在实施"阿波罗登月计划"中，对阿波罗飞船的燃料箱进行压力实验时，发现甲醇会引起钛合金的应力腐蚀，为此付出了数百万美元来研究和解决这一问题。事后查明，早在十多年前，就有人研究出来了，方法非常简单，只需在甲醇中加入 2% 的水即可，检索这篇文献的时间是 10 多分钟。在科研开发领域里，重复劳动在世界各国都不同程度地存在着。据统计，美国每年重复研究所造成的损失，约占全年研究经费的 38%，达 20 亿美元之巨。日本有关化学化工方面的研究课题与国外重复的，大学占 40%，民间占 47%，国家研究机构占 40%，平均重复率在 40% 以上，我国的重复率则更高。

3. 信息检索是终身教育的基础

科技的迅速发展使知识的总量呈指数增长，而知识的陈旧速度也明显加快，这就要求人们具有终身学习的能力，这种能力在很大程度上就是获取新知识的能力，就是对新知识的敏感力和接受力，因而必须掌握文献信息检索的方法。终身学习的需要，是知识创新的需要。

学校教育的目标是培养学生的智能，包括自学能力、研究能力、思维能力、表达能力和组织管理能力。UNESCO 提出，教育已扩大到一个人的一生，唯有全面的终身教育才能够培养完善的人，可以防止知识老化，不断更新知识，适应当代信息社会发展的需求。

我国古代思想家、教育家荀子有言："假舆马者，非利足也，而致千里；假舟楫者，非能水也，而绝江河；君子生非异也，善假于物也。"英国文豪、词典编撰家塞缪尔·约翰逊也说过："知识有两类，一类是我们自己知道的，另一类是我们知道在什么地方可以找到。""工具书使用法""文献检索与利用""信息检索"等一类课程就是"找知识"的知识课。

2.2　信息检索语言

要对大量的、分散无序的文献信息进行搜集、加工、组织、存储，建立各种各样的检索系统，必须使用检索语言。

◆ 2.2.1　检索语言的含义与作用

1. 检索语言的概念

检索语言是应文献信息的加工、存储和检索的共同需要而编制的，用于描述信息系统中文献信息的内容特征或外部特征，表达用户信息检索提问的一种专用语言，是表达一系列概括文献信息内容和检索课题内容的概念及其相互关系的一种概念标识系统。检索语言分为规范化语言和非规范化语言。规范化语言是对文献检索用语的概念加以人工控制和规范，对同义词、多义词、近义词等进行规范化处理，用同一个词来表达一个概念。非规范化语言也叫自然语言，如关键词、自由词等。

2. 检索语言的作用

检索语言在信息检索中起着极其重要的作用，它是沟通信息存储与信息检索两个过程的桥梁。在信息存储过程中,用它来描述信息的内容和外部特征,从而形成检索标识;在信息检索过程中,用它来描述检索提问,从而形成提问标识。当提问标识与检索标识完全匹配或部分匹配时,结果即为命中文献。

检索语言的主要作用如下:

(1)标引文献信息内容及其外表特征,保证不同标引人员表征文献的一致性;

(2)对内容相同及相关的文献信息加以集中或揭示其相关性;

(3)使文献信息的存储集中化、系统化、组织化,便于检索者按一定的排列次序进行有序化检索;

(4)便于将标引用语和检索用语进行相符性比较,保证不同检索人员表述相同文献内容的一致性,以及检索人员与标引人员表述相同文献内容的一致性;

(5)保证检索者按不同需要检索文献时,都能获得最高查全率和查准率。

3. 检索语言的类型

图 2.2 所示是两种常用的检索语言划分方法及其类型。

1)表达文献外部特征的检索语言

表达文献外部特征的检索语言主要是指对文献的篇名(题目)、作者姓名、出版者、报告号、专利号等内容的检索。将不同的文献按照篇名、作者名称的字序进行排列,或者按照报告号、专利号的数序进行排列,所形成的以篇名、作者及号码的检索途径来满足用户需求的检索语言。

描述文献外部特征的检索语言可简要概述为题名、著者、文献序号等索引。

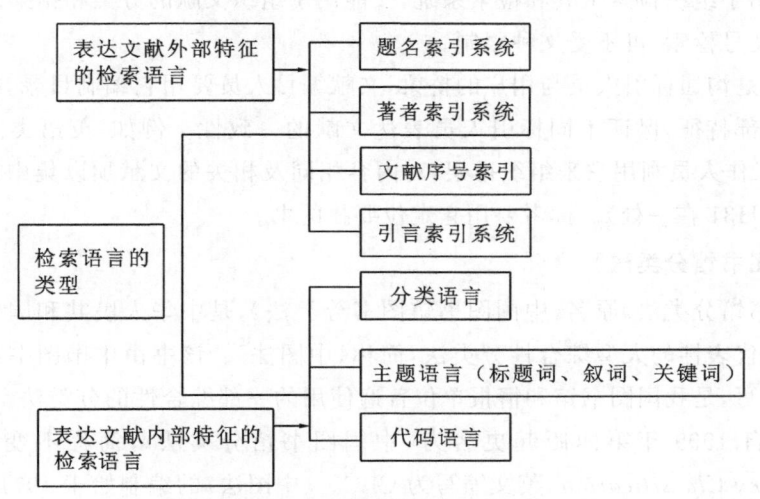

图 2.2　检索语言的类型

2)表达文献内部特征的检索语言

(1)分类语言。

分类语言是按文献内容所属的学科或专业,结合文献内容特征,根据特定分类体系而编制的检索系统,是通过分类体系的分类号使同学科专业文献集中在一起,以分类号作为检索标识的一类检索语言。以知识属性来描述和表达信息内容的信息处理方法称为分类法。著名的分类法有《国际十进分类法》《美国国会图书馆图书分类法》《国际专利分类表》《中国图书馆分类法》等。

（2）主题语言。

主题语言是指以自然语言的语词为字符，以名词术语为基本词汇，用一组名词术语作为检索标识的一类检索语言。以主题语言来描述和表达信息内容的信息处理方法称为主题法。主题语言又可分为标题词、元词、叙词、关键词。

（3）代码语言。

代码语言是指针对事物某方面的特征，用某种代码系统来表示和排列事物概念，从而提供检索的检索语言。例如，根据化合物的分子式这种代码语言，可以构成分子式索引系统，允许用户从分子式出发，检索相应的化合物及相关的文献信息。

◆ 2.2.2 分类语言和分类法

1. 分类语言

分类语言是用分类号和相应的分类款目名称来表达信息内容的主题概念，并按学科体系的逻辑次序将信息资源系统地加以划分和组织的语言。分类语言能反映事物的从属、派生关系，便于按学科门类进行族性检索。

2. 分类语言的特点

（1）具有按学科或专业集中地、系统地揭示文献内容的功能，具有较高的查全率，能够较好地满足族性检索的要求。

（2）具有良好的等级结构，便于扩大和缩小检索范围。

（3）既能用于组织检索工具和检索系统，又能用于组织文献的分类和排架。

（4）用分类号检索，可不受文种限制。

分类语言是沟通标引人员与用户的桥梁，文献编目人员要用它编制目录，标引文献内部特征及某些外部特征，保证不同标引人员表达文献的一致性。例如，英语类图书分类号为 H31，图书馆工作人员利用它来组织排架，对内容相同及相关的文献加以集中或揭示其相关性（集中排架，H31 在一处）。读者要用它定位要找的书。

3.《中国图书馆分类法》

《中国图书馆分类法》原名《中国图书馆图书分类法》，是中华人民共和国成立后编制出版的一部具有代表性的大型综合性分类法，简称《中图法》。该书由中国图书馆图书分类法编辑委员会编写，是我国图书馆和情报单位普遍使用的一部综合性的分类法。《中国图书馆图书分类法》自 1999 年第四版起更名为《中国图书馆分类法》，简称不变，英文译名为 *Chinese Library Classification*，英文缩写为 CLC。《中图法》的编制始于 1971 年，先后出版了五次，分别为 1975 年出版的第一版，1980 年出版的第二版，1990 年出版的第三版，1999 年出版的第四版，2010 年出版的第五版。此外 1973 年还出版了试用版。《中图法》与国内其他分类法相比，形成的年代较晚，但发展很快，它不仅系统地总结了我国分类法的编制经验，而且吸取了国外分类法的编制理论和技术。

目前，《中图法》已普遍应用于全国各类型的图书馆，国内主要大型书目、检索刊物、机读数据库以及《中国国家标准书号》等都著录《中图法》分类号。

1)《中图法》22 个大类的含义

《中国图书馆分类法》是按照一定的思想观点，以科学分类和知识分类为基础，结合图书资料的内容和特点,分门别类组成的分类表。它将知识门类分为"哲学、宗教""社会科学""自然科学"三大部类,这三大部类再加上"马列主义"类和"综合性图书"类,组成五个基本部类。同时,社会科学部类又展开为九大类,自然科学部类又展开为十大类,共二十二个大类,并且在社会科学和自然科学各大类的首位,均分别列出"总论"类。这是根据图书资料的特点,按照从总到分、从一般到具体的编制原则编列的,以组成社会科学和自然科学的完整体系。其序列及工业技术类的具体序列如表 2.1 所示。

表 2.1　中国图书馆图书分类表

中国图书馆分类法	
A 马克思主义、列宁主义、毛泽东思想、邓小平理论	TD 矿业工程
B 哲学、宗教	TE 石油、天然气工业
C 社会科学总论	TF 冶金工业
D 政治、法律	TG 金属学、金属工艺
E 军事	TH 机械、仪表工业
F 经济	TJ 武器工业
G 文化、科学、教育、体育	TK 动力工程
H 语言、文字	TL 原子能技术
I 文学	TM 电工技术
J 艺术	TN 无线电电子学、电信技术
K 历史、地理	TP 自动化技术、计算技术
N 自然科学总论	TQ 化学工业
O 数理科学和化学	TS 轻工业、手工业
P 天文学、地球科学	TU 建筑科学
Q 生物科学	TV 水利工程
R 医药、卫生	U 交通运输
S 农业科学	V 航空、航天
T 工业技术	X 环境科学、劳动保护科学(安全科学)
TB 一般工业技术	Z 综合性图书

注:本表采用拉丁字母与阿拉伯数字相结合的混合制号码。用一个字母标志一个大类,以字母的顺序反映大类的序列。在字母后用数字表示大类下类目的划分。

2)《中图法》的体系

《中图法》的基本功能是编制分类检索工具和组织文献分类排架,为把这两种功能很好地兼顾起来,《中图法》采用了等级列举式的分类体系进行编制。这种体系模式使用概念层层划分的方法,分别将基本大类划分成若干二级类目,再将各二级类目划分成众多的三级类目……这样层层展开,形成一个树形结构,显示知识分类的等级结构。所有类目进行线形排列,构成类目表。

3)《中图法》的标记符号

《中图法》采用拉丁字母与阿拉伯数字相结合的混合制标记符号(标记符号也称分类号,是类目的代号),以拉丁字母标记基本大类(二十二个大类),在字母段之后,使用阿拉伯数字标记各级类目,并可根据大类的实际配号需要再展开一位字母,用以标记各级类目。如"T工业技术"大类范围广泛、内容繁多,故又在该类基础上采用双位拉丁字母标记其所属的十六个二级类目。此外,为满足某些类目按主题名称区分和排列其所属的大量同类事物的需要,也有选择地使用了"字母标记法",即在类目的最后区分阶段再使用字母标记其下位类。

例:TP312 程序语言、算法语言。

依语言名称的前两位字母区分,并按字母序列排。如 ALGOL 程序语言为 TP312AL,BASIC 程序语言为 TP312BA,TP312AL 排在 TP312BA 之前。若程序语言名称的前两个字母相同,再取第三位字母,以此类推。

◆ **2.2.3 主题语言和主题词表**

主题语言是使用词语标识的一类检索语言,它用自然语言中的名词、名词性词组描述事务概念的中心语义。主题语言不管各概念间的相互关系,完全按照字顺来排列。

主题语言包括标题词语言、叙词语言、关键词语言和单元词语言。

1. 主题

文献主题即文献论述或涉及的主要事物或问题。文献主题可分为简单主题和复杂主题两类,当某文献或提问只涉及一个主题时,该主题就叫简单主题;若某文献或提问涉及两个或两个以上的主题,则该主题叫复杂主题。实际上,绝大多数图书、论文、会议文献的主题都是复杂主题。

2. 主题词

主题词是用于描述、存储、查找文献主题的受控词汇,是主题表中能表达一定意义的最基本的词汇单元。主题词一般分为标题词、单元词、叙词和关键词。

①标题词是主题语言系统中最早使用的一种类型,是从文献的题目和内容中抽选出来,经过规范处理,用以描述文献内容特征的词和词组。标题词一般分为两级,即主标题和副标题。编制标题词表时,标题词被一一列举,并将主标题和副标题固定地组配在一起。它只能选用"定型"标题词进行标引和检索,反映的文献主题概念必然受到限制,不适应时代发展的需要,目前已较少使用。

②关键词是从文献的题目和内容中抽选出来,未经过规范处理的自由词汇。关键词没有固定词表,标引文献时根据文献内容选择恰当的词汇进行组配,以表达文献的内容特征。关键词法主要用于计算机信息加工抽词编制索引,因而这种索引被称为关键词索引。

③单元词是从文献的题目和内容中抽选出来的、最基本的、字面上不能再分的词汇。单元词一般未经规范处理,也无词表,无固定组配关系,检索时根据提问的内容特征,选取恰当的单元词进行组配检索。单元词法多用于机械检索,适合用简单的标识和检索手段(如穿孔卡片等)来标识信息。

④叙词是表达文献基本内容的概念单元,即在概念上不能再分的基本概念。叙词经过规范处理形成一个完整的词表,词表中词与词之间无从属关系,都是一个个相互独立的概念单元。叙词法综合了多种信息检索语言的原理和方法,具有很多优越性,适用于计算机和手工检索系统,是目前应用较广的一种主题语言。CA、EI 等著名检索工具都采用了叙词法进行编排。

3. 主题词表

主题词表是把主题词按一定方式组织与展示的词汇表。受控的主题词之间的语义关系用参照系统等方式加以显示。主题词表是供标引者和检索者共同使用的工具。

按照主题词的特点,主题词表可划分为标题词表、单元词表和叙词表等不同类型。

由于主题词表是沟通文献标引人员和文献检索人员的桥梁,相当于他们进行思想交流的一种工具,所以主题词表也被称作主题语言。

主题语言的要素包括四个方面:

①语词标识,是代表一定主题概念的标记符号,是标引、存储和检索文献主题的依据。语词标识采用自然语言中的名词术语,作为描述文献主题的检索标识。

②字顺系统,是主题语言区别于其他检索语言的重要标志。汉字的字顺系统即汉字排检方法,主要有两类。一是音序法,即以汉字的音序作为编排次序的排检方法,主要有声韵法、注音字母法和拼音字母法。二是形序法,即从汉字字形特征出发来编排汉字次序的排检方法,包括部首法、笔画笔形法和四角号码法。

③参照系统,是主题语言显示主题词语义关系的语义网。其基本作用是显示概念关系,扩大检索途径。

④主题检索工具,是指依据主题语言原理编制的各种主题检索工具,主要包括主题目录、主题索引及计算机的主题词倒排档。

4.《汉语主题词表》简介

《汉语主题词表》(简称《汉表》)是显示主题词与词间语义关系的规范化、动态性的检索语言词表,由中国科学技术信息研究所编写。该词表于 1974 年作为"汉字信息处理系统工程"的配套项目开始编制,并在研究和借鉴国外叙词表编制技术的基础上,根据 ISO 2788：1986《单语种叙词表编辑和修订准则》,经过近 9000 人 5 年时间的工作,于 1980 年编成问世。

《汉表》按照社会科学、自然科学两个系统分别编列,全表共收词 108 568 条,其中叙词 91 158 条,非叙词 17 410 条。它是我国第一部大型的综合性的叙词表,包括主表(字顺表)、附表、词族索引、范畴索引和英汉对照索引,共分三卷十个分册,其收词范围之广、编辑技术之先进、结构体系之严谨,当时达到国内外一流水平。

2.2.4 自然语言

1. 自然语言概述

本节使用的自然语言一词,是指直接使用不经过控制的自然语言中的语词做标识,进行信息资源的标引和检索。

自然语言标引和检索的实践,可以追溯到我国唐代类书的编制和西方 13—14 世纪的圣经语词索引。自然语言作为一种标引和检索语言得到社会广泛使用,则是在计算机出现以后。20 世纪 50 年代后期,美国卢恩等人首先将计算机用于关键词索引的编制,之后,各种直接以自然语言为标识的检索系统纷纷出现。这种检索系统以各种类型的电子文本为基础,一般不对词汇进行控制,或只进行少量控制,因此处理速度快、成本低,70 年代后得到了迅速发展。随着电子文本日益广泛的使用和网络的出现,这种方法已逐步发展为主要的检索方式。

自然语言是一种没有经过规范化处理的信息检索语言。其特点如下:①自然语言直接抽取信息的原词,直观性与专指性强;②自然语言全面反映信息的外表属性和全文内容,检索途径多;③自然语言利用计算机自动抽词、标引,省时而且速度快;④自然语言随时可以增补新词,以反映科学的最新发展动态;⑤自然语言对使用者的要求不高,检索方便,容易掌握。

目前用于标引和检索的自然语言主要有关键词法、文本检索等。

2. 关键词法

关键词法直接将题名中的关键词作为主题标识来组织检索系统,可以追溯到19世纪欧洲图书馆目录或索引的编制。1856年,英国学者克里斯塔多罗(Crestadoro)在《图书馆编制目录技术》一书中,就提出了书名中的主词即关键词这一概念。1958年,美国的卢恩(Luhn)等人在华盛顿召开的国际会议上首次公布了他们关于关键词索引的构想和用穿孔卡片编制的关键词索引的样品,引起了极大的反响。其后,随着计算机的使用,关键词法得到迅速发展,出现了多种类型。

从文献的题名中直接抽取的关键词之所以能够用作文献的主题检索标识,是因为:第一,文献题名,尤其是科技文献的题名通常都具有报道性,大多能基本表达文献的主题;第二,以文献题名中抽取的关键词作为检索入口,能够有效地将用户指向可能包含相关情报的信息资源;第三,保留关键词的上下文有助于解释关键词的含义,因而可以将其用作限定标目的说明语。这些特点与计算机的处理能力相结合,造成了关键词法流行的原因。

关键词索引的优点:①标引时无须查看词表,直接根据题名、文摘中的语词进行标引,简便易行,可以降低对标引人员的要求,节省标引时间。②易于使用计算机编制,实现检索工具编制过程的计算机化,保证通报文献的及时性及生产过程的高效率和低成本。③能够及时更新词汇,出现在题名、文摘中的具有检索意义的词汇均可立即用于标引和检索。

关键词语言的不足:①关键词检索工具的质量往往直接受文献题名质量的影响,由于不同学科领域题名在反映文献主题内容的程度上存在很大的差异,用关键词语言建立的检索工具,质量往往不稳定,会导致漏检、误检。②作为一种自然语言,关键词语言未进行同义词、相关词的处理,用户检索时很难依靠自己的了解查全同一概念的不同词形及进行相关词的检索,会增加用户的负担,影响检全率。③题名中的不少语词为通用概念,它们为检索入口建立的检索款目没有实际检索意义。④由于汉语存在分词难题,应用计算机进行汉语关键词抽词标引时仍需要解决词汇切分的问题。

3. 自然语言检索

自然语言检索也称为文本检索,指不对文献进行任何标引,直接通过计算机以自然语言中的语词进行匹配查找的系统。文本检索进行匹配的对象,可以是整个出版的文本,包括文章、报告甚至整本图书,也可以是它的一部分,如文摘、摘录或只是文献的题名。以整个文献正文为对象进行的匹配查找,称为全文检索。这种方式无须标引,能快速生成数据库,很快地投入运行。

为了便于用户使用,满足用户在检索中可能出现的各种查全、查准的需求,自20世纪60年代以来,文本检索系统发展了一系列检索的技术方法。常用的文本检索技术包括布尔检索、截词检索、精确检索、限定范围检索、相关检索等。此外,全文检索中往往使用二次检索等形式,包括提供修改检索式的建议供选择使用,对检出的结果进一步加以限定,缩小检索范围,提高查准率等。这些方法不仅在传统的文献数据库中使用,也作为一些网络搜索引擎的检准措施使用。

上述检索方式从不同的角度提供了改善检索效果的方法,使得用户可以在文本检索的基础上,通过对各种方法的使用来扩大或缩小检索范围,满足不同的需要。可以看出,文本检索与受控检索在不少方面是相通的,但比较而言,特别是在网络搜索引擎中,文本检索对各种检索方法的使用更为充分,功能也更强。

检索结果的显示也是影响检索效果的一个重要方面。大型数据库,特别是网络检索工具,资源数量极大,在实施文本检索的情况下,一般检出数量较大,动辄数千条,检索结果的输出方式是否合理,直接影响检索效果。一个具体的系统对检索结果的显示通常有一个默认的、具有普遍性的界面,同时提供多种选择,使得结果的显示具有一定的灵活性。

这样,结合检索方式和检索结果的改进,文本检索力图在实现自然语言检索的同时达到较高的检全率、检准率以及调整检索结果的可能性,以争取得到较好的检索效果。

2.2.5　网络环境下信息检索语言的发展趋势

网络环境下的信息检索语言已发生了很大变化,并不是传统情报检索语言即人工语言的电子版、网络版,而是将传统情报检索语言充分与自然语言与计算机技术充分结合,做了许多调整,克服它们的一些弊端,从而使之成为适应网络环境的新型信息检索语言。网络环境下的信息检索语言是人工语言与自然语言的结合,实现了自然语言与人工语言的一体化。

1. 自然语言成为网络信息检索语言的主流

自然语言是情报检索语言领域最重要的发展趋势之一。因为自然语言不依附于特定数据库,几乎可适用于联机网络中的所有数据库。自然语言的应用是以计算机检索为前提的,信息高速公路和校园网的迅速发展、计算机的普及,大大扩大了利用情报检索系统的读者范围,这些因素有力地促进了自然检索语言的发展。前美国俄亥俄州大学图书馆馆长李华伟博士曾预言:"未来的信息检索语言的发展方向是以自然语言为主。"

自然语言是反映网站、网络信息题名、地址、摘要和网页正文内容特征的原词。其优点显而易见,如可以取消标引工作或降低标引工作的难度和成本,大大缩短时间,标引的专指度和一致性较好,较易被读者接受等。自然语言检索方法就是对网络信息本身的用词进行直接处理的过程。

自然语言成为网络信息检索语言主流的原因如下。

在全文检索技术的支撑下,自然语言作为全面反映网络信息特征的原词,比人工语言更能有效地对网络信息进行揭示和标引。当前,网上信息资源的数量和增长速度是惊人的,这些资源对用户来说,是很有利用价值的。但它们大多未用情报检索语言作为标引,自然语言是其主要的检索语言。科学技术的迅猛发展,尤其是电子计算机技术、网络通信技术等的进一步发展,客观上为自然语言作为检索语言创造了极为有利的条件,并且自动标引技术研究和应用的深入和完善,也为自然语言作为检索语言提供了技术支撑。

此外,大量社会终端用户的介入,使具有受控语言背景知识的专业用户比例急剧减少。面对丰富的网络信息资源,终端用户的检索行为发生了很大改变,以查全、查准为标准的检索观念正在淡化,源于传统检索系统的"提问检索式"行为逐渐被"浏览检索式"行为所代替。浏览检索式成了用户首选的检索方式之一,用户熟悉的自然语言也就成了他们访问网络信息资源系统的入口。

2. 传统情报检索语言大量应用于网络信息环境

1）传统情报检索语言在网络环境下的直接应用

传统情报检索语言是根据情报检索的需要而创制的人工语言，包括分类语言、主题语言、代码语言。它们作为多年的文献信息的组织和揭示工具，有着许多优点，在传统的信息环境中发挥着主导作用。目前一些网络信息检索工具，如网络资源指南、搜索引擎都提供了分类浏览功能，它们在使用分类法时有两种方式：一是自行设计分类法，二是套用成熟的权威图书资料分类法。国际上著名的几部分类法，如《杜威十进分类法》(DDC)、《国际十进分类法》(UDC)、《美国国会图书馆图书分类法》(LCC)等已成功应用于网络信息资源分类目录。现在已有 10 多个搜索引擎的分类目录以 DDC 为分类体系。同时出现了借助词表功能来提高检索效率的检索工具，如 SOSIG 采用了《人文科学与社会科学电子词表》(HASSET)，以及美国一体化医学语言系统(UMLS)和我国的《军用主题词表》在专业信息检索工具中的应用。由此可见，人工语言已涉足网络信息检索，用于提高检索效率。

2）传统情报检索语言在网络环境下的间接应用

传统情报检索语言在网络环境下的间接应用是指网络检索工具只利用传统情报检索语言的原理、技术或方法，而不是直接套用传统情报检索语言来类分、组织、检索网络信息。

①分类法和主题法原理的应用。分类法按学科范畴聚类和主题法按事物概念聚类的原理已为绝大多数的网络信息检索工具所利用。搜索引擎是目前最主要的网络信息查找工具，它对所收录的信息或网站的内容进行逻辑划分和系统排列，进而形成等级分类体系。等级分类体系按划分的标准又可分为主题分类体系和学科分类体系，绝大多数中文搜索引擎采用主题分类体系。主题分类体系按主题划分类目，一个主题充当一个类目，把与此主题相关的内容全部集中在一起。学科分类体系以学科列类，从学科分类途径获取网站信息资源，如中文搜索引擎"百度"的一级类目设有 41 个学科。

②分类主题一体化思想的应用。分类法是一种按照事先规定好的学科或体系范畴，依照一定的属性将信息分门别类地组织起来以便查检的方法。主题法是一种以词语作为检索标识，采用语言揭示和描述主题内容，按照字顺组织与揭示信息的情报检索语言。主题法的产生是为了弥补分类法的不足，满足人们对特定事物、特定主题的检索需要而产生的检索工具。分类法的按学科聚类与主题法的按事物聚类在网络信息资源的组织与揭示中能很好地结合在一起，如美国的 Pacific Bell 公司建立的"蓝网主题范畴"(blue web's content categories)，以主题范畴为中心建立等级体系，主题范畴后附有相应的 DDC 号码，保持了与分类表的联系。而美国计算机研究文献中心建立的"计算机研究资源"同时采用计算机学会的计算机分类表和一个概略的字顺主题系统组织网络资源，两者均可以作为网页的浏览依据。Yahoo、Google 等搜索引擎也较好地将分类与主题检索系统综合在一起，采用了较为宽泛的主题领域建立分类索引，以增加网络分类体系的容纳性；同时具有一定的专指性，在一定程度上结合了传统的分类法和主题法的优点，以便不同的用户选择查询途径，检索所需信息。

③分面组配式分类法实现了体系分类法和组配分类法的结合。它的特点是在等级分类体系的基础上大量采用分面组配方法，以达到细分复杂主题的目的，以满足信息查询或检索的多重需要，它是等级分类体系和组配分类体系相互结合、相互融合的一种分类体系，因此兼有二者的优点。现在一些著名的中文搜索引擎如新浪、搜狐、网易、中国雅虎等均采用了

这种分类体系。这种分类法先采用广泛的主题领域建立等级主题分类体系,再对某些类目采用不同划分标准进行分面归类,多方面地反映主题内容,从而避免等级分类体系的线性单向式结构。这样,能够为某一信息资源在其巨大的等级分类体系中提供不同的路径分支入口,不同的用户可以从不同的路径检索到相同的内容。著名的分类专家 Aimee Glassel 认为:"印度著名分类专家和图书馆专家阮岗纳赞的冒号分类法理论体系与 Yahoo 网络信息资源的主体目录之间存在着密切的联系。"从而揭示了 Yahoo 应用分面分析方法进行网络信息资源的分类。

3)自然语言需要人工语言的支持

自然语言检索已在网络信息检索中占据了主导地位,但可以说没有一种网络信息检索工具仅使用关键词即自然语言检索方法。自然语言检索有着不可克服的缺点:自然语言表达主题概念过分自由,虽然,检索命中率很高,但因为冗余信息太多,准确率并不高;自然语言的同义词、反义词、近义词得不到控制,词语之间的相互关系得不到揭示,这在一定程度上会造成漏检;自然语言检索依赖计算机技术,目前智能化检索的精确度并未达到较高的水平,计算机对自然语言的理解力影响检索效率;另外还存在自然语言能否最准确、充分地表达信息中有价值内容的词,以及这些词与检索课题能否有效匹配的问题。由此可见,不使用任何控制手段的自然语言检索是无法实现高效率检索的。信息检索的原理——对词汇的控制是不会取消的,变化的只是词汇的控制方法、手段。人们为提高自然语言检索效率,提出和采用了许多措施,如编制后控制词表或入口词表等对自然语言进行后控制或前控制。这些表的编制不得不吸取人工语言的某些控制手段和指导思想,以期在保持自然语言的基本特征及固有优点下,最大限度地提高自然语言的标引、检索效率。

在网络环境下,情报检索语言要面向网络信息资源,面向网络技术环境,面向网络用户,便于用户操作,有利于各种级别的用户进行交互,既能为检索专家利用,又便于普通用户使用。只有情报检索语言开放共享,被广大用户所接受,才能充分发挥其固有的功能,真正提高检索效率。因此,人工语言和自然语言都发挥着不可替代的作用。自然语言应引进人工语言的原理、方法,人工语言应吸取自然语言的优点,寻找改进方法,两者结合并向一体化方向发展才是网络信息检索语言的发展趋势。

2.3 计算机信息检索技术

◆ 2.3.1 布尔逻辑检索

布尔逻辑检索是采用布尔代数中的逻辑与、逻辑或、逻辑非等运算符,将检索提问式转换成逻辑表达式,限定检索词在记录中必须存在的条件或不能出现的条件。凡符合布尔逻辑所规定的条件的文献,即为命中文献。

1. 逻辑或

逻辑或是一种概念之间具有并列(或同义、近义、反义)关系的组配。

特点:扩大检索范围,提高查全率。

用符号"or"或"+"表示,其逻辑表达式为:

$$A \ or \ B \quad 或 \quad A+B$$

其意义为检索记录中凡含有检索词 A 或检索词 B,或同时含有检索词 A 和 B 的,均为命中文献。

举例:废水 or 污水,表示这两个并列的同义概念分别在一条记录中出现或同时在一条记录中出现,如图 2.3 所示。

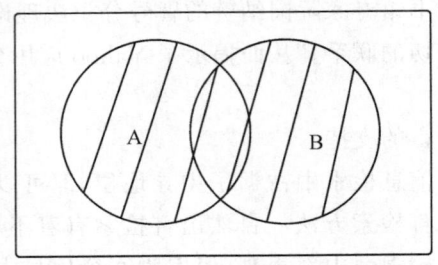

图 2.3　布尔逻辑或

2. 逻辑与

逻辑与是一种概念之间具有交叉(或限定、形容、修饰)关系的组配。

特点:增强了专指度,提高了查准率。

用符号"and"或"＊"表示,其逻辑表达式为:

$$A * B \quad 或 \quad A \text{ and } B$$

其意义为检索记录中必须同时含有检索词 A 和 B 的文献,才算命中文献。

举例:低碳 and 经济,表示两个概念应同时包含在一条记录中,如图 2.4 所示。

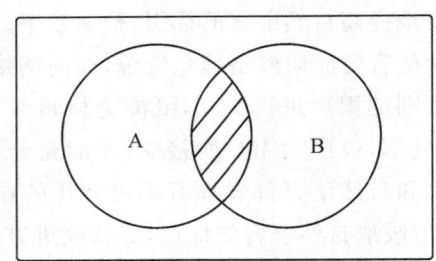

图 2.4　布尔逻辑与

3. 逻辑非

逻辑非是一种概念之间具有排除关系的组配。

特点:提高查准率,影响查全率。

用符号"not"或"－"表示,其逻辑表达式为:

$$A \text{ not } B \quad 或 \quad A - B$$

其意义为:检索记录中含有检索词 A,但不含有检索词 B 的文献,才算命中文献。

举例:通信技术 not 微波,表示检索出的记录中排除含有"微波通信"的记录,如图 2.5 所示。

◆ **2.3.2　截词检索**

截词检索是防止漏检、提高查全率的一种检索技术,用于外文数据库,算符为"＊"或"?",其功能相当于布尔逻辑或。

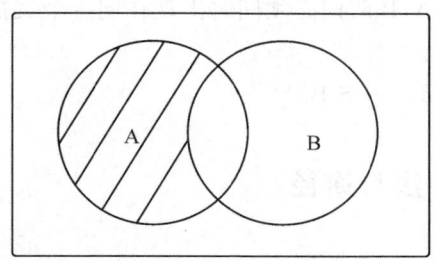

图 2.5　布尔逻辑非

截词实际是截字母。在检索词的适当位置进行截断,防止漏检,节省输入的字符数目。网络数据库主要用的是无限后截词。

截词的方式与类型:

(1)自动截词:由数据库自动取词或截词。

(2)人工截词:按截词位置分为前截词——＊install(install、uninstall),中截词——sul＊ate(sulfate、sulphate),后截词——treat＊(treat、treated、treating、treatment);按截词数量分为有限截词——book??(bookbooks)acid??(acidacidsacidic),无限截词——treat?(treat、treated、treating、treatment)。后截词是一种满足前方一致的检索,用于名词的单、复数和动词词尾变化。例如 book＊可检索出 book 和 books 两个词,streat＊可检出 treat、treated、treating、treatment 四个词,其作用相当于布尔逻辑或。

2.3.3　进阶检索

进阶检索是在前次检索的基础上进行的检索,也叫二次检索、再次检索、在检索结果中检索等。其实质是各次检索之间为逻辑与操作,其目的是提高查准率。

2.3.4　限制检索

(1)字段限制:为了确定检索词在数据库记录中出现的位置,可采用字段(也叫检索项、检索入口)来限制查找的范围。其作用是提高检全率或检准率。常用的字段代码有题名(T)、关键词(K)、摘要(AB)、作者(AU)、地址(AD)等。

(2)匹配度限制:模糊检索与精确检索。

(3)时间限制:限制课题的检索年代范围。

2.3.5　词位检索

词位检索具有限定检索词之间的位置关系的功能,可弥补布尔逻辑算符只是定性规定检索词范围的缺陷,以提高检准率。常用的词位检索有邻位检索和字段检索。

1. 邻位检索

①ONEAR:词序不可颠倒。

②NEAR:词序可颠倒。

2. 字段检索

同句检索:A S B,表示 A、B 两词必须同时出现在非标题字段的一个句子中(或两个标点符号之间),不限制词距。见 CNKI 期刊库、SCIE 数据库。

同段检索：A F B，表示 A、B 两词必须同时出现在同一个文摘字段中，不限制词序，也不限制词距。见 CNKI 期刊库。

查全率：A and B＞A F B＞A S B。

2.4　信息检索的方法与途径

◆ 2.4.1　信息检索的方法

信息检索需要采用什么样的方法，要根据课题性质和研究目的而定，也要根据可否获得检索工具而定。归纳起来，信息检索一般有以下几种方法。

1. 浏览法

通过检索工具搜索文献是科技人员获得文献的主要途径，只要方法得当，往往可以事半功倍，在短时间里获得大量切合课题需要的文献。但是，由于任何一种检索工具都只能收录有限的期刊和图书，而且检索工具与原始文献之间往往有半年左右的时间差，为了弥补这些缺陷，科技人员还必须借助其他方法来收集文献。其中浏览法就是科技人员平时获取信息的重要方法。具体地说，就是科技人员对本专业或本学科的核心期刊每到一期便浏览、阅读的方法。该方法的优点：能最快地获取信息，能直接阅读原文内容，基本能获取本学科发展的动态和水平。缺点：科技人员必须事先知道本学科的核心期刊，并且检索的范畴不够宽，因而漏检率较大。因此，在开题或鉴定时还必须进行系统的检索。

2. 直接法

直接法又称常用法，是指直接利用检索系统（工具）检索文献信息的方法，即以主题、分类、著者等途径，通过检索工具获取所需文献的一种方法。这种方法又可分为顺查法、倒查法、抽查法和分段法四种。

①顺查法，即由远及近的查找法。如果已知某创造发明或研究成果最初产生的年代，现在需要了解它的全面发展情况，即可从最初年代开始，按时间的先后顺序，一年一年地往近期查找。用这种方法所查得的文献较为系统全面，基本上可反映某学科专业或某课题发展的全貌，能达到一定查全率。在较长的检索过程中，可不断完善检索策略，达到较高的查准率。此方法的缺点是费时费力，工作量较大。一般在申请专利的查新调查和新开课题时采用这种方法。

②倒查法，即由近及远、由新到旧的查找法。此方法多用于查找新课题或有新内容的老课题，在基本获得所需信息时即可终止检索。此方法有时可保证情报的新颖性，但容易漏检而影响查全率。

③抽查法，这是利用学科发展一般是波浪式的特点来查找文献的一种方法。当学科处于兴旺发展时期，科技成果和发表的文献一般也很多。因此，只要针对发展高潮进行抽查，就能查获较多的文献资料。这种方法针对性强，节省时间，但必须在熟悉学科发展阶段的基础上才能使用，有一定的局限性。

④分段法，又称循环法或综合法，是交替使用追溯法和常规法进行检索的综合方法。即首先利用检索工具查出一批文献资料，再利用这些文献资料所附的参考文献追溯查找相关文献。如此交替、循环使用常规法和追溯法，不断扩展，直到满足检索要求为止。分段法的

优点在于，当检索工具缺期、缺卷时，也能连续获得所需年限以内的文献资料。

3. 追溯法

追溯法又称回溯法，这是一种传统的查找文献的方法，就是当查到一篇参考价值较大的新文献后，利用文献后面所列的参考文献，逐一追查原文（被引用文献），再从这些原文后所列的参考文献目录逐一扩大文献信息范围，一环扣一环地追查下去的方法。它可以像滚雪球一样，依据文献间的引用关系，获得更好的检索结果。

追溯法是一种扩大信息来源的最简单的方法，在没有检索工具或检索工具不完整时，可借助此方法获得相关文献。但由于参考文献的局限性和相关文献的不同，会产生漏检。同时，由近及远的回溯法无法获得最新信息，而利用引文索引进行追溯查找可弥补这一缺点。

4. 循环法

循环法又称分段法或综合法。它是分期交替使用直接法和追溯法，以期取长补短、相互配合，获得更好的检索结果。

各种检索方法在使用上各具特色，可根据检索的需要和所具备的条件灵活选用，以便达到较好的检索效果。

2.4.2 文献检索的途径

1. 著者途径

许多检索系统备有著者索引、机构（机构著者或著者所在机构）索引，专利文献检索系统有专利权人索引，利用这些索引从著者、编者、译者、专利权人的姓名或机关团体名称字顺进行检索的途径统称为著者途径。使用的检索工具有"著者目录""著者索引"等。

由于从事科学技术研究的科技人员术有专攻，发表的文章一般有连贯性、系统性，所以通过著者途径可以查到某著者关于某一专题研究的主要文献，缺点是必须配合主题途径或分类途径，才能取得较好的检索效果。

2. 篇名途径

篇名途径包括书名、刊名和篇名等途径，这是根据由书刊名称或文章的篇名编成的索引或目录来查找文献的途径。使用的检索工具有"书名目录""刊名目录""会议资料索引"等目录或索引。这类检索工具一般都按图书、期刊、资料的名称字顺编排，多用于查找馆藏图书和期刊。

3. 分类途径

分类途径是一种按学科分类体系来查找文献的途径，使用的检索语言是分类语言，使用的检索工具有"分类目录""分类索引"等。分类法反映事物之间的隶属、派生和平行等关系，体现了知识的系统性，它能把同一学科的文献集中在一起，能较好地满足族性检索的要求。当研究课题较大，需要全面了解某一学科及相关知识的时候，或者难于判定研究课题所属主题范围的时候，通常利用分类索引，从分类的途径来查找文献。分类途径的缺点是新兴学科、边缘学科在分类时往往难于处理，不便查找。另外，从分类途径检索必须了解学科体系，否则在将概念变换为分类号的过程中易发生错误，造成漏检或误检。

4. 主题途径

主题途径是一种按照文献的主题内容查找文献的途径，使用的语言是主题语言，使用的检索工具有"主题索引""关键词索引""叙词索引"等。

主题法打破了传统的学科分类的条框,把分散于各个学科的有关文献集中于同一主题词之下,以文字作为检索标识。索引按照资料内容的主题词或关键词的字顺排列,检索时就像查字典一样,不必考虑学科体系。主题途径检索的优点:它用文字做检索标识,表达概念准确灵活,能把同一主题的文献集中在一起,能集中反映一个主题的各方面文献资料,因而便于读者对某一问题、某一事物和对象做全面系统的专题性研究。因此,当比较容易确定研究课题所属主题时,通常利用主题词表,从主题途径来查找文献。

5. 引文途径

引文即参考文献,文献所附参考文献或引用文献是文献的外表特征之一。利用引文而编制的索引系统称为引文索引系统,它提供从被引论文去检索引用论文的一种途径,称为引文途径。

6. 序号途径

有些文献有特定的序号,如专利号、报告号、合同号、标准号、国际标准书号和刊号等。文献序号对于识别一定的文献,具有明确、简短、唯一性的特点。依此编成的各种序号索引可以提供按序号自身顺序检索文献的途径,使用的检索工具有"报告号索引""标准号索引""专利号索引""登记号索引"等。

7. 代码途径

利用事物的某种代码编成的索引,如分子式索引、环系索引等,可以按特定代码顺序进行检索。

8. 专门项目途径

按文献信息所包含的或有关的名词术语、地名、人名、机构名、商品名、生物属名、年代等的特定顺序进行检索,可以解决某些特别的问题。

2.5　信息检索的基本步骤

信息检索是一项实践性很强的活动,它要求我们善于思考,并通过经常性实践,逐步掌握信息检索的规律,从而迅速、准确地获得所需文献。一般来说,信息检索可分为以下步骤(见图 2.6)。

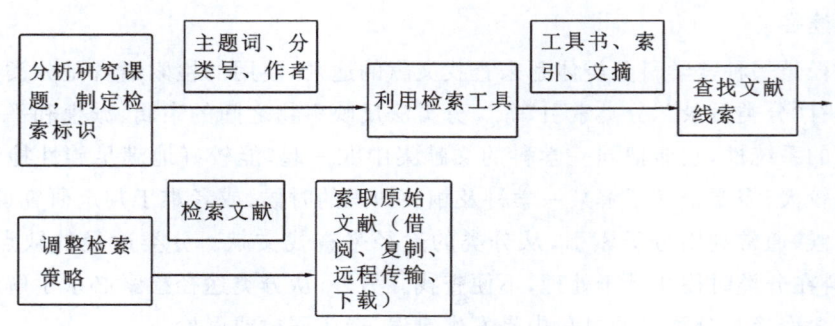

图 2.6　信息检索的步骤

◆ 2.5.1　分析研究课题

课题分析是文献检索过程中最重要的环节,课题的内容是什么？主要解决什么问题？一定要通过认真地分析课题,才能将它们揭示出来。能否正确地分析课题,将直接影响到检索的质量与效果。课题分析要从以下几个方面进行。

1. 分析主题内容

所谓主题内容,就是课题研究的中心问题。如果一个课题研究的中心问题有一个或两个,那么就有一个或两个主题。有多个研究的中心问题,就有多个主题。

根据课题的内容,深入分析主题内容的目的,是要明确课题检索的要求,找出课题需要解决的关键问题,从而形成反映课题中心问题的主题概念,即拟出关键词。

当课题比较生疏时,应当首先利用百科全书等弄清楚概念,了解课题的有关专业知识,弄清楚课题的内容和要解决的问题,以及解决该问题的初步设想等,进而确定检索的主题范围。

2. 分析问题类型

分析问题类型的目的在于确定检索工具,仅有检索的学科和主题范围还不够,还要进一步确定文献类型的范围。因为科技文献类型繁多,而检索工具对文献的收集有所侧重,如果不根据文献类型选定检索工具,就会使检索工具无法达到最佳效果。

分析文献类型,一般从课题的性质来考虑。自然科学领域的研究通常分为基础研究、应用研究和开发研究三种。基础研究寻求对自然界的认识,所要文献类型侧重于科学专著、学术期刊、学术会议论文及原始性的科学考察、实验和述评等;后两者属于解决应用工程技术问题,所要文献侧重于科技图书、技术性期刊、报告、论文、专利、手册、标准、样品和产品目录等。

3. 分析查找年代

分析查找年代的目的在于确定检索的时间范围。科技文献浩若烟海,检索工具也是种类繁多,若查找年代不当会浪费大量的时间和精力,而且会影响查找信心。分析查找年代,就是分析学科发展的历史背景,如学科发展有初期、高潮期和稳定期,其中高潮期的文献较多。而早期原始文献中的精华都已综合在后来的图书、专著和述评等文献中了,直接查阅图书和近几年的文献检索工具就行了,这样可以节省时间和精力。

◆ 2.5.2　确定检索工具

首先必须对各种检索工具覆盖的学科范围有清楚的了解,然后从信息的类型、文种、发表时间等方面来选用检索工具。

选择检索工具应考虑以下四个方面的因素:

①学科、专业范围;

②信息类型;

③文种;

④课题内容。

对类型相似的检索工具,不仅要注重权威性的综合性检索工具,而且要注意选择针对性强的专业性检索工具。

◆ 2.5.3 选择检索方法

1. 根据检索工具的条件

在没有检索工具的情况下,可采用追溯法。在检索工具较齐全的情况下,可采用常规法和综合法,这两种方法的查全率、查准率都较高。

2. 根据检索课题的要求

①科研主题复杂、研究范围较大、研究时间较长的科学研究以查全、查准为主,应采用顺查法。

②新兴的课题研究以快、准为主,宜用倒查法。

3. 根据学科发展特点

①课题属于新兴学科,起步较晚,一般采用顺查法(也可采用倒查法);

②课题属于较老的学科,起始年代较早或无从考查,则可采用倒查法;

③有的学科在一定的年代里处于兴旺发展阶段,信息发表得特别多,则可在该时期内采用抽查法,检索效果好。

◆ 2.5.4 确定检索途径和检索策略

1. 确定检索途径

若所需文献范围较广,选用分类途径较好;若检索专指性较强,即所需文献比较专深,则选主题途径为宜。

2. 确定检索策略

根据课题研究的特点和检索要求确定检索策略,包括选择检索方法、检索工具以及检索范围(专业、时间、语种、文献类型等)。最关键的是要确定检索标识,如关键词、主题词、分类号、作者、作者单位等。

◆ 2.5.5 实施检索并调整检索策略

完成检索后,通过查看检索结果数量的多少或相关程度的高低,可以评价检索策略的好坏。通常情况下,需要多次修改检索策略,直到检索结果令人满意为止。在实际检索中,当放宽检索范围以提高查全率时,就会降低查准率;反之,当缩小检索范围以提高查准率时,就会降低查全率。因此要正确分析误检、漏检原因,及时调整策略。

1. 误检原因分析

①没有对检索词进行限制,包括字段限制、时间限制、分类限制等。

②主题概念不够具体或具有多义性,导致误检。

③对所选的检索词截词截得过短。

2. 漏检原因分析

①错选数据库。

②检索概念太多,检索概念错误或拼写错误。

③选用了不规范的主题词或某些产品的俗称、商品名作为检索词。

④没有充分考虑同义词、近义词或隐含概念。

⑤没有完整运用上位概念或下位概念。

⑥位置运算符过多、过严或字段限制太严格。

3. 缩小检索范围的方法

①进行加权检索。

②提高检索词的专指度,选用下位词或专指性较强的自由词检索。

③减少同义词与同族相关词。

④增加限制概念,采用逻辑与连接检索词。

⑤使用字段限定,将检索词限定在某个或某些字段范围内。

⑥使用逻辑非,排除无关的概念。

⑦调整位置运算符,由松变严。

⑧浏览部分中间检索结果,从检出的记录中选取新的检索词对中间结果进行限制。

4. 扩大检索范围的方法

①降低检索词的专指度,选用上位词或相关词检索。

②选全同义词与相关词,并用逻辑或将它们连接起来,增加网罗度。

③减少逻辑与的运算,丢掉一些次要的或者专指性太强的概念。

④去除某些字段限制。

⑤调整位置运算符,由严变松。

⑥去除文献类型、年份、文种等文献外表特征的限定。

⑦选择更合适的数据库。

2.5.6 索取原始文献

当查到研究课题的相关信息后,判定是否符合检索需要,如符合需要,则要准确记录题名、作者、出处,以获取原始文献。

原始文献可通过以下方式获取:

①利用二次文献检索工具获取原始文献。

②利用馆藏目录和联合目录获取原始文献。

③利用文献出版发行机构获取原始文献。

④利用文献著者获取原始文献。

⑤利用网络获取原始文献。

2.6 信息检索效果评价

2.6.1 信息检索效果的定义

信息检索效果(retrieval effectiveness)是指检索系统进行检索的有效程度。它反映了检索系统的能力,包括技术效果和经济效果。

◆ **2.6.2 信息检索效果的评价指标**

克兰弗登(Cranfield)提出了 6 项评价检索系统性能的指标：收录范围、查全率、查准率、响应时间、用户负担、输出形式。

1. 查全率

查全率是指检出的相关文献量与检索系统中相关文献总量的百分比，是衡量信息检索系统检出相关文献能力的尺度。可用下式表示：

$$查全率 = \frac{检出的相关文献量}{系统中相关文献总量} \times 100\%$$

2. 查准率

查准率是指检出的相关文献量与检出文献总量的百分比，是衡量信息检索系统检出文献准确度的尺度。可用下式表示：

$$查准率 = \frac{检出的相关文献量}{检出文献总量} \times 100\%$$

◆ **2.6.3 影响查全率和查准率的因素**

影响查全率的因素从文献存储方面来看，主要有文献库收录文献不全，索引词汇缺乏控制和专指性，词表结构不完整，词间关系模糊或不正确，标引不详，标引前后不一致，标引人员遗漏了原文的重要概念或用词不当等。此外，从情报检索方面来看，主要有检索策略过于简单，选词和逻辑组配不当，检索途径和方法太少，检索人员业务不熟练和缺乏耐心，检索系统不具备截词功能和反馈功能，检索时不能全面地描述检索要求等。

影响查准率的因素主要有：索引词不能准确描述文献主题和检索要求，组配规则不严密，选词及词间关系不正确，标引过于详尽，组配错误，检索时所用检索词(或检索式)专指度不够，检索面宽于检索要求，检索系统不具备逻辑非功能和反馈功能，检索式中允许容纳的词数量有限，截词部位不当，检索式中使用逻辑或不当，等等。

影响检索效果的因素是非常复杂的。根据国外有关专家所做的实验表明，查全率与查准率是成反比例关系的。要想做到查全，势必要对检索范围和限制逐步放宽，结果是会把很多不相关的文献也带进来，影响了查准率。应当根据具体课题的要求，合理调节查全率和查准率，保证检索效果。

◆ **2.6.4 提高检索效果的措施**

一般来说，提高检索效果的措施有两种，一是选择质量较高的检索系统，二是提高检索者的检索水平。

(1)提高检索工具或检索系统的质量。

检索系统质量的优劣是影响检索效果的重要因素。评价某个检索系统的优劣主要看它的存储功能和检索功能。一般来说，检索系统摘录的文献量越多，编排结构越简便易用，采用的检索语言越准确和实用，辅助索引越齐全，收录内容越新颖，系统性能越优越。

(2)提高用户利用检索系统的水平，最大限度地发挥检索系统的能力。

影响检索效果的更重要的因素是检索者本身，也就是说要提高检索者自身的检索水平。

检索效果与检索者的知识水平、业务能力、工作经验,特别是检索技能的熟练程度和外语水平密切相关。

(3)合理调整查全率和查准率,如申请专利、科技查新、开题、立项要求查全率高,检索新课题要求查准率高。

如何提高查全率?

①选择上位词和相关词,如查找关于孙中山的文献,先用孙中山查,再用孙文、国父查找。

②进行族性检索,用分类检索增加检索途径。

如何提高查准率?

①提高专指度(用下位词或换专指性强的自由词)。

②用文献外部特征限制输出结果(题名途径、著者途径、号码途径、其他途径等)。

③用"二次检索""条件检索"排除误检。

第3章

图书信息检索

微课视频

3.1 图书馆书目检索系统

3.1.1 图书分类与排架方法

1. 图书分类方法

图书馆图书大多依据《中国图书馆分类法》,按拉丁字母顺序分 22 大类、38 小类。图书分类是根据图书的内容、属性、形式、体裁、读者用途等,按学科的分类体系,分门别类地组织起来,使同一学科门类的图书在目录中、在书架上都集中在一起。我国常用的分类法有《中国图书馆分类法》(以下简称《中图法》)、《中国人民大学图书馆图书分类法》(以下简称《人大法》)、《中国科学院图书馆图书分类法》(以下简称《科图法》)等。其中《中图法》具有比较突出的优点,已为大多数图书馆所使用。《中图法》是按照一定的思想观点,以科学分类为基础,结合图书资料的内容和特点,分门别类组成的分类表,其主要目的和意义是从科学分类和知识分类的角度来揭示文献内容的区别和联系,按学科和专业集中文献,提供从学科和专业角度检索文献的途径。

《中图法》按学科内容分成 5 大基本部类,在此基础上,细分为 22 个基本大类,由 22 个基本大类依次向下层层展开,划分出若干个下级类目,每个类目都代表一类知识范围,用类目名称界定和代表这类知识范围,并用类号表示。这样不断向下划分,形成一个主次分明的网状结构,直至将人类所有知识全部包括在内,并用相应的类目类号表示。其基本序列如表 3.1 所示。

表 3.1 《中图法》的基本序列

五大基本部类	类别	基 本 大 类
马克思主义、列宁主义、毛泽东思想、邓小平理论	A	马克思主义、列宁主义、毛泽东思想、邓小平理论
哲学、宗教	B	哲学、宗教
社会科学	C	社会科学总论
	D	政治、法律
	E	军事
	F	经济
	G	文化、科学、教育、体育
	H	语言、文字
	I	文学
	J	艺术
	K	历史、地理

续表

五大基本部类	类别	基 本 大 类
自然科学	N	自然科学总论
	O	数理科学和化学
	P	天文学、地球科学
	Q	生物科学
	R	医药、卫生
	S	农业科学
	T	工业技术
	U	交通运输
	V	航空、航天
	X	环境科学、安全科学
综合性图书	Z	综合性图书

以"工业技术"为例,"工业技术"是一个庞大的基本大类,为适应其进一步展开的需要,其所属的下级类目采用双字母进行标识,具体细分如表 3.2 所示。

表 3.2　"工业技术"所属的下级类目

T 工业技术	TB	一般工业技术
	TD	矿业工程
	TE	石油、天然气工业
	TF	冶金工业
	TG	金属学与金属工艺
	TH	机械、仪表工业
	TJ	武器工业
	TK	能源与动力工程
	TL	原子能技术
	TM	电工技术
	TN	无线电电子学、电信技术
	TP	自动化技术、计算机技术
	TQ	化学工业
	TS	轻工业、手工业
	TU	建筑科学
	TV	水利工程

表 3.1 中的 22 个基本大类,叫作一级类目,往下展开分为若干个子类,叫作二级类目,再往下展开,分别是三级、四级、五级类目。一般情况下,数字位数的多少代表其类目划分的级数。我们可以从表 3.3 来认识图书分类的体系结构是如何展开的。

表 3.3　图书分类的体系结构

分 类 号	类 目 名 称	级 次
I	文学	一级
I0	文学理论	
I1	世界文学	二级
I2	中国文学	
I21	文字作品集	
I22	诗歌、韵文	
I23	戏剧	
I24	小说	三级
I25	报告文学	
I26	散文	
……	……	四级
1266	现代作品（1919—1949）	
1266.1	随笔、杂文	
1266.3	小品文	五级
1266.4	游记	
1266.5	书信、日记	
1267	当代作品（1949—）	四级
127	民间文学	三级
……	……	
I3～I7	亚洲文学等各大洲文学	二级

假如想到图书馆借阅《最美的旅程：环球审美游记》（钟文音著）一书，首先要知道该书属于中国当代游记作品集，根据以上分类表可知其分类号为 I267.4，我们就可在书架上按此分类号查找到此书了。

2. 图书排架方法

图书分类可以解决图书的归类问题。对同类书的区分，还需要进一步采用区分号。目前各图书馆一般采用分类号加种次号或著者号对图书进行更深一层的分类，以便排列上架。分类号和著者号、分类号和种次号共同组成了一种图书的索书号，这个号码就决定了该图书在书架上的位置。准确地说，图书馆各藏书点的图书是按索书号的顺序排列的，索书号由分类号＋著者号或分类号＋种次号构成。索书号一般印在书脊正下方所贴书标上。图书是根据分类号即英文字母的顺序及阿拉伯数字的大小来排架的，在分类号相同的情况下，则依著者号或种次号（阿拉伯数字）的大小，从上至下、从左至右进行"S"形排列。其具体排列规则如下：首先按分类号排，分类号是按字母的顺序和数字的大小来排；分类号完全相同的按著者号或种次号排;分类号和著者号或种次号相同的按卷次号排。

3.1.2 图书馆馆藏书目检索

1. 书目数据库概述

书目数据库是指存储二次文献信息的数据库,也称二次文献数据库,可分为题录数据库、目录数据库、索引与文摘数据库。它们可用于查明某学科(主题)有哪些出版物,某著者有哪些著作,某书的书名、著者、出版商以及如何获得该书等信息。书目数据库主要提供图书、期刊等文献的目录信息。

根据书目数据库的收藏情况,可分为馆藏书目数据库、非馆藏书目数据库。馆藏书目数据库包括一个或多个单位的馆藏目录。如果是多个单位组合而成的馆藏书目数据库,称为联合目录数据库。馆藏类目录可提供馆藏信息。非馆藏书目数据库依用途主要分为国家书目数据库(收集一个国家所出版的图书)、出版社书目数据库、书商书目数据库、推荐书目数据库等。这一类书目数据库一般不提供藏址。

馆藏书目数据库提供本馆馆藏图书和期刊的文献信息。一般在图书馆主页设有"馆藏查询",点击该项就可进入该馆书目数据库进行查询。通过馆藏查询,可获得相应书目信息及馆藏信息。书目信息包括题名与责任者、出版发行情况、载体形态、分类号、主题词。馆藏信息包括馆藏地址、馆藏量、流通状态等,通过馆藏信息可了解图书是否可借阅、去哪里借阅。书目数据库查询主页如图 3.1 所示。

图 3.1　书目数据库查询主页

2. 馆藏书目数据库检索

书目数据库的检索途径主要有题名、责任者、主题词、ISBN、分类号、索书号、出版社、丛书名等,如图 3.2 所示。

①题名:包括正题名、并列题名、从属题名、其他题名、丛书名等。匹配方式为"前方一致"。

例如:在"题名"中输入"文学研究"四字,检索时只要正题名、并列题名、从属题名、其他题名、丛书名等各项中的其中一项的前端部分是"文学研究"字样,即为符合条件的检索结果。

②责任者:文献的编者、著者、译者、撰者、校注者等。既包括个人责任者,也包括团体责

图 3.2　书目数据库的检索

任者,如"国家技术监督局"。

③出版者:文献的出版或印刷机构。

例如:人民文学出版社、Penguin Books、国子监、兴文署、金陵书局、毛晋汲古阁等。

④分类号:文献的学科属性标识。

中文图书采用《中国图书馆分类法》进行分类。分类号由字母和数字组配而成,共 22 大类。

例如:红楼梦的分类号为 I242.47,具体参见"中国图书馆分类法简表"。

⑤主题词:经过规范化的词、词组或代码。所选用的词语依据汉语主题词表。

例如:"电影文学剧本""文学评论"等。

⑥国际标准书号(刊号):国际标准书号(International Standard Book Number,ISBN)由 13 位数字组成。前 3 位数字代表图书,中间的 9 个数字分为 3 组,分别表示组号、出版社号和书序号,最后一个数字是校验码。国际标准刊号(International Standard Serial Number,ISSN)由 8 位数字构成,分前后两段,每段 4 位数字,段与段之间以短横"—"相连接,其中后段的最末位数字为检查号。

⑦索取号:即索书号,是图书馆赋予每一种馆藏图书的号码,这种号码具有一定结构并带有特定的意义。在馆藏系统中,每种索书号是唯一的,可准确地确定馆藏图书在书架上的排列位置,这是用户查找图书非常必要的代码信息。书刊的"索取号"由"分类号/种次号"组成,分类号是图书的学科属性标识,种次号则是此类图书的编制顺序号。

利用馆藏书目数据库检索的检索步骤如下:

①选择检索途径,如题名、责任者、ISBN、分类号、主题词等。

②输入检索词。依据所选检索途径输入相应的检索词,如选责任者途径,可输入文献责任者名称。

③对出版时间、每页浏览数据条数、检索库、检索方式等进行限定。

④点击"查询"键,实施检索。

3.1.3　CALIS 联合目录数据库

中国高等教育文献保障系统(China Academic Library & Information System,简称 CALIS),是经国务院批准的我国高等教育"211 工程"总体规划中两个公共服务体系之一。

CALIS 联合目录数据库是全国 100 所"211 工程"高校图书馆馆藏联合目录数据库,是 CALIS 在"九五"期间重点建设的数据库之一。它的主要任务是建立多语种书刊联合目录数据库和联机合作编目、资源共享系统,为全国高校的教学科研提供文献资源网络公共查询,支持高校图书馆系统的联机合作编目,为成员之间的馆藏资源共享、馆际互借和文献传递奠定基础。CALIS 联合目录公共检索系统(简称 OPAC)采用 web 方式提供信息查询与浏览,如图 3.3 所示。

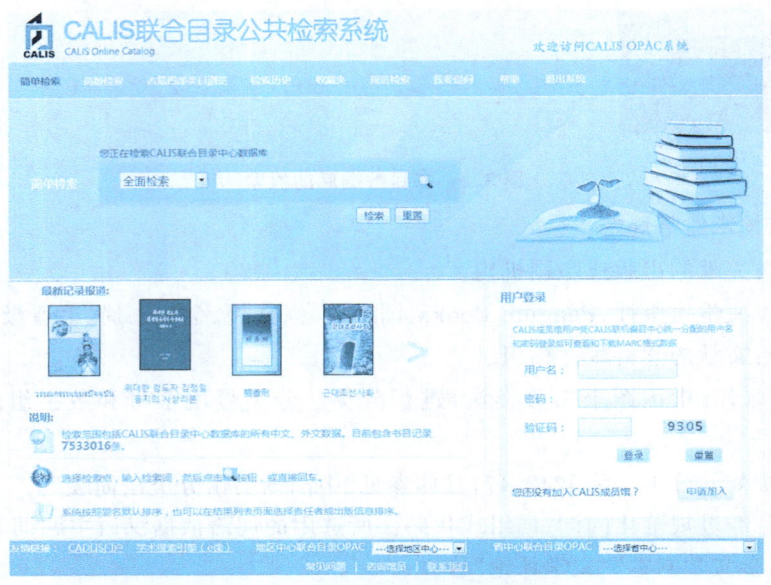

图 3.3　CALIS 联合目录公共检索系统

多库分类检索:OPAC 中的数据,按照语种可分为中文、西文、日文、俄文四个数据库,按照文献类型可分为图书、连续出版物、古籍。

二次检索:CALIS 可提供简单检索、高级检索、浏览功能,点击"二次检索"按钮,可返回检索页面,用户可修改检索条件重新进行检索,不提供对结果集的二次检索,如图 3.4 所示。

排序功能:检索结果分库显示,单一数据库中的检索结果少于 200 条,才能提供排序功能,默认的排序优先次序为题名、责任者、出版社。检索结果超过 200 条则不提供排序功能。

检索历史:保留用户发出的最后 10 个检索请求,用户关闭浏览器后,检索历史将清空。

多种显示格式:检索结果分多种格式显示,包括简单文本格式、详细文本格式、MARC 显示格式。前两种格式对所有用户免费开放,MARC 显示格式只对 CALIS 联合目录成员馆开放,查看或下载 MARC 记录均按照 CALIS 联合目录下载费用标准收取。

多种格式输出:对所有用户提供记录引文格式、简单文本格式、详细文本格式的输出。此外,对 CALIS 联合目录成员馆提供 ISO 2709、MARC 列表的输出,还提供发送 E-mail 与直接下载到本地两种输出方式。输出字符集提供常用的"GBK""UTF-8""UCS2"三种,用户可根据自己的需要进行选择。

浏览功能:提供对题名、责任者、主题的浏览,此外,古籍数据还提供四库分类的树型列表浏览。

收藏夹功能:对有权限的用户提供保存用户的检索式与记录列表的功能,目前该功能不对普通用户开放。

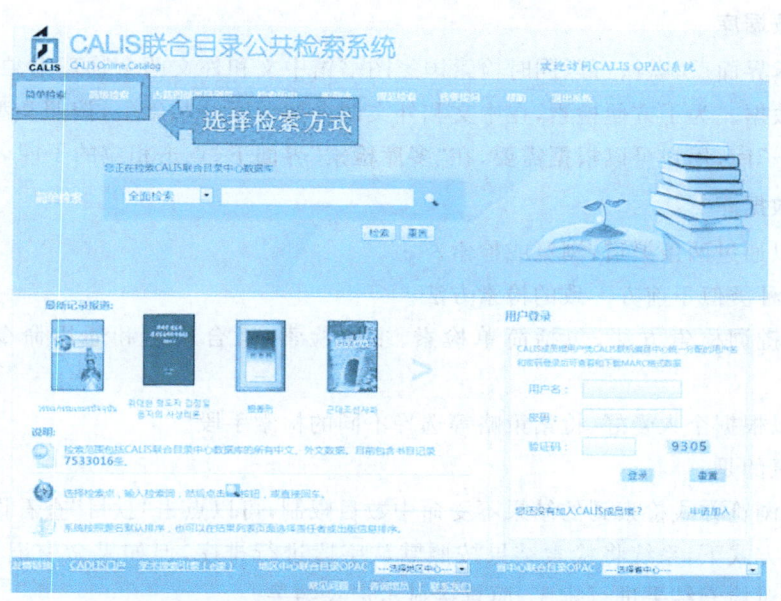

图 3.4　CALIS 联合目录公共检索系统检索方式

馆际互借：用户可直接发送请求到馆际互借网关系统，无须填写书目信息。

3.1.4　中国国家图书馆联机公共目录查询系统

作为国家总书库，中国国家图书馆全面收藏国内所有正式出版物，选择收藏国外部分期刊。通过馆藏目录可查看某种图书、期刊、学位论文的收藏情况，还可查看文献的具体馆藏信息，包括馆藏地址、收录年代、所有单册信息等。中国国家图书馆联机公共目录的查询地址为 http://opac.nlc.cn/F? RN=511181543，其主页如图 3.5 所示。

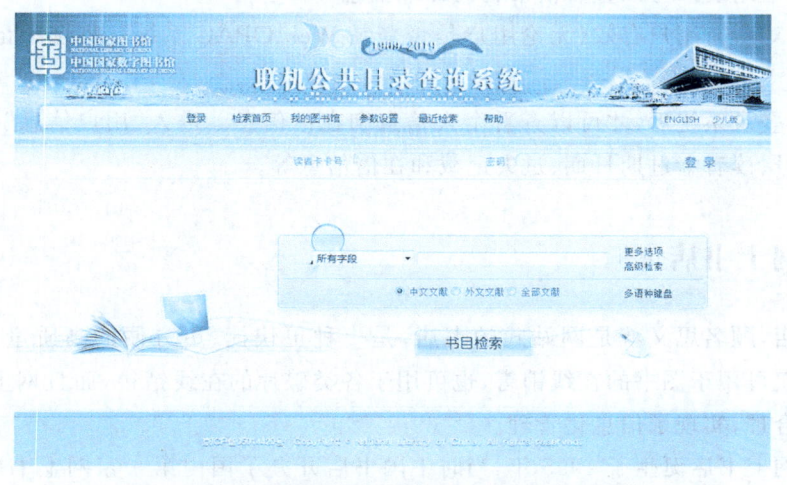

图 3.5　中国国家图书馆联机公共目录查询系统

1. 进入系统

方法一：ID 登录——需要输入读者卡卡号、密码。

方法二：匿名登录——默认为匿名登录，可以直接使用检索查询界面，但仅限于使用检索功能。

2.选择数据库

进入检索界面后,默认可以同时检索国家图书馆中文和外文两个物理上独立的数据库,即全部馆藏数据。为了方便检索,在中文和外文两个数据库的基础上,按照类型或馆藏地点划分了20个子库,用户可以根据需要,在"多库检索"界面下,点击相应的子库名,选择子库。

3.检索数据库

检索可以通过两条渠道:浏览或检索。

浏览:一种类似于前方一致的检索方法。

检索:关键词检索方法,包括简单检索、多库检索、组合检索和通用命令语言(CCL)检索。

用户可以根据个人爱好、检索策略等选择不同的检索手段。

需要注意的是:

(1)通过浏览方式检索到的结果不受命中数目限制,可以点击"款目"查看详细内容;

(2)检索方式下,系统将检索结果按照默认字段进行排序,但如果命中记录数超过800条,系统将不对检索结果进行排序,而直接显示记录结果。

4.其他功能

(1)查看馆藏,在结果列表中单击"馆藏地"链接,可以显示记录的馆藏信息,包括文献状态、索取号、条码号、馆藏地点等。

(2)在查看馆藏信息时,有以下可用链接:

①请求:发送某记录的预约请求,如外借、闭架阅览等。

②复制:发送某记录的复制请求。

③应还日期:如果馆藏列表中包含"应还日期"链接,则表示该文献处于外借状态。单击该链接(如有下划线),可以查看借书者的详细信息。

④保存:对所有用户有效(无论用户是否登录 Web OPAC 系统),将选中记录保存到指定介质上。

(3)只有登录系统后,才可以查看个人信息和在借信息。进入"用户信息"栏目,可以查看读者卡卡号、读者卡过期日期、过失记载和在借信息等。

3.2 网上书店

网上书店,顾名思义就是网站式的书店,是一种更快捷、更方便的高质量的购书方式。网上书店不仅可用于图书的在线销售,也可用于各类碟片的在线销售,而且网上书店对图书的管理更加合理,实现了信息化管理。

我国的网上书店诞生于1995年,当时中国书店开办了国内第一家网上书店,1997年杭州新华书店开办了新华书店系统的第一家网上书店。之后短短几年时间,国内的网上书店如雨后春笋般迅速增多。综观国内网上的书店,具有以下特点:

(1)数量多,品种全。网上书店经营图书的数量之多、品种之全,是令许多传统书店望尘莫及的。网上书店除了销售在版新书外,还有相当一部分早期出版的图书及古旧图书等。

(2)突破时空局限。网上书店极大地拓展了图书采购的地域范围,采购人员可漫游任何地域的任何一家书店,无论是国内的网上书店还是国外的网上书店,只要输入网址,就可进入并采购所需要的图书。此外,网上书店打破了传统购书在时间上的限制,可提供全年 365 天、每天 24 小时的全天候服务,使图书采购随时都可以进行。

(3)提供增值服务。网上书店充分发挥其网络优势,提供了多种多样的服务,如开设新书推荐、畅销书排行、用户评论、作者访谈、专家点评等诸多栏目,使用户既可以全方位地把握图书信息,又可以进行在线讨论,交流心得。能为用户提供与书店直接沟通、相互联系的优越条件,是网上书店的一大特色。还有的网上书店提供跟踪服务,当用户在书店有过一次购买行为后,它就会根据记录,在用户下次登录该书店时,为其提供专门设计的"推荐书目"。

(4)提供便捷的检索方式。网上书店提供了多种检索途径,除分类检索外,用户还可以按书名、作者、出版社等进行单独检索和组合检索,这种检索方式无疑比浏览传统书目的方式要便捷得多。

在网上书店买书,可以查到所购买图书的更多信息,因为网上书店是一个网站,有着独特的售书方式和功能。如会员注册功能,会员类型有高级会员、金牌会员等,有的网上书店设置了会员积分系统,当达到一定积分时自动成为高级会员,高级会员能享受优惠和特别的服务。还有就是支付方式,一般网上书店都有三种类型的支付方式,即汇款支付、在线支付、其他支付方式,其中在线支付只要在支付平台开户后,将所获开户信息填入即可。用户在网上书店购书后,所购图书都在网站上有记录,方便用户查询。

◆ 3.2.1 当当网

1. 当当网简介

当当网是北京当当网信息技术有限公司营运的一家中文购物网站,以销售图书、音像制品为主,同时开展小家电、玩具、网络游戏点卡等多种商品的销售,总部设在北京。当当网于 1999 年 11 月开通,目前是全球最大的中文网上图书音像商城,面向全世界中文用户提供 30 多万种中文图书和音像商品。2010 年 12 月 8 日,当当网首次登陆美国股市,吸引了全球投资者的目光。

2. 检索方法

输入网址 http://www.dangdang.com/,则进入当当网主页,如图 3.6 所示。

图 3.6 当当网主页

单击"图书"进入图书查询页面,如图 3.7 所示。

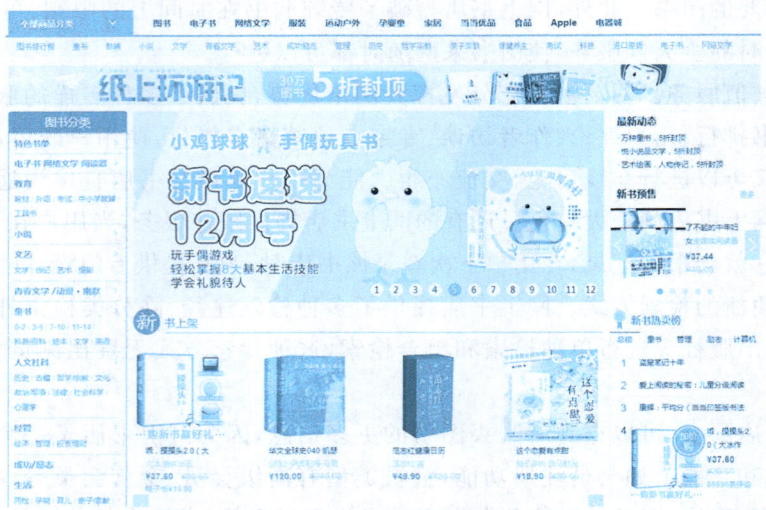

图 3.7　当当网图书查询页面

当当网的图书检索方式有随意查询、分类查询、直接搜索、高级搜索。

①随意查询。

图书随意查询是指在图书网站上随便查找,查找到所需图书后便打开图书信息查看。

②分类查询。

按图书分类查询图书信息,当当网的图书分类如图 3.8 所示。

③直接搜索。

如果有确定的书名、著者、出版社等信息,可在搜索框中直接搜索,如图 3.9 所示。

④高级搜索。

点击"高级搜索"按钮,进入高级搜索页面,如图 3.10 所示。

3. 购买图书

如果确定要购买图书,则按购买图书流程进行购买,如图 3.11 所示。

3.2.2　亚马逊中国

1. 亚马逊中国简介

亚马逊公司(Amazon.com,Inc,NASDAQ:AMZN)是美国一家电子商务网站,是在 1995 年 7 月 16 日由杰夫·贝佐斯 (Jeff Bezos)创立的,总部设在华盛顿州西雅图市。它是美国最大的在线零售商。亚马逊书店是世界上销售量最大的书店。它可以提供 310 万册图书目录,比全球任何一家书店的存书还

图书分类

特色书单

电子书 网络文学 阅读器

教育
教材 外语 考试 中小学教辅
工具书

小说

文艺
文学 传记 艺术 摄影

青春文学 /动漫·幽默

童书
0-2 | 3-6 | 7-10 | 11-14
科普百科 绘本 文学 英语

人文社科
历史 古籍 哲学宗教 文化
政治军事 法律 社会科学
心理学

经管
经济 | 管理 | 投资理财

成功/励志

生活
两性 | 孕期 | 育儿 | 亲子家教
保健 | 运动 | 美妆 | 手工 | 美食
旅游 | 休闲 | 家居

科技
科普 | 建筑 | 医学 | 计算机
农林 | 自然科学 | 工业

英文原版书 港台图书

当当出版

期刊 /音像

创意文具

图 3.8　图书分类

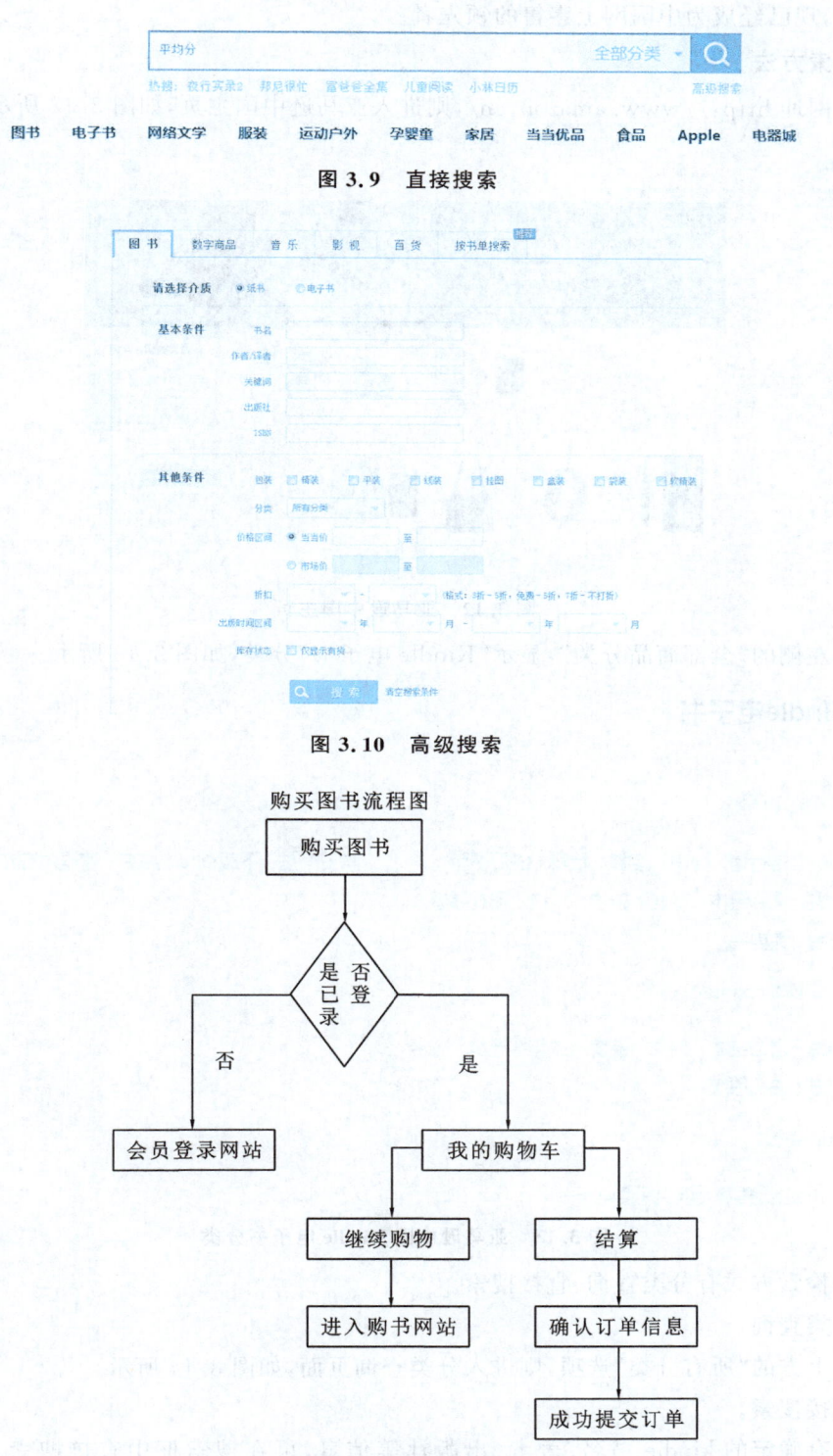

图 3.9　直接搜索

图 3.10　高级搜索

图 3.11　购买图书流程

要多。

　　卓越网成立于 2000 年 5 月,总部位于北京,于 2004 年 8 月被亚马逊公司收购。亚马逊
中国是全球最大的电子商务公司亚马逊在中国的网站,其总部设在北京,并成立了上海和广

州分公司,现已经成为中国网上零售的领先者。

2. 检索方法

输入网址 http://www.amazon.cn/,则进入亚马逊中国主页,如图 3.12 所示。

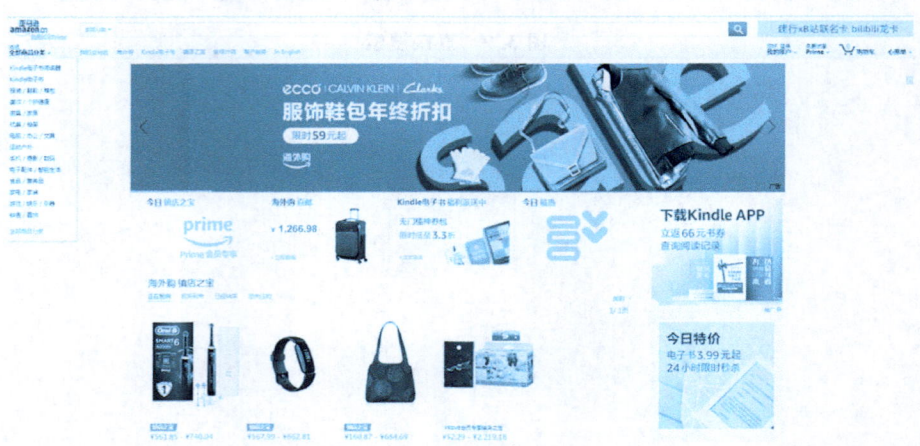

图 3.12　亚马逊中国主页

点击左侧的"全部商品分类",显示"Kindle 电子书"分类,如图 3.13 所示。

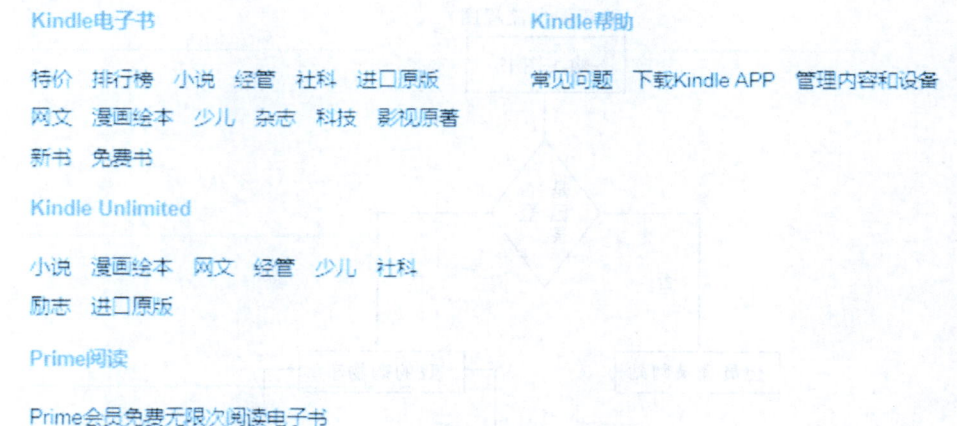

图 3.13　亚马逊中国 Kindle 电子书分类

图书检索方式有分类查询、直接搜索。

① 分类查询。

点击上方的"所有分类"选项,则进入分类查询页面,如图 3.14 所示。

② 直接搜索。

如果有确定的 kindie 书名、著者、出版社等信息,可在搜索框中直接搜索,如图 3.15 所示。

3. 购书

购书流程与当当网大体相同,不再赘述。

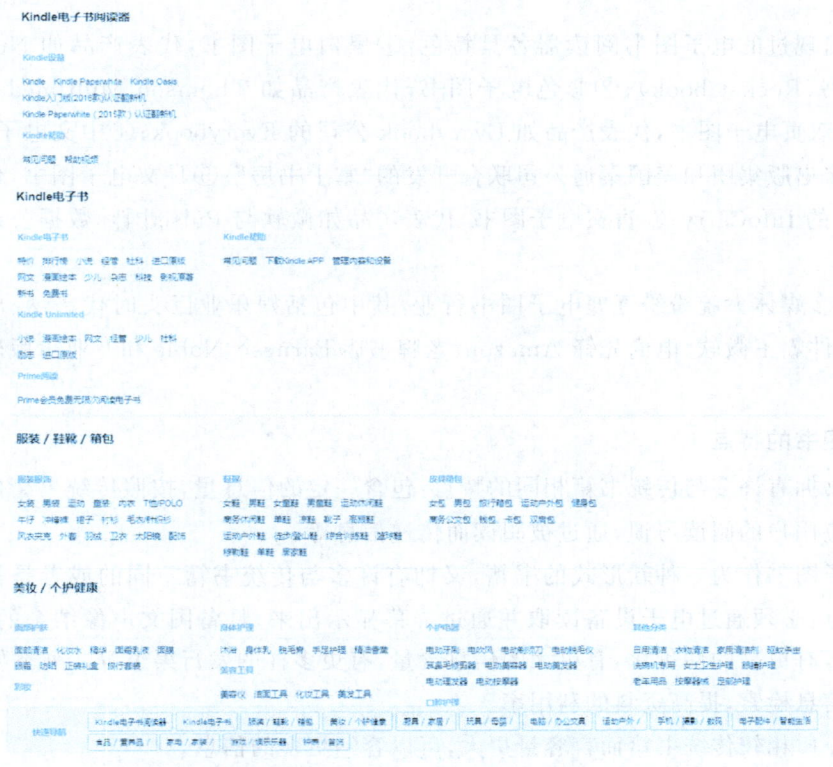

图 3.14 亚马逊分类查询页面

图 3.15 亚马逊直接搜索页面

3.3 电子图书

3.3.1 电子图书概述

1.电子图书的产生与发展

电子图书又称 e-book,是指以数字代码方式将图、文、声、像等信息存储在磁、光、电介质上,通过计算机或类似设备读取并显示,并可复制发行的大众传播媒介。

电子图书的概念最早出现于 1940 年出版的一部科幻小说中,文中幻想未来可以在某种特制的电子设备上阅读图书。

三十年后,出现了用 PC 屏幕阅读图书的所谓早期电子图书。这种电子读物在阅读形式上存在缺点,就是必须趴在电脑前看,即使用笔记本电脑,也还是不如传统的书轻巧、灵便。

1998 年诞生了真正意义上的电子图书——电子图书阅读器。它的外形与传统纸质图书非常相似,实际上是一种书状的、具有大容量内存和书报阅读界面的专用电脑。电子图书阅读器中可以收藏几百甚至上千本传统纸质图书的内容,并且可以通过互联网下载或更新图书。

市面上出现过的电子图书阅读器各具特色：①黑白电子图书，代表产品如 NuvoMedia 公司的火箭书（Rocket book）；②彩色电子图书，代表产品如 Thomson Multimedia 公司的 REB1200；③双页电子图书，代表产品如 Everybook 公司的 Everybook；④中文电子图书，代表产品如辽宁出版集团和美国秦通公司联合开发的"掌上书房"；⑤日文电子图书，代表产品如 Sony 公司的 InfoCarry；⑥盲文电子图书，代表产品如微软与 Pulse 国际数据公司推出的 BrailleNote。

至此，许多媒体大腕纷纷逐鹿电子图书行业，其中包括娱乐业巨头时代华纳、出版巨头贝塔斯曼、软件霸王微软、电商先锋 Amazon、老牌书店 Barnes&Noble 和专业出版软件制造商 Adobe。

2. 电子图书的特点

电子图书拥有许多与传统书籍相同的特点：包含一定的信息量，按照传统书籍的格式进行编排以适应用户的阅读习惯，通过被阅读而传递信息等。

但是电子图书作为一种新形式的书籍，又拥有许多与传统书籍不同的或者是传统书籍不具备的特点：必须通过电子设备读取并通过屏幕显示出来，具备图文声像结合的优点，可检索，可复制，有更高的性价比，有更大的信息含量，有更多样的发行渠道等。列举如下：

①方便信息检索，提高资料的利用率。

②存储介质相较传统书籍而言容量更大，可以容纳更多的信息。

③成本更低，相同容量的情况下，电子图书的价格是传统书籍价格的 1/100～1/10，甚至更低。

④内容更丰富，数字化资料可以包含图文声像等各种信息。

⑤增强可读性，可以通过更灵活的方式组织信息，方便用户阅读。

⑥降低工作量，在电脑上处理各种资料，更加方便。

⑦更具系统性，将各种资料有机组合，互相参照，能更好地理解资料。

⑧新的方式方法、工具手段、形式内容。

无纸化：电子书不再依赖于纸张，以磁性储存介质取而代之。得益于磁性储存介质的高性能，一张 700MB 的光盘可以代替传统的 3 亿字的纸质图书。这大大减少了木材的消耗和空间的占用。

多媒体：电子书一般不仅仅是纯文字，还添加有许多多媒体元素，如图像、声音、影像，在一定程度上丰富了知识的载体。

丰富性：互联网的快速发展加快了传统知识数字化的步伐，现在基本上除了比较专业的古代典籍，大部分传统书籍都搬上了互联网，这使得电子图书用户有近乎无限的知识来源。

3. 电子图书的构成要素

电子图书由三个要素构成：①e-book 的内容，它以特殊的格式制作而成，可在有线或无线网络上传播，一般由专门的网站组织而成；②电子书阅读器，它包括个人计算机、个人手持数字设备（PDA）、专门的电子设备（如"翰林电子书"）；③电子书阅读软件，如 Adobe 公司的 Acrobat Reader、Glassbook 公司的 Glassbook、微软公司的 Microsoft Reader、超星公司的 SSReader 等。

◆ 3.3.2 方正阿帕比电子图书

1. 方正阿帕比简介

方正阿帕比公司是方正集团放下的中文电子图书及数字资源系统提供商。阿帕比是英文 apabi 的音译，a 代表作者，p 代表出版社，a 代表中间商，b 代表购买者，即用户，i 代表 internet，即互联网。Apabi 的意思就是通过互联网，将作者、出版社、中间商、用户联系起来，提供一整套解决方案。作为领先的网络出版技术提供方，方正阿帕比（apabi）为出版社提供出版发行电子书的全面解决方案。目前，与方正阿帕比公司合作的出版社数量超过全国出版社总量的 80%。所有图书均由出版社、作者同时授予信息网络传播权，从源头彻底解决版权问题，购买与使用无后顾之忧；图书采用高保真还原显示技术，将图像格式转换为清晰的矢量图；所有图书中 2003 年以后出版的新书占 70%。电子图书是方正阿帕比的核心产品。

目前，方正阿帕比公司已经拥有超过 220 万种经过出版社授权发行的电子书，覆盖了人文、科学、经济、医学、历史等领域。

2. 阿帕比电子图书的特点

①文本格式，保留原格式，图文清晰；

②版权无忧，出版社直接授予信息网络传播权；

③契合国际 OEB（Open eBook）标准；

④图文并茂，可插入声音、动画、视频等多媒体资源；

⑤可控传播，限制拷贝、打印等；

⑥检索方便，提供精确检索、模糊检索，关键字检索、关联检索、全文检索。

3. 使用方法

①进入数据库。打开图书馆主页，点击数字资源下的"中文数据库"，出现图书馆购买数据库列表，点击方正 apabi 电子图书下的本地镜像地址，即可进入数据库首页。

②登录。选择"IP 登录用户"，选择"记住我"，下次打开时系统会自动登录。

③检索。Apabi 电子图书提供快速查询和高级检索两种检索方法。默认界面是快速查询，提供书名、责任者等七种检索途径，如图 3.16 所示。

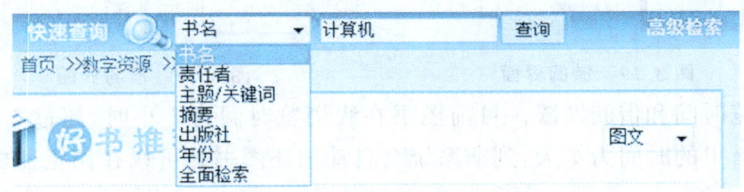

图 3.16　快速查询界面

如果对检索结果不满意，还可以进行二次检索，如图 3.17 所示。

高级检索提供三十种检索途径，并可以相互组合进行检索，如图 3.18 所示。

此外，用户还可以按照首页的分类提示随意浏览。

④图书的借阅。在检索出所需图书后，可进行图书的在线浏览或下载。点击检索结果中的书名，即会出现借阅界面，如图 3.19 所示，可根据要求进行相应操作。还可以在浏览器中进行"归还"和"续借"等操作。

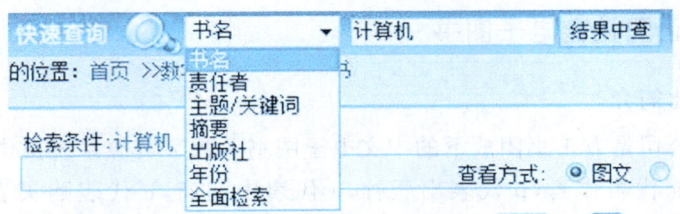

图 3.17   二次检索界面

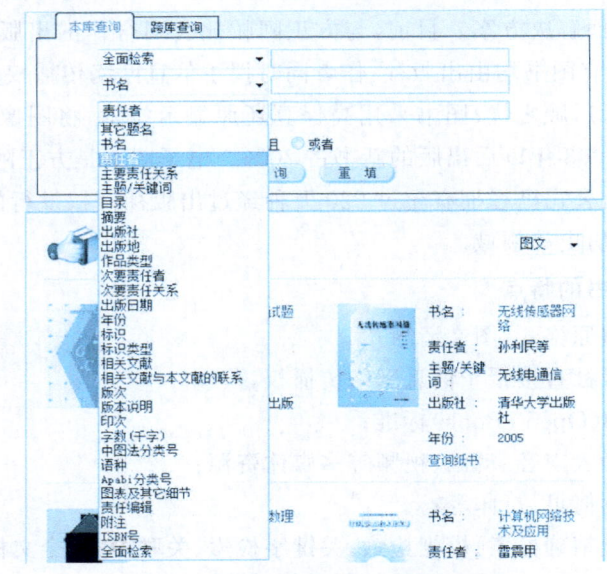

图 3.18   高级检索界面

　　如果此书已借出，则会出现"预约"按钮，点击可进行预约，可以到"个人图书馆"中查看预约图书的情况，如图 3.20 所示。无论图书是否借出，均可进行在线浏览。

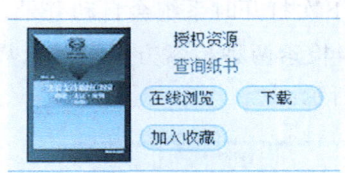

图 3.19   借阅界面

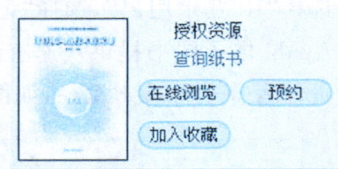

图 3.20   预约界面

　　⑤在线浏览时间和借阅期限。目前图书在线浏览时间为 1 小时，超过 1 小时则需要重新打开阅读。借出的时间为 7 天，到期系统会自动归还图书。可以在浏览器中续借此书，如图 3.21 所示。

4. 注意事项

　　首次登录时，可能会出现"获取机器信息失败"。可采取以下办法尝试解决此问题：①先检查是否安装了 Apabi Reader，如果安装之后还是不能正常登录，可卸载后重新安装；②在确认安装了 Apabi Reader 后，关掉窗口，重新打开游览器进行登录。以上方法可多试几次。

　　安装 Apabi Reader 时，先关闭所有网页。下载图书只能使用 Apabi Reader，不能用 FlashGet 等其他下载软件，下载时请关闭广告拦截功能。

　　Apabi Reader3.1 功能不太完善，为了更好地使用阿帕比电子图书，需要将阅读器更新

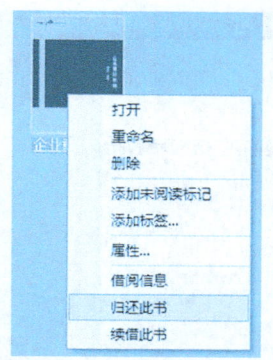

图 3.21　处理已借图书界面

至新版本,可以打开 Apabi Reader,在帮助里"在线升级",也可以在下载图书的过程中,按照系统提示进行更新。

5. Apabi Reader

Apabi Reader(方正阿帕比阅读软件)是方正公司推出的一款集 RSS 阅读与 PDF、CEB、XEB、HTML、TXT 和 OEB 多种数字化的书籍阅读的软件。不论是休闲性的书籍、机密性的企业内部文件、高附加价值的研究报告还是专属性质的报价文件等数字内容,都可由该软件满足阅读、说明、收藏及保密的需求。看电子书的同时,可以直接使用翻译软件、关键词查找等工具,还能很方便地在电子书上加着重、圈注、批注、画线、插入书签。该阅读软件同时具备快速点选网上书店、书架管理及网页浏览等功能。

1)安装

Apabi Reader 的安装过程很正规,可自行选择插件及安装工具类型等,如图 3.22、图 3.23 所示。

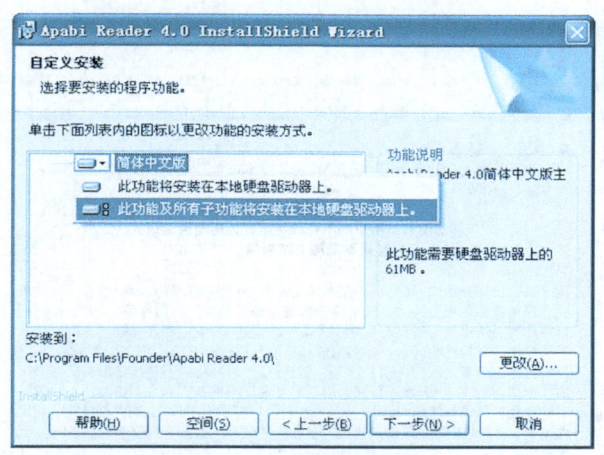

图 3.22　安装主程序

2)试用

安装完毕后,双击桌面图标进入软件的主体部分,和其他阅读器类似,Apabi Reader 采用 1∶3 分栏的常规模式,上方是菜单栏,左侧为工具提示栏,中部为阅读显示区,如图 3.24 所示。

单击左上角的"文件—打开"按钮,定位到一个软件所支持的格式文件即可立即打开该

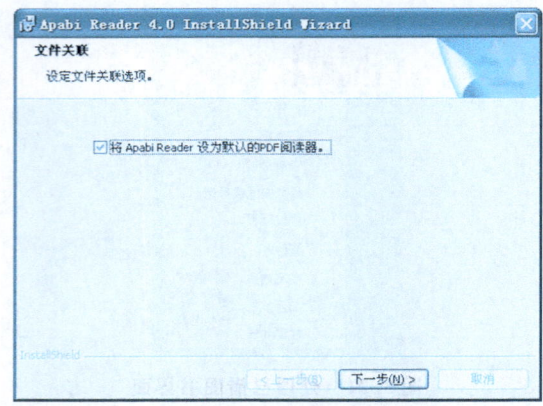

图 3.23　设置文件关联选项

图 3.24　Apabi Reader 软件界面

文件,在 4.5 版本中,CEB 以 及 PDF 格式文件的打开速度也得到了一定的提升(见图 3.25)。

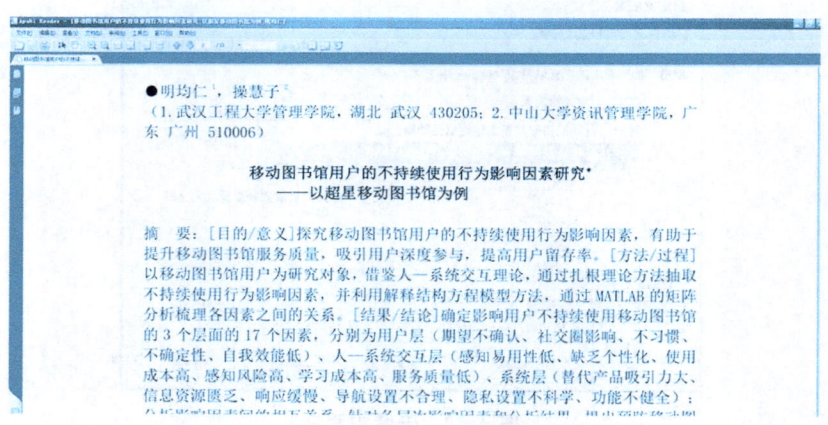

图 3.25　PDF 文档阅读

下面就其主要的功能做简单的介绍。首先看下该软件的工具栏部分,也就是菜单栏下方的一排按钮(见图 3.26),其具体功能如下所示。

区域 1:文件区域,包括打开、保存、打印。

区域 2:指针操作区,单击手形工具可移动文件进行查看。

图 3.26 各种功能按钮

区域 3：文档查看方式，放大、缩小（见图 3.27）。

区域 4：单页显示或者连续显示选项。

区域 5：翻页显示及定位页数。

区域 6：文件内搜索。

区域 7：阅读模式选择（见图 3.28）。

区域 8：新增的放映模式，类似于 PowerPoint 的幻灯片放映。

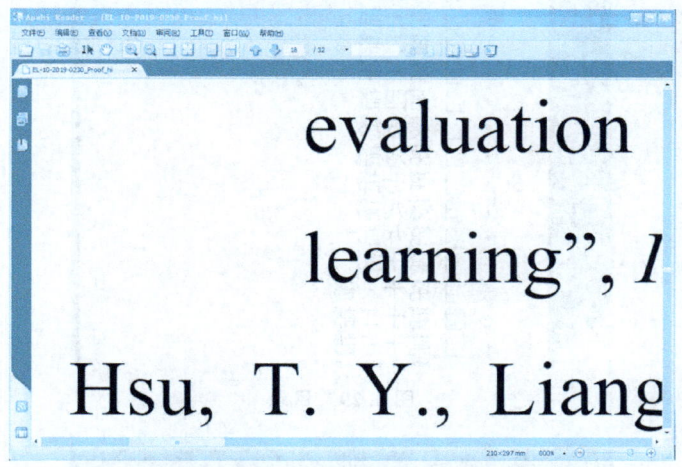

图 3.27 放大、缩小按钮

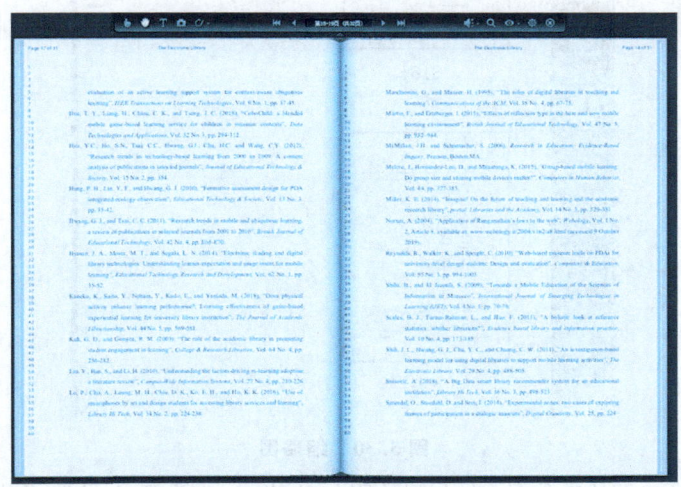

图 3.28 阅读模式

软件的基本功能按钮主要集中在上面的工具栏，另外一些特殊的功能需要利用菜单栏来开启。熟悉了各种功能按钮后，将会为用户带来更加便利的操作体验，同样的道理，左侧的各种附加功能也是该阅读器的重点部分，用户合理利用的话，将会带来更舒适的阅读体验。

　　左侧的附加功能分为三个部分：目录、缩略图以及书签导航。目录（见图 3.29）顾名思义即是该文档的整体大纲，用户可以轻易地从目录中找到自己想要阅读的部分；缩略图（见图 3.30）是将整个文档以小图的形式显示在左侧，让用户对文档的整体架构有个大致的了解，单击每个缩略图即可直接进行阅读；而书签导航（见图 3.31）是当用户有自定义书签时，可通过各个书签快速阅读。

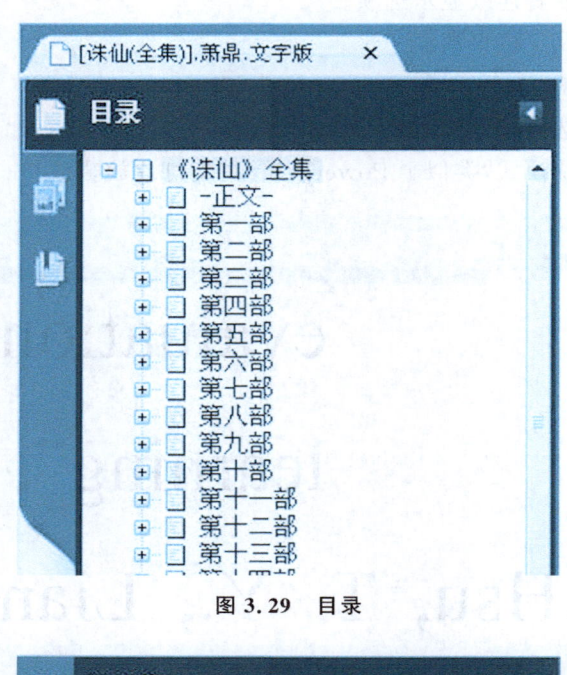

图 3.29　目录

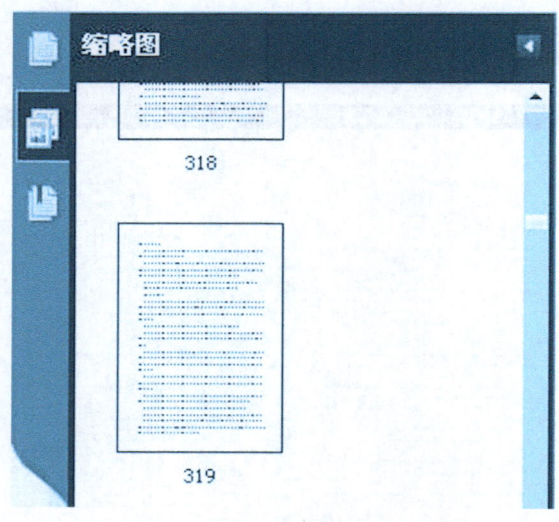

图 3.30　缩略图

　　除了上述文档方面的功能外，在左侧的附加功能中，也为用户设置了诸如 RSS 阅读、整理夹等内容。了解 RSS 阅读的朋友都知道如何使用该功能，只需要将 RSS 地址添加进去就可以在第一时间了解该网站的动态，十分方便（见图 3.32）；整理夹在这里起到一个图书管家的作用，它可以将用户机器中所有的相关书籍、文档进行整理归类。Apabi Reader 联合番薯网共同推出了图书商城，在这里足不出户就可以买到最新、最流行的图书，其图书种类涵盖的范围也十分广泛。

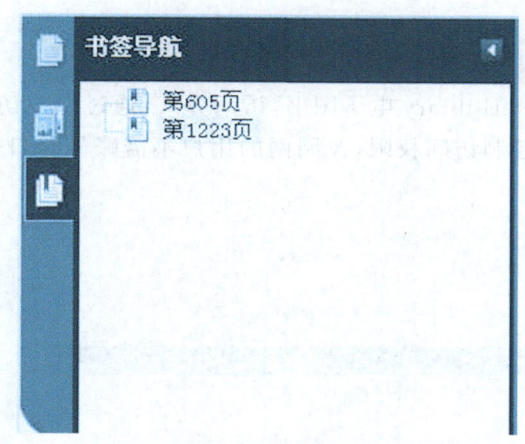

图 3.31　书签导航

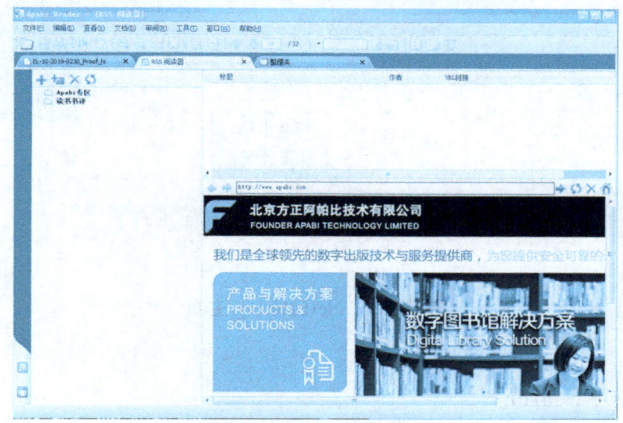

图 3.32　RSS 阅读器

◆　3.3.3　NetLibrary 电子图书

1. 数据库介绍

NetLibrary 是全球在线计算机图书馆中心(OCLC)的下属部门,它整合了来自 350 多家出版机构的 5 万多册电子图书,涉及的学科有科学、技术、医学、生命科学、计算机科学、经济、工商、文学、历史、艺术、社会与行为科学、哲学、教育学等。其中大部分内容是针对本科及以上学历的用户层的。

NetLibrary 电子图书采用通用的 HTML 格式,所以在线阅读无须下载特殊阅读软件。除正式订购的电子图书外,还可以免费访问 3400 多种无版权图书,如莎士比亚的《哈姆雷特》。点击首页的"What's Available"即可浏览所有可阅读的电子图书。

NetLibrary 提供"Basic Search""Advanced Search"两种检索方式,输入的检索词可在关键词、书名、作者、全文、主题、ISBN 几个字段进行检索。所有电子图书都内嵌了 *The American Heritage Dictionary of the English Language*(*Fourth Edition*),方便用户查询词义和读音。全文内容不能下载,但允许复制和打印(一次一页),持续打印数量过大会收到系统发出的警告。

2. 使用说明

1）进入数据库

购买该数据库——NetLibrary 电子图书,访问方式:通过专线访问,无须支付国际流量费,采用校园网 IP 地址控制访问权限,校园网的用户不需账号与口令。NetLibrary 主页如图 3.33 所示。

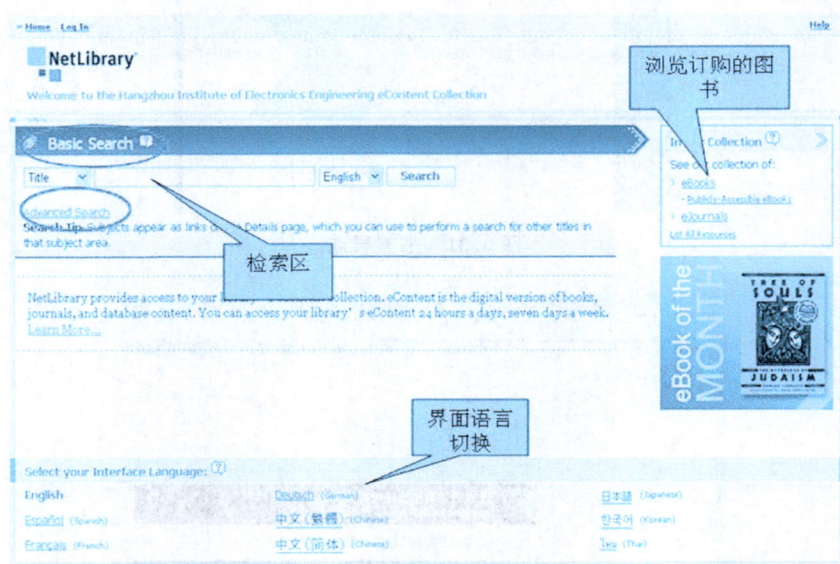

图 3.33   NetLibrary 主页

2）检索方法

①基本检索(Basic Search)。

在基本检索页面的检索框内,输入一个或多个检索词,点击"检索"按钮,检索的范围为关键词、书名、作者、全文等,如图 3.34 所示。

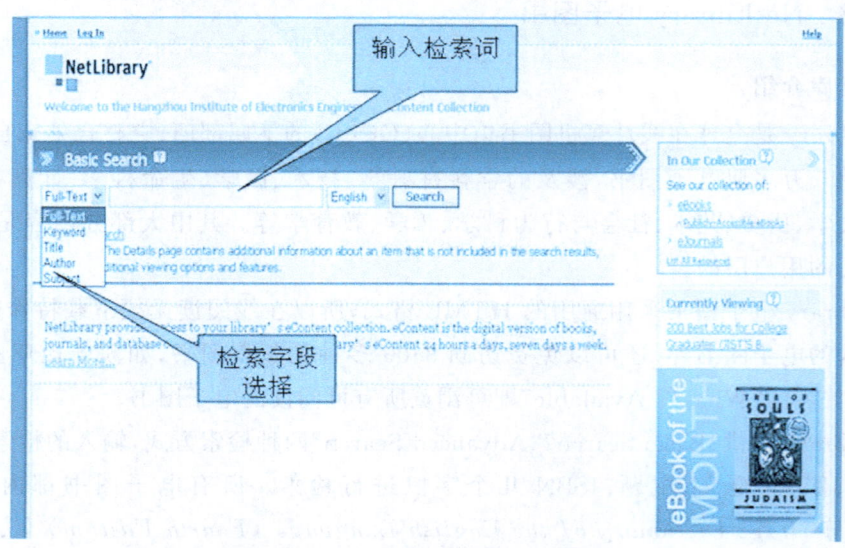

图 3.34   NetLibrary 基本检索页面

②高级检索(Advanced Search)。

在 NetLibrary 首页即可选择高级检索界面(见图 3.35)。检索字段有 Title(书名)、Author(作者)、Keyword(关键词)、Publisher(出版商)等。可以在一个或多个检索字段中输入检索词,使用布尔逻辑运算符(与、或、非)对若干检索词进行组配,并对年份、出版商、语种、排序等进行限定,建立较为复杂的检索手段。

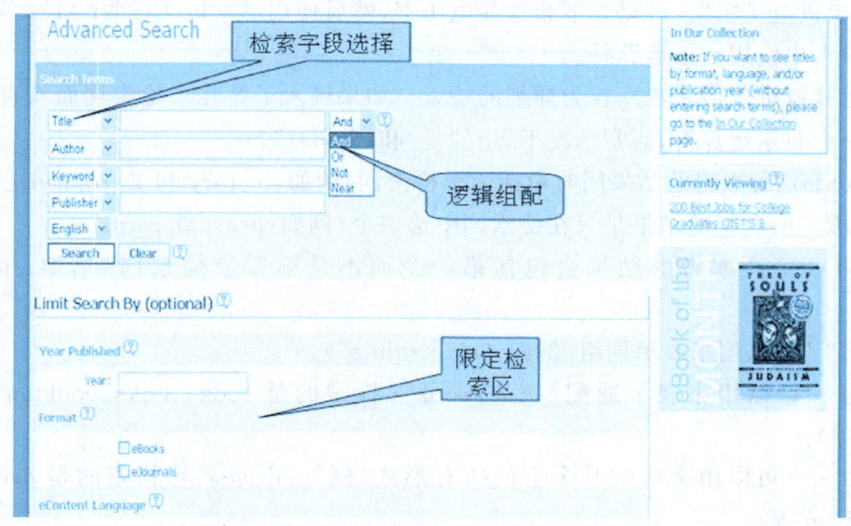

图 3.35　NetLibrary 高级检索页面

③检索字段与限制。

关键词字段是在书名、作者、美国国会图书馆主题标目、出版商和 ISBN 等字段中查寻要找的词语。可以输入一个检索词(例如:programming)或者多个检索词,然后在相同的或者不同的字段中进行查寻(例如:pride prejudice 或者 midsummer Shakespeare)。

书名字段是在所有的书名中查寻所输入的检索词。可以输入确切的书名(例如:A Tale of Two Cities),也可以不考虑顺序而输入部分书名(例如：Huckleberry adventures)。不必输入书名开头的冠词(例如:the、a 和 an 等)。

作者字段是在所有的作者中查寻所输入的名字,可以按任何顺序输入名字,可以忽略标点符号和大小写(例如:Twain, Mark 或者 mark twain,也可以是 Twain Mark)。

全文字段是在各电子书中逐字查寻所键入的检索词,目的是查看检索的词语是否出现在电子书(包括所记得的电子书)的文本中,但是全文字段并不包括书名或者其他字段。使用时,检索词越明确越好,可以使用双引号将检索词括起来,作为一个词组进行查寻。例如:将 remote authentication 放在引号中构成词组"remote authentication",然后进行全文查寻,这样找到的所有电子书都会包含与 remote authentication 完全一样的词组。

主题字段是在美国国会图书馆主题标目中查寻所输入的检索词。可以输入一个检索词(例如:computer),也可以输入多个检索词(例如:civil war history)。

ISBN 字段是在印刷版和电子版的图书中查寻所输入的 ISBN。

年份字段是限定所查寻的出版日期或者日期范围,输入的日期以整年数为单位。例如:1998 是指 1998 年出版的,1955-1995 指 1955 年到 1995 年之间出版的,-1960 指 1960 年或者 1960 年之前出版的,而 1960-指 1960 年或者 1960 年之后出版的。

出版商字段是限定所检索图书的出版商。

语种字段是限定查寻的语种。

主题中心与数据库的选项是将查寻限定在特定的主题中心或数据库中。只有对特定的主题中心或数据库提供检索的图书馆才有这种限制选项。

格式字段是查寻所选择的格式。如果图书馆有使用 Adobe Content Server 的许可，可以只检索"脱机电子书"。可以先下载这些电子书，然后使用 Adobe Reader 11.0 来阅读。

④在检索中使用布尔运算符。

布尔运算符可以用来建立较为详细的检索。如果键入了好几个检索词而没有规定在检索中用哪一个布尔运算符，通常情况下，用的是"和（AND）"。

"和（AND）"所取得的结果同时包括两个检索词（例如：history 和 European）。

"或（OR）"所取得的结果是只在检索词中选一个（例如：heart 或 cardiac）。

"非（NOT）"所取得的结果会包括第一个而不是第二个检索词（例如：nursing 非 home）。

双引号" "可以用来表示词组（例如："civil rights"）。

单星号 * 可以用来表示通配（例如：cook * 检索的是 cook，cooks，cooking，cookery，cookbook 等）。

双星号 * * 可以用来检索某个字的所有形式（例如：drive * * 检索的是 drive，drove，driving，driven 等）。

3）检索结果显示

检索结果是一份经过排序后的列表，上面既有符合检索标准的结果，又有几种功能选项，如图 3.36 所示：

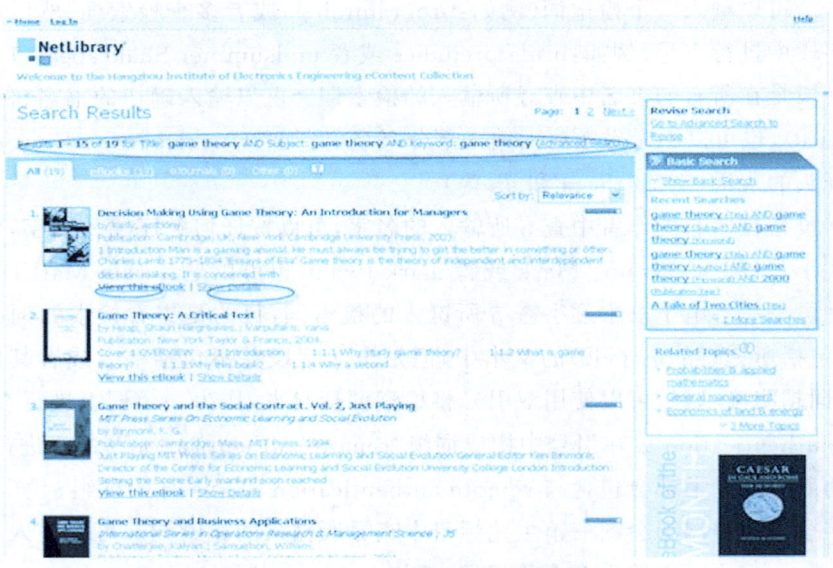

图 3.36　NetLibrary 检索结果页面

检索结果页面显示了检索类型、检索词、检索结果的数量，以及修改检索和进行新的检索的选项。

"排序"一栏告诉我们列表中的结果是依据什么规则进行安排的。如果要重新安排，可以点击其他的规则选项。

页面导航选项位于页面的顶端和底部。可点击上页、下页和页号的链接进行浏览,也可以直接跳转到指定页面浏览检索结果。

"书名一览表"包括书名、作者以及每一本电子书的出版信息。

点击"阅读本电子书",会直接进到"联机阅读"中去阅览电子书的全文,不必再登录或者建立账号。允许查看电子书的时间很短(大概 15 分钟。但是在 15 分钟内,通过不时地移动鼠标或触动键盘使计算机保持活跃状态,可以延长观看时间。如果 15 分钟内完全不移动鼠标和触动键盘则会自动退出),如果有一段时间停着不动,这本电子书就有可能被借给别人。

点击"显示详细书目",会直接进入详细书目的页面,从中可以看到这本电子书的其他信息以及选项。

点击"放入我的书单",会将电子书放入书单中供以后参考。必须要登录账户才能使用这项功能,将来如果要重新查看这本书,只需要点击右上角的"我的书单与附注"。

需要特别说明的是,2010 年,EBSCO Publishing 集团(简称 EBSCO)从 OCLC 收购了 NetLibrary,EBSCO 已将 NetLibrary 平台的资源整合到 EBSCOhost 平台上,并通过 EBSCOhost 电子图书平台提供对 NetLibrary 电子书的访问,建立起一个全面的电子书和数据库的整合平台。

目前,由于 NetLibrary 电子书的访问正式迁移至 EBSCOhost 平台,用户从 NetLibrary 的访问入口进入后,已自动链接至 EBSCO 数据库,可以点击"EBSCO 电子书"阅读电子书。用户也可以直接进入 EBSCOhost 平台。

3.4 数字图书馆

数字图书馆(digital library)是用数字技术处理和存储各种图文并茂的文献的图书馆,实质上是一种多媒体制作的分布式信息系统。它把各种不同载体、不同地理位置的信息资源用数字技术进行存储,以便于跨越区域、面向对象的网络查询和传播。它涉及信息资源加工、存储、检索、传输和利用的全过程。通俗地说,数字图书馆就是虚拟的、没有围墙的图书馆,是基于网络环境下共建共享的可扩展的知识网络系统,是超大规模的、分布式的、便于使用的、没有时空限制的、可以实现跨库无缝链接与智能检索的知识中心。

数字图书馆是一门全新的科学技术,也是一项全新的社会事业。简而言之,数字图书馆就是一种拥有多种媒体、内容丰富的数字化信息资源,能为用户方便、快捷地提供信息的高水平服务机制。

数字图书馆虽然称之为"馆",但并不是图书馆实体,它对应于各种公共信息管理与传播的现实社会活动,表现为各种新型信息资源组织和信息传播服务。它借鉴图书馆的资源组织模式,借助计算机网络通信等高新技术,以普遍存取人类知识为目标,创造性地运用知识分类和精准检索手段,有效地进行信息整序,使人们获取信息不受空间限制,很大程度上也不受时间限制。

数字图书馆的服务是以知识概念引导的方式,将文字、图像、声音等数字化信息通过互联网进行传输,从而做到信息资源共享。每个拥有电脑终端的用户只要通过联网,就能登录相关数字图书馆的网站,无论在任何时间、任何地点,都可以方便、快捷地享用世界上任何一个"信息空间"的数字化信息资源。

◆ 3.4.1 书生之家数字图书馆

1."书生之家"简介

书生之家数字图书馆由北京书生电子技术有限公司创办,主要提供 1999 年以来中国大陆地区出版的新书的全文电子版。"书生之家"所收图书涉及社会科学、人文科学、自然科学和工程技术等类别,具体包括文学艺术、经济金融、语言文化、法律政治、哲学历史、数学、物理、生物、化学、农业、医学、电子电工等。

书生之家现有近 44 万种电子图书。电子图书设有四级目录导航,并提供强大全文检索功能。

"书生之家"的书刊资料可以全文检索和在线阅读,在阅读之前必须安装专用的图书浏览器——书生阅读器(主页上有阅读器下载链接)。

2.使用方法

1)进入数字图书馆

登录图书馆主页,选择数字资源下的"书生之家数字图书馆",进入图 3.37 所示页面。

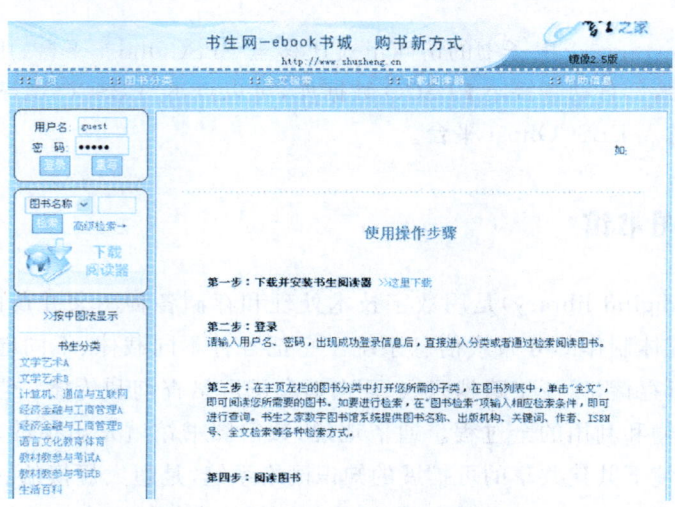

图 3.37   书生之家数字图书馆主页

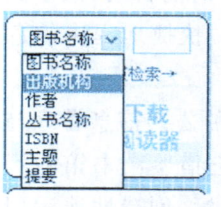

图 3.38   简单检索

2)图书检索方法

"书生之家"提供 6 种图书检索方式:简单检索、分类检索、全文检索、组合检索、高级检索以及二次检索。

①简单检索(见图 3.38)。

在主页面左侧的中间位置有一个检索输入框,可以在全部图书中,分别根据图书名称、出版机构、作者、丛书名称、ISBN、主题、提要来检索所需要的图书。

②分类检索(见图 3.39)。

在页面左下角有书生分类列表。其分类以中图法为基础,设置了 31 个大类,每一大类下划分出若干子类,子类下又继续划分,共四级类目,逐级点击下去,即可查到所需图书的书名、作者等信息。

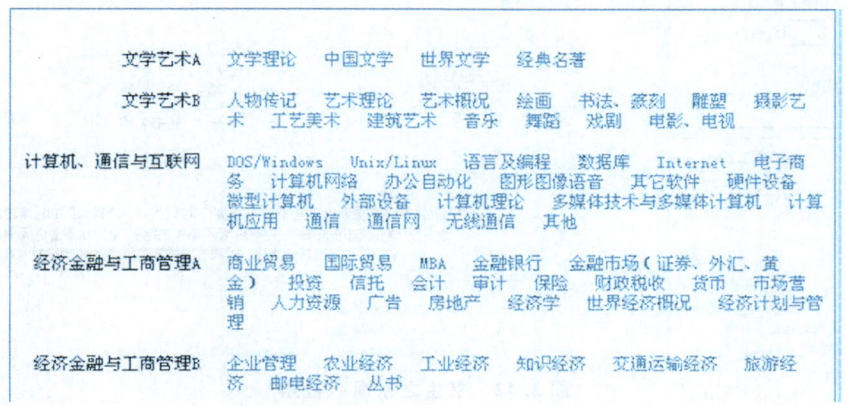

图 3.39　书生之家图书分类列表

③全文检索(见图 3.40)。

用户可在一个分类或者全部分类中按图书内容或图书目录进行检索。

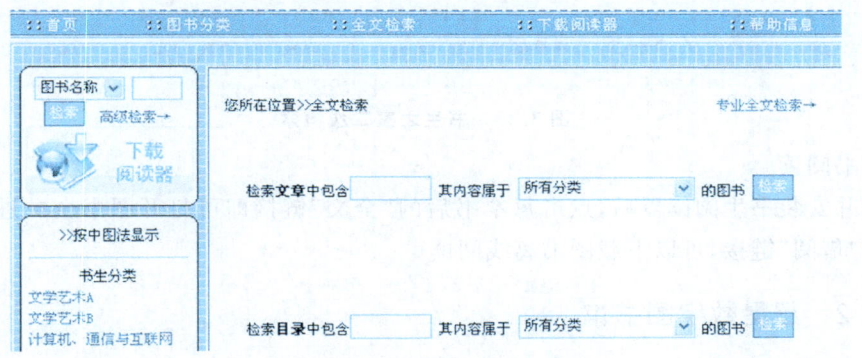

图 3.40　书生之家全文检索

④组合检索(见图 3.41)。

可以在全部书生分类中,根据图书名称、出版机构、作者、丛书名称、ISBN、主题、提要以及它们之间的逻辑关系进行查询,检索时按逻辑运算符的优先级执行。

⑤高级检索(见图 3.42)。

对图书名称、出版机构、作者、丛书名称、ISBN、主题、提要进行限定检索,在下拉列表中选择要检索的检索项,不同的下拉列表可以选择相同的检索项。在文

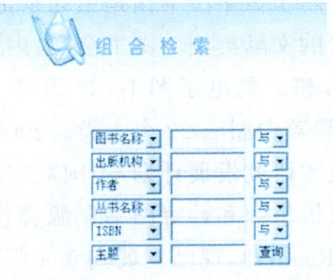

图 3.41　书生之家组合检索

本框中输入关键字,若不输入关键字,则此检索条件无效。选择单选钮"与/或",以确定各检索条件之间的关系。

⑥二次检索(见图 3.43)。

位于检索结果页面的图书列表上方,以当前的检索结果为检索范围,继续进行检索操作。

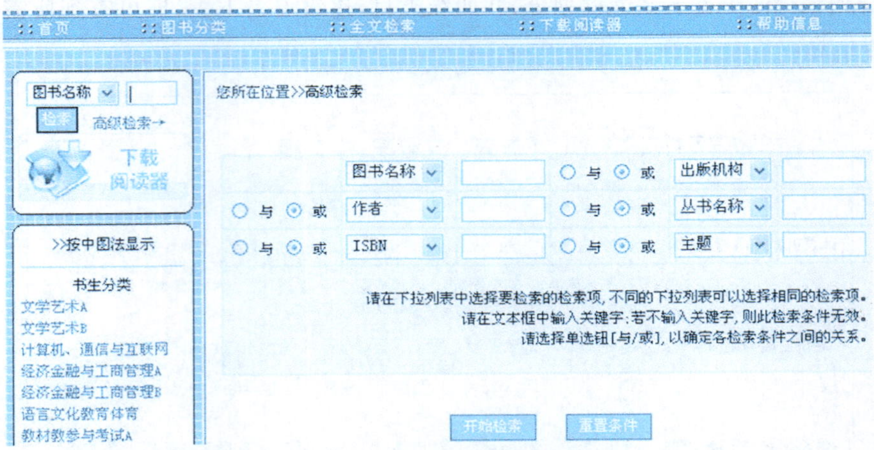

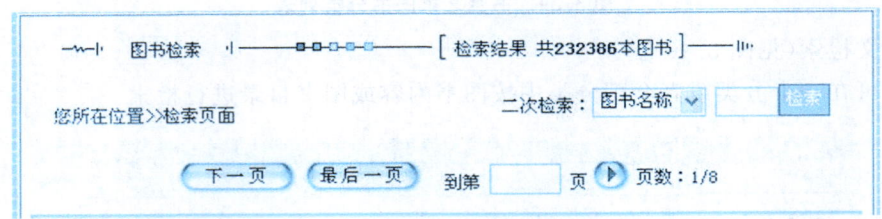

图 3.42 书生之家高级检索

图 3.43 书生之家二次检索

3)图书阅读

下载并安装书生阅读器后,点击每本书后的"全文"链接即可打开图书全文进行在线阅读。单击"借阅"链接,可以下载图书离线阅读。

3.4.2 超星数字图书馆

1. 超星数字图书馆简介

超星数字图书馆是由北京世纪超星信息技术发展有限责任公司建成的数字图书系统,收录的文献类型为图书全文,内容囊括自然科学与社会科学的各个分支学科,拥有 140 万种 PDG 格式的电子图书,30 万种左右 PDF 格式的电子图书(简称),可销售图书有 100 多万种,涵盖中图法 22 个大类。2000 年超星数字图书馆以技术优势被列入"国家 863 计划(国家高技术研究发展计划)中国数字图书馆示范工程"。超星公司是国内专业的数字图书馆解决方案提供商和数字图书资源提供商,经过多年的研发,开发了具有自主版权的图书阅览器(SSReader),现已发展到 5.4 版本。

阅读超星数字图书馆的图书之前,需要下载并安装专用的图书浏览器——超星阅览器(主页上有阅读器下载链接)。

2. 使用方法

1)进入数字图书馆

进入图书馆主页,点击"数字资源"里的"超星电子图书"栏目,即可进入超星电子图书的主页面,如图 3.44 所示。

图 3.44　超星电子图书主页

2) 图书检索方法

超星数字图书馆提供初级检索、高级检索、分类浏览、二次检索 4 种检索方式。

① 快速检索（见图 3.45）。

快速检索可以在所有图书分类中按书名、作者、目录等任一种途径进行检索。

图 3.45　超星快速检索

② 高级检索（见图 3.46）。

高级检索是将快速检索的 3 种检索途径进行逻辑组配，从而实现多条件检索。高级检索还提供出版年代的范围选择，以及排序结果的选择。当光标指向"选择检索范围"处，将自动出现分类框，可以对检索范围进行勾选。该检索方式查出的结果更为准确，适合目的性强的用户。

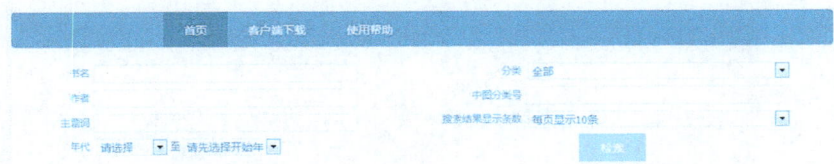

图 3.46　超星高级检索

③ 分类浏览（见图 3.47）。

超星数字图书馆采用中图法对图书进行分类。主页面左侧按中图法将图书分为 22 个大类，用户可逐级点击相应类目，直到检索到满足需要的图书。

④ 二次检索（见图 3.48）。

快速检索或分类浏览后，会出现图 3.48 所示的检索界面。单击"二次检索"按钮表示以当前检索结果为检索范围进行二次检索。

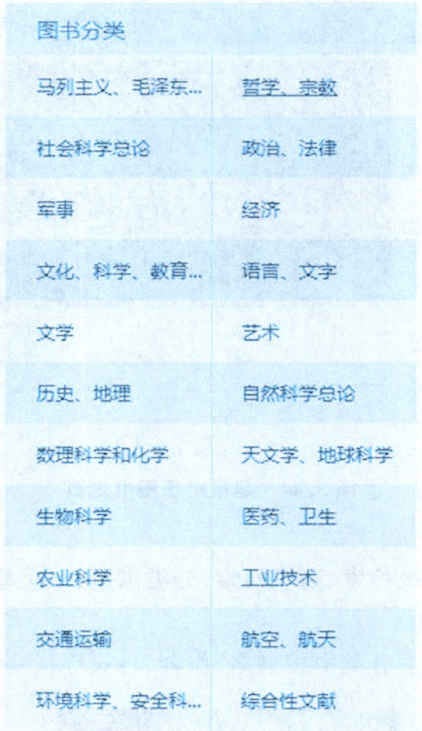

图 3.47　图书分类列表

图 3.48　超星二次检索

3）图书阅读

    下载并安装超星阅览器后，点击每本书后的"全文"链接即可打开图书全文进行在线阅读。单击"借阅"链接，可以下载图书离线阅读。

第4章

期刊信息检索

微课视频

4.1　CNKI 中国期刊全文数据库

◆ 4.1.1　CNKI 数据库简介

1. CNKI 概况

1998 年,世界银行提出"国家知识基础设施(National Knowledge Infrastructure)"的概念,简称 NKI。CNKI 工程是以实现全社会知识资源传播共享与增值利用为目标的信息化建设项目,由清华大学、清华同方发起,始建于 1999 年 6 月。CNKI 工程集团经过多年努力,采用自主开发并具有国际领先水平的数字图书馆技术,建成了世界上全文信息量规模最大的"CNKI 数字图书馆",深度集成整合了学术期刊、博硕士学位论文、会议论文、报纸、年鉴、工具书等各种文献资源,以"中国知网(www.cnki.net)"为网络出版与知识服务平台,建设中国知识资源总库及 CNKI 网络资源共享平台,为全社会知识资源高效共享提供丰富的知识信息资源和有效的知识传播与数字化学习平台。

中国知识资源总库的重点数据库有:中国期刊全文数据库、中国博士学位论文全文数据库、中国优秀硕士学位论文全文数据库、中国重要报纸全文数据库、中国重要会议论文全文数据库、中国年鉴网络出版总库、中国工具书网络出版总库等。

期刊是传播与交流各种科学文化知识及情报信息的主要手段之一,是一种受众面广且利用率很高的文献载体。中国期刊全文数据库包括中国学术期刊网络出版总库、中国高等教育期刊文献总库、中国基础教育期刊文献总库、中国精品科普期刊文献库、中国党建期刊文献总库、中国政报公报期刊文献总库、中国经济信息期刊文献总库、中国精品文化期刊文献库、中国精品文艺作品期刊文献库 9 大类期刊数据库。CNKI 选择出版中国大陆各类学术及非学术期刊共计 8000 余种,最早收录年代可回溯至各刊创刊,是目前世界上最大的连续动态更新的中国期刊全文数据库,在国内外高等院校、科研院所、公共图书馆等各行各业得到了广泛关注和使用。

2. 中国学术期刊网络出版总库

中国学术期刊网络出版总库(China Academic Journal Network Publishing Database,简称 CAJD)是国家"十一五"重大网络出版工程的子项目,是《国家"十一五"时期文化发展规划纲要》中国家"知识资源数据库"出版工程的重要组成部分。数据库以学术、技术、政策指导、科普及高等教育类期刊为主,内容覆盖自然科学、工程技术、人文社会科学等各个领域。截至 2019 年 6 月,收录国内学术期刊 8000 多种,全文文献总量 5500 多万篇;核心期刊收录率 96%,特色期刊(如农业、中医药等)收录率 100%;独家或唯一授权期刊共 2400 余种,约占我国学术期刊总量的 35%。产品分为 10 大专辑——基础科学、工程科技 I、工程科技 II、农业科技、医药卫生科技、哲学与人文科学、社会科学 I、社会科学 II、信息科技、经济与管理科学,10 大专辑下分为 168 个专题。收录自 1915 年至今出版的期刊,部分期刊回溯至创刊。

该数据库分网上包库、镜像站点、光盘和流量计费 4 种使用方式。对于非订购用户,可以购买"知网卡",以用户名和密码进行登录后使用;网上包库用户,以订购单位的 IP 远程登录;镜像站点用户则在订购单位的局域网内部访问。任何用户都可以免费在 CNKI 主页检索文献的题录信息,但要获取全文必须订购或者购买"知网卡"。

3. CNKI 数据库的主要特点

CNKI 数据库的主要特点如下：

①海量数据的高度整合，集题录、文摘、全文文献信息于一体，实现一站式文献信息检索。

②设有包括全文检索在内的众多检索入口，用户可以通过某个检索入口进行初级检索，也可以运用布尔算符灵活组织检索提问式进行高级检索。

③具有引文连接功能，除了可以构建相关的知识网络外，还可用于个人、机构、论文、期刊等方面的计量与评价。

④全文信息完全数字化，通过免费下载的最先进的浏览器，可实现期刊论文原始版面结构与样式不失真的显示与打印。

4.1.2 CNKI 数据库检索

1. 登录数据库

登录中国知网主站（http://www.cnki.net），如图 4.1 所示，点击主页的"中国学术期刊（网络版）"超级链接，进入图 4.2 所示的中国学术期刊检索主页面。购买了该数据库的机构用户输入账号、密码登录，或 IP 自动登录。

图 4.1　CNKI 主页

2. 检索方式

中国期刊全文数据库提供快速检索、高级检索、专业检索、作者发文检索、句子检索、一框式检索、期刊导航共 7 种检索方式。

检索方式一：快速检索

它是系统默认的检索方式，该检索类似搜索引擎，用户只需要输入所要找的篇名、主题、关键词、作者等检索词，点击搜索按钮就可查到相关的文献（见图 4.3）。

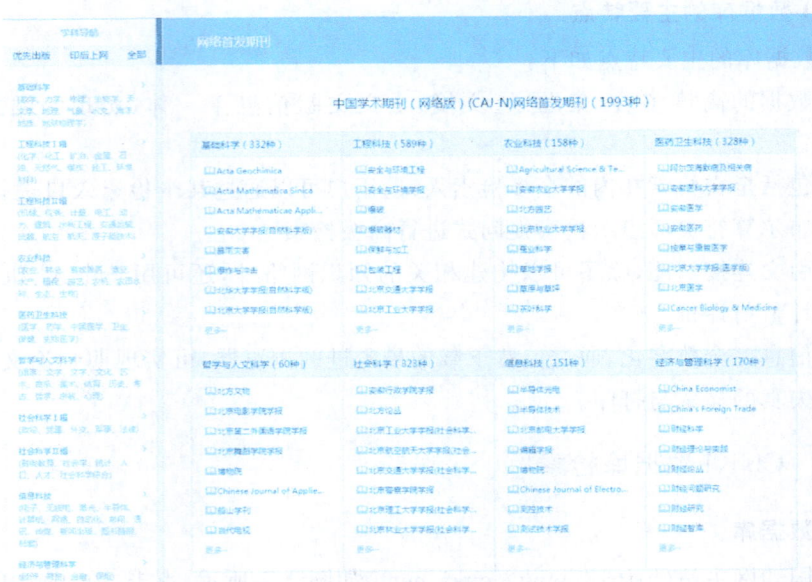

图 4.2　中国学术期刊检索主页面

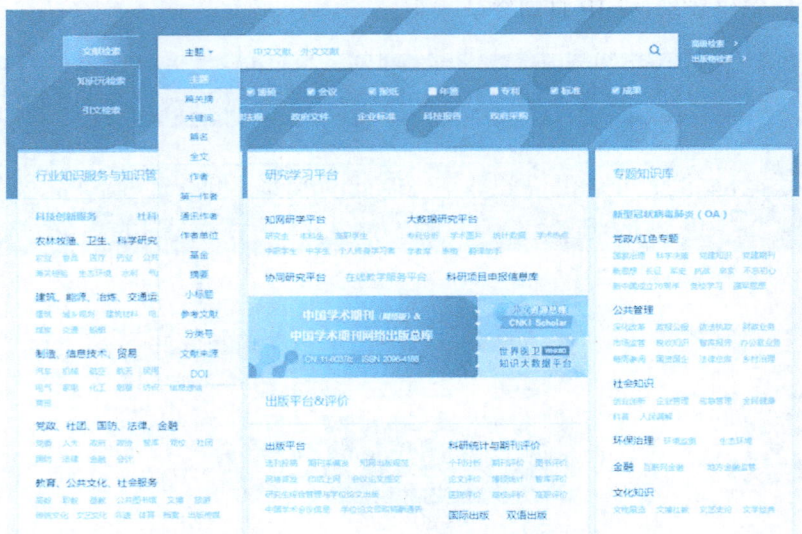

图 4.3　CNKI 快速检索

检索方式二：高级检索

点击快速检索页面检索框右边的"高级检索"，则进入图 4.4 所示的高级检索界面。高级检索将检索过程规范为三个步骤：①输入发表时间、支持基金、文献来源、作者等检索控制条件；②输入文献全文、篇名、主题、关键词等内容检索条件；③对检索结果的分组排序，反复筛选并修正检式式以得到最终结果。进入页面后默认的检索方式就是高级检索，也可在此页面选择其他的检索方式。

检索基本步骤：

①在左侧检索导航中勾选查询范围。

在进行操作前务必先选择所需主题目录，点击"全选"，则每个目录都被选择，点击"清

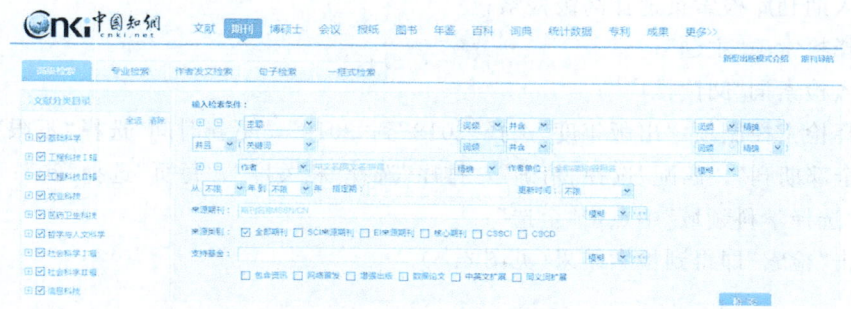

图 4.4　CNKI 高级检索

除",则清空所选。

单击目录查看下一层的类目,按同样的步骤进行操作,直到找到要找的类目范围,点击左边的小方框,系统会在选取的类目范围前显示"√"。

②选择检索项。

在字段下拉框里选取要进行检索的字段。

③输入检索词并确定检索词之间的逻辑关系。

在检索词文本框里输入检索词,检索词为检索字段中出现的检索词。当按相关度进行排列时,其出现的频率越高,数据的排序越靠前。

然后,确定各检索词之间的逻辑关系,各检索词输入框之间设有逻辑运算符下拉框,有"并含""或含""不含"3 个选项。

④期刊年限。

目前,全文数据最早追溯至 1915 年,用户检索时可在 1915 年至当前年份任意限定。

⑤更新时间。

其选项包括:不限、最近一周、最近一月、最近半年、最近一年等。可限定更新时间的范围。

⑥选择期刊来源类别。

其选项包括:全部期刊、SCI 来源期刊、EI 来源期刊、核心期刊、CSSCI、CSCD。

⑦限定匹配方式。

包括模糊匹配和精确匹配。模糊匹配是指不管词的位置怎样,只要出现该词即可;精确匹配是指只有整个字段与检索词相同才能匹配。

⑧分组浏览。

分组浏览有 6 个选项,它们是主题、发表年度、研究层次、作者、机构、基金,在检索结果页面可逐个点击查看。

⑨排序方式。

检索结果的排序方式有相关度、发表时间、被引、下载 4 个选项。

每页显示的记录数:10 条、20 条或 50 条。

⑩点击"检索"按钮,查看检索结果。

示例:如果要检索有关"阅读推广"2018—2019 年期刊的全部文献,则需要执行以下操作。

➤ 选择《中国期刊全文数据库》;

> 进入期刊库检索页选择高级检索；
> 选择检索项"主题"；
> 输入检索词"阅读推广"；
> 选择检索控制项："出版年度"选择"2018"到"2019"，"更新时间"选择"不限"，"来源类别"选择"全部期刊"，"匹配"选择"精确"，"排序"选择"相关度"，"每页"选择"20"；
> 在"选择学科领域"中点击"全选"；
> 点击"检索"即得到检索结果（见图 4.5）。

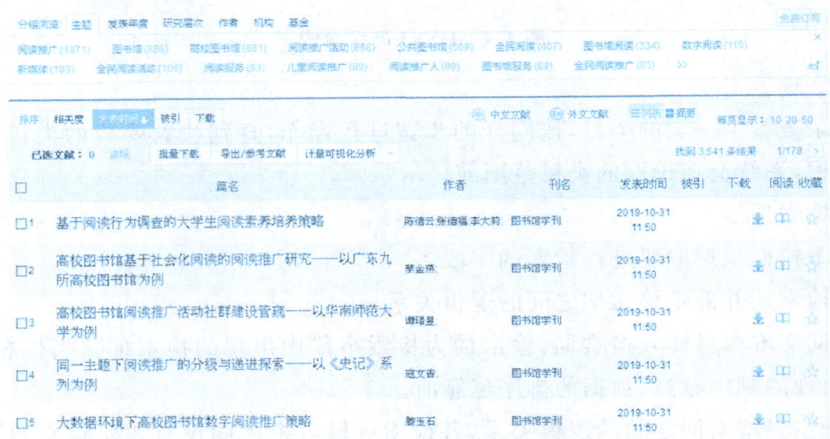

图 4.5   CNKI 高级检索结果

在结果页面，可点击 中文文献 外文文献 进行中文文献与外文文献的筛选。可点击 列表 摘要 ，进行列表或摘要两种显示方式的切换。

检索方式三：专业检索

使用逻辑运算符和关键词构造检索式进行检索，一般多用于图书情报专业人员查新、信息分析等工作（见图 4.6）。右边有"检索表达式语法"供检索者参考。

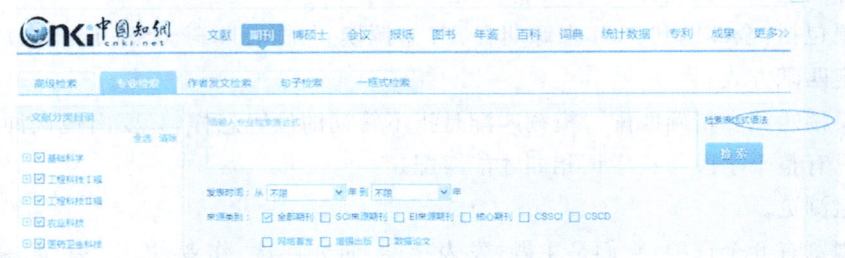

图 4.6   CNKI 专业检索

检索方式四：作者发文检索

作者发文检索是根据作者姓名、单位等信息查找作者发表的全部文献及被引和下载情况。通过作者发文检索不仅能找到某一作者发表的文献，还可以对检索结果进行分组筛选，全方位地了解该作者的主要研究领域、研究成果等情况（见图 4.7）。

检索方式五：句子检索

句子检索是通过用户输入的两个关键词，查找同时包含这两个词的句子或段落。句子或段落中包含了大量的事实信息，而该检索方式可以为用户提供包含与这两个关键词相关

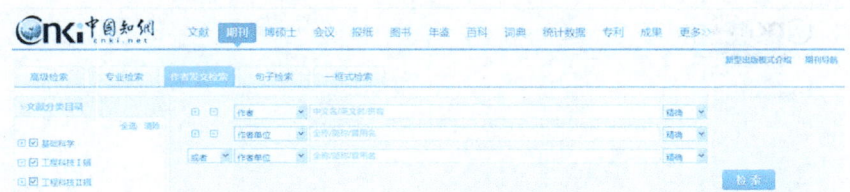

图 4.7　CNKI 作者发文检索

的信息(见图 4.8)。

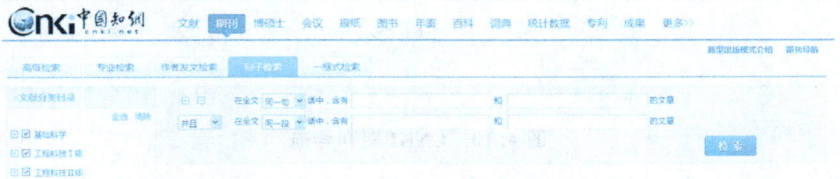

图 4.8　CNKI 句子检索

检索方式六:一框式检索

一框式检索页面提供所有 CNKI 文献资源导航,方便用户迅速进入所选择的数据库进行检索,提升用户体验,其界面如图 4.9 所示。

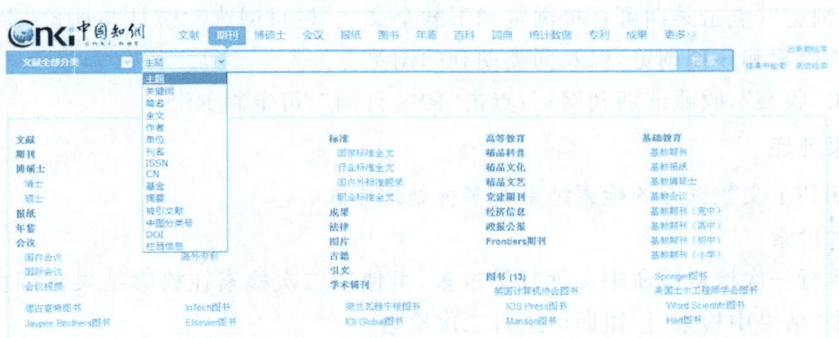

图 4.9　CNKI 一框式检索

检索方式七:期刊导航

①进入:点击首页的"期刊导航"或检索页面的"期刊导航",进入图 4.10 所示的导航页面。

期刊导航中提供了多种导航方式。

期刊检索:可以按刊名(曾用刊名)、主办单位、ISSN、CN 检索;

学科导航:分为自然科学与人文社会科学,并按照期刊知识内容分为 10 个专辑,178 个专题;

世纪期刊导航:按期刊的知识内容分类,只包括 1994 年之前出版的期刊;

核心期刊导航:按照 2018 年版《中文核心期刊要目总览》的核心期刊表进行分类,只包括被 2018 年版《中文核心期刊要目总览》收录的期刊;

数据库刊源导航:按期刊被国内外数据库收录的情况分类,国内外知名数据库有 CA、SA、SCI、EI、JST、CSCD、CSSCI、P(AJ);

网络首发期刊、独家授权期刊导航:提供网络首发期刊导航,提供授权 CNKI 独家收录

图 4.10　CNKI 期刊导航

的期刊导航；

中国高校精品科技期刊：2006 年获得教育部"中国高校精品科技期刊奖"荣誉的期刊；

出版周期、出版地、主办单位、发行系统导航：按照期刊的出版周期、出版地、主办单位、发行方式分类。

②浏览和检索：点击某一刊名，进入该期刊的浏览界面。界面展示了期刊的详细情况，还有"刊期浏览"（点击某期可直接浏览和下载全文）、"栏目浏览""统计与评价"等项目，可进行该期刊的检索和逐期浏览，以及同类期刊的浏览等。

③点击"收藏"，收藏该期刊网页；点击"RSS 订阅"，可定制 RSS。

3. 结果处理

中国期刊全文数据库的检索结果有多种处理方式。

1）二次检索

如果执行一次检索后命中文献数量过多，可使用二次检索在检索结果范围内重新进行查找。点击"结果中检索"按钮即可进行二次检索。

2）浏览结果

检索结果列表显示的信息有：序号、篇名、作者、刊名、发表时间、被引、下载、阅读、收藏。点击篇名，可查看该条记录的详细内容，如作者、刊名、摘要、相似文摘、引文网络、关联作者、相关基金文献等。另外，安装手机 app，扫描下方的二维码，可同步阅读该期刊论文。

勾选多条记录再点击"批量下载"，会同时下载多篇论文并打包成一个压缩文件。如果不能正常打开下载的文件，需安装新版 CNKI E—Study。

3）保存文档

方法 1：点击题名右边的"下载"按钮 ⊙点击下载最新版本，在出现的"文件下载"窗口选择"保存文件"，确定保存路径后，点击"确定"即可。

方法 2：点击题名，打开详细记录显示页面，点击"CAJ 下载"或"PDF 下载"，出现如方法 1 一样的对话框，其后操作同方法 1。

方法 3：打开文献全文进行浏览后，可使用 CAJ 浏览器提供的保存功能将文章保存下来。

◆ 4.1.3 CAJ 全文浏览器常用功能介绍

1. CAJ 全文浏览器简介

CAJ 全文浏览器是中国期刊全文数据库的专用全文格式阅读器，CAJ 全文浏览器支持中国期刊网的 CAJ、NH、KDH 和 PDF 格式文件阅读。CAJ 全文浏览器可配合网上原文的阅读，也可以用来阅读下载的中国期刊网全文，并且它的打印效果与原版基本一致。

CAJ 全文浏览器是 CNKI 用户必不可少的阅读器。如果你是第一次使用 CNKI 的产品和服务，那么你需要下载并安装 CAJViewer 7.0 或 CAJViewer 7.0 以上版本，才能看到文献的全文。CNKI 的所有文献都提供 CAJ 文件格式，期刊、报纸、会议论文等文献还提供 PDF 文件格式。点击主页最下方"CNKI 常用软件下载"列表中的"CAJViewer 浏览器"，进入 CAJViewer 浏览器产品主页，如图 4.11 所示，点击 ⬇点击下载最新版本 按钮下载即可。浏览器下载的文件全名为"CAJViewer 7.2.0.117.self"，双击文件名，点击"运行"，根据提示进行安装。

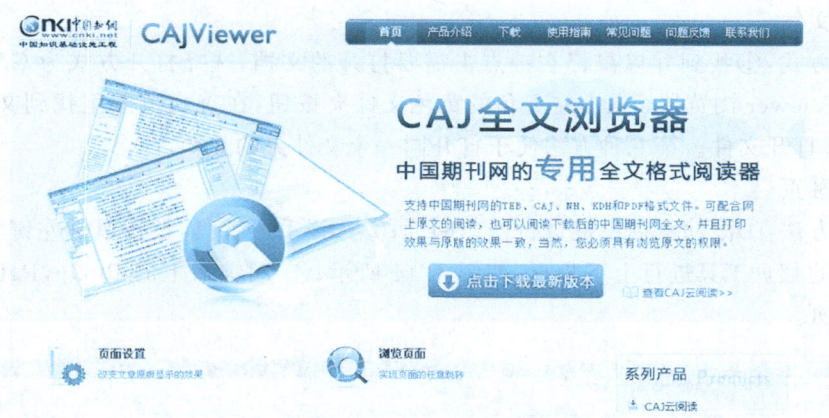

图 4.11 CAJViewer 下载页面

另外，针对不同的设备及系统，提供许多不同版本的 CAJViewer 产品供用户下载使用，如图 4.12 所示。

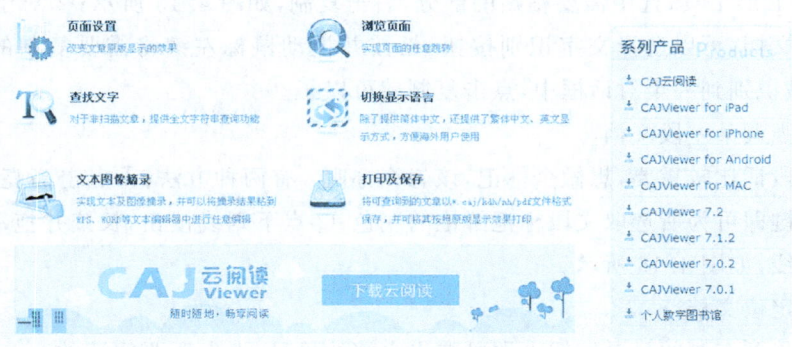

图 4.12 CAJViewer 系列产品

2. 常用功能

这里以 CAJViewer 7.2 为例介绍其常用功能，主页如图 4.13 所示。

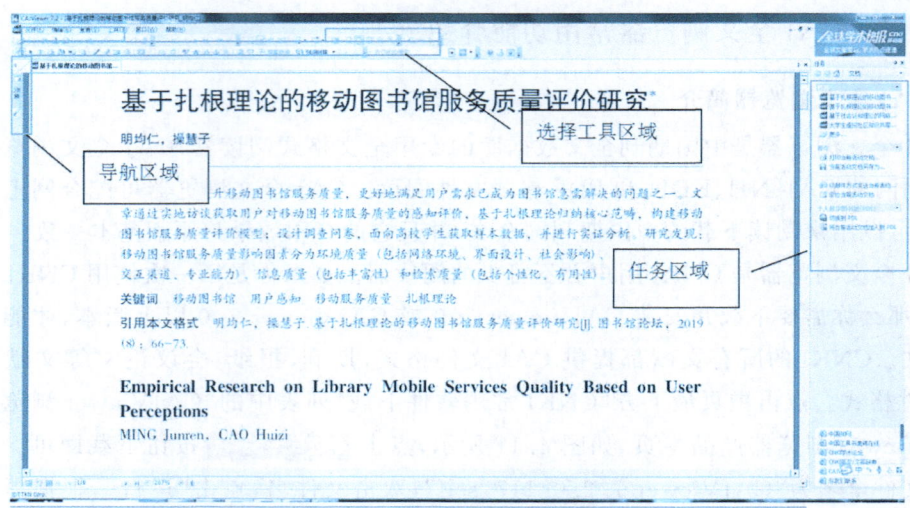

图 4.13　CAJViewer 7.2 主页功能区

1）打开文件

有两种方式：①找到并以鼠标右键点击需要打开的文档，选择打开方式为 CAJViewer；②打开 CAJViewer 浏览器，点击左上角的黄色文件夹按钮，在查找范围里找到文件所在的文件夹，然后打开文件。第二种方法便于打开同一个文件夹的文档。

2）文档翻页

有几种方法：①滚动鼠标中键进行慢速阅读；②选择手形工具，长按鼠标左键并拖动；③用工具栏中的翻页工具进行上下翻页，如图 4.14 所示；④用键盘上的 PgUp，PgDn 或上下箭头键来翻页。

图 4.14　工具栏中的翻页工具

3）文档复制

①选择 T 形工具，选中需要粘贴的部分，右击复制，如图 4.15 所示；②对于无法用 T 形工具复制的文档，可以选择文字识别按钮，长按并拖动鼠标左键将需要复制的部分框在框内，文字会被识别到一个对话框中，点击复制就可以了。

4）突出强调某一段文档

感觉有段话比较重要，想做个标记，该怎么办呢？有两种方法：①点击高亮按钮，长按并拖动鼠标左键即可为所选取文段标记鲜艳的底色；②点下划线按钮，长按并拖动鼠标左键即可添加下划线，如图 4.16 所示。

5）快速定位文档

将鼠标移到左侧的目录按钮上即可弹出文档的目录，点击所要阅读的章节，就可快速定位到要看的位置，如图 4.17 所示。

3. 关于 CAJViewer 7.0

CAJViewer 7.0 是 CNKI 的专用全文格式阅读器，与 CAJViewer 6.0 相比，增加（修改）

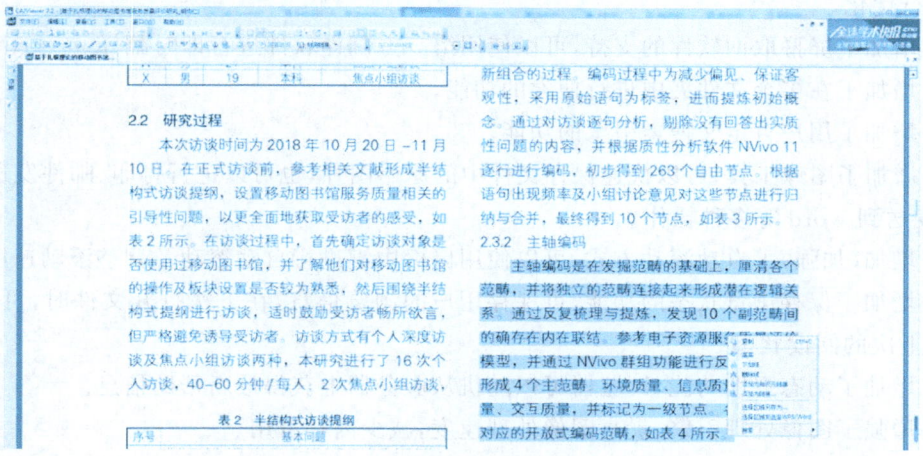

图 4.15　文档复制

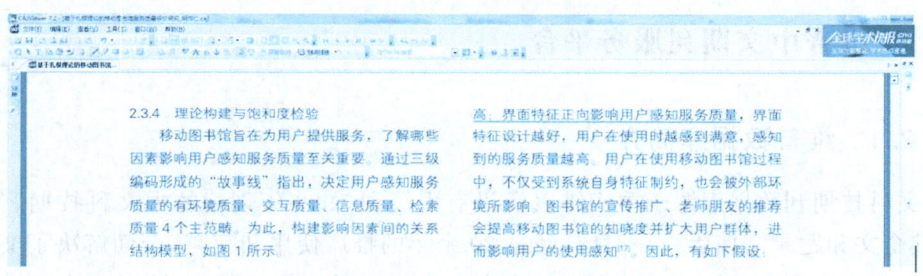

图 4.16　突出强调功能

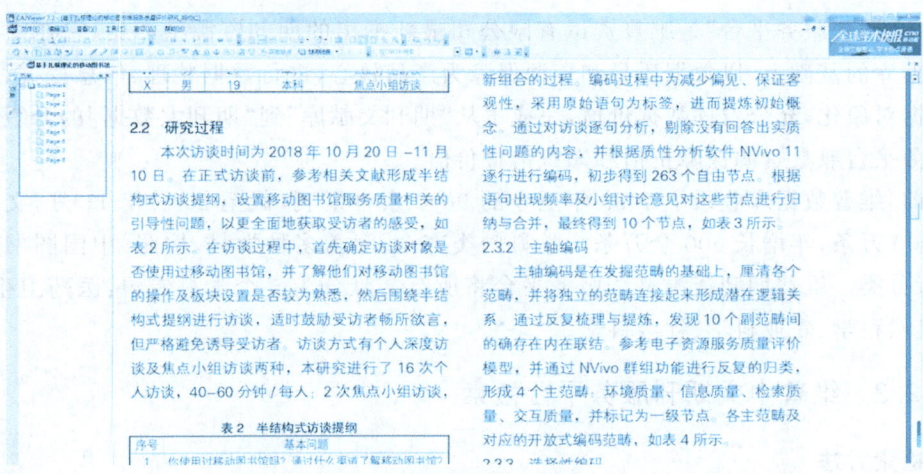

图 4.17　快速定位功能

了以下功能：

● 增加了页面旋转功能。可以全部或单独旋转某一页面,并能将旋转结果保存。

● 增加了两种页面显示方式,即对开显示及连续对开显示,可以设置对开显示时的起始页,可以设置对开显示时是否显示页间空隙。

● 增加了新的标注类型,并能对标注属性进行修改。

● 增强了打印方法,可以实现双面打印,可以以讲义的形式进行打印,可以根据打印机性能进行优化。

- 增加了屏幕取词软件的支持,可以使用第三方翻译软件进行即时翻译。
- 增加了在多个文件夹中进行搜索的功能。
- 增加了用户自定义搜索引擎的功能。
- 增加了图像工具,可以快速保存文件中的原始图片,也可以进行打印、邮件发送、文字识别、发送到 word 等多种操作。
- 增加(加强)了自动滚动方式,可以使用鼠标中键进行自动滚动及调整滚动速度。
- 增加了保存浏览状态的功能,可保存用户的浏览信息,在下次打开文件时,可以快速定位到上次的阅读状态。
- 增加了动态帮助功能,浏览器可以随机从服务器上获得最新帮助信息。
- 增强了图像处理引擎,提高图像处理速度,减少内存占用。
- 更广的缩放范围,实现从 25%到 6400%的缩放。

4.2 维普中文期刊服务平台

◆ 4.2.1 维普数据库简介

中文科技期刊数据库源于重庆维普资讯有限公司 1989 年创建的中文科技期刊篇名数据库,其全文和题录文摘版一一对应,经过 20 余年的推广使用和完善,全面解决了文摘版收录量巨大但索取原文手续烦琐的问题。全文版的推出受到广泛赞誉,同时成为国内各省市高校文献保障系统的重要组成部分。

"中文期刊服务平台"是维普资讯有限公司最新推出的期刊资源型产品,它在中文科技期刊数据库的基础上,以数据质量和资源保障为产品核心,进行数据整理、信息挖掘、情报分析和数据对象化,充分发挥数据价值,完成了从"期刊文献库"到"期刊大数据"的升级。中文期刊服务平台兼具资源保障价值和知识情报价值。

目前,维普数据库收录了 1989 年至今的 9600 余种期刊,截至 2019 年 11 月,文献总量达到 7000 万条,年增长 600 余万条。学科门类齐全,涵盖多种学科,按照《中国图书馆分类法》进行分类。维普期刊资源整合服务平台将所有文献分为 5 个学科专辑:医药卫生、工业技术、自然科学、农业科学、社会科学。

◆ 4.2.2 维普中文期刊服务平台检索

1. 检索方法

维普中文期刊服务平台提供四种检索方式:快速检索、高级检索、专业检索和期刊导航。每种检索方式又分别提供题名、刊名、关键词、作者、第一作者、作者机构、文摘、分类号、任意字段等检索入口(即检索途径)。

在每种方式的检索结果里都可以进行二次检索(在结果中检索、在结果中添加、在结果中去除)。

①在结果中检索:检索结果中必须出现所有的检索词,相当于布尔逻辑与。

②在结果中添加:检索结果至少出现任一检索词,相当于布尔逻辑或。

③在结果中去除:检索结果中不应该出现包含某一检索词的文章,相当于布尔逻辑非。

检索方式一:快速检索

提供了类似搜索引擎的检索方式,用户只需要输入所要找的题名、主题、关键词、作者等检索词,检索框中输入的所有字符均被视为检索词,不支持任何逻辑运算;如果输入逻辑运算符,将被视为检索词或停用词进行处理。点击搜索按钮就可查到相关的文献(见图4.18)。

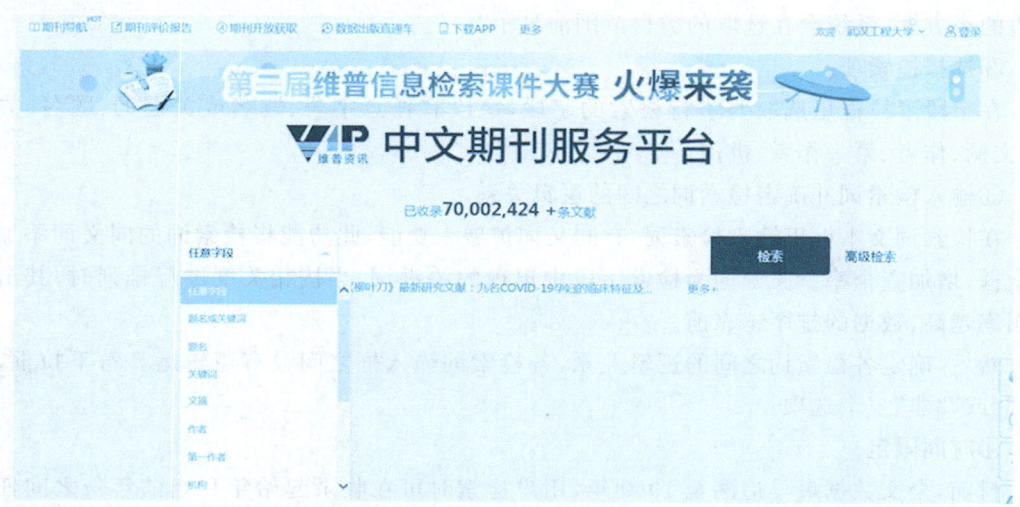

图 4.18　维普快速检索界面

检索方式二:高级检索

点击快速检索页面检索框右侧的"高级检索",即进入图 4.19 所示的高级检索界面,检索基本步骤如下。

图 4.19　维普高级检索界面

①在下方的"学科限定"处勾选查询范围。

进行操作前务必先选择所需主题目录,点击"全选",则每个目录都被选择。若想在指定的学科内检索,则先点击"√",清空所选,然后点击右边的">",就会展开学科类目列表,可根据需要进行勾选,如图 4.20 所示。

图 4.20　学科限定勾选列表

单击目录查看下一层的类目,按同样的步骤进行操作,直到找到要找的类目范围,点击左边的小方框,系统会在选取的类目范围前显示"√"。

②选择检索项。

在字段下拉框里选取要进行检索的字段,字段有任意字段、题名或关键词、题名、关键词、文摘、作者、第一作者、机构。

③输入检索词并确定检索词之间的逻辑关系。

在检索词文本框里输入检索词,有同义词扩展＋功能,此功能将检索词的同义词添加到检索框,增加查全率。关键词为检索字段中出现的关键词,当按相关度进行排列时,其出现的频率越高,数据的排序越靠前。

然后,确定各检索词之间的逻辑关系,各检索词输入框之间设有逻辑运算符下拉框,有"与""或""非"三个选项。

④时间限定。

目前,全文数据最早追溯至 1989 年,用户检索时可在收录起始年和当前年份之间任意限定。

⑤更新时间。

其选项包括:一个月内、三个月内、半年内、一年内、当年内。

⑥期刊范围。

选择期刊来源类别,其选项包括:全部期刊、核心期刊、EI 来源期刊、SCI 来源期刊、CAS来源期刊、CSCD 来源期刊、CSSCI 来源期刊。

⑦限定匹配方式。

包括模糊匹配和精确匹配。模糊匹配是指不管词的位置怎样,只要出现该词即可;精确匹配是指只有整个字段与检索词相同才能匹配。

检索方式三:检索式检索

在高级检索界面点击检索式检索,其界面如图 4.21 所示。

①检索界面。

用户可以在检索框中使用布尔逻辑运算符对多个检索词进行组配检索。执行检索前,还可以根据时间限定、期刊范围、学科限定等检索条件对检索范围进行限定。每次调整检索策略并执行检索后,均会在检索区下方生成一个新的检索结果列表,方便用户对多个检索策略的结果进行比对分析。

②检索条件限定。

使用检索条件限定,可以进一步缩小检索范围,获得更符合需求的检索结果。用户可以根据需要,选择合适的时间范围、学科范围、期刊范围等限制条件。

③检索规则。

关于逻辑运算符的说明如表 4.1 所示。

图 4.21　维普检索式检索界面

表 4.1　逻辑运算符对照表

逻辑关系	并且、与	或者	不包含、非
运算符	AND/ *	OR/+	NOT/−

书写规则：逻辑运算符 AND、OR、NOT 必须大写，逻辑运算符优先级为"NOT＞AND＞OR"；所有运算符号必须在英文半角状态下输入，且前后必须空一格，英文半角""表示检索词不做分词处理，作为整个词组进行检索，以提高准确性。

检索字段标识符如表 4.2 所示。

表 4.2　检索字段标识符对照表

符　号	字　段	符　号	字　段
U	任意字段	S	机构
M	题名或关键词	J	刊名
K	关键词	F	第一作者
A	作者	T	题名
C	分类号	R	文摘

书写规则：字段标识符必须为大写字母，每种检索字段前，都需要带有字段标识符，相同字段检索词可共用字段标识符，例如 K＝CAD ＋ CAM。

④检索范例。

范例一：S＝维普资讯 AND A＝范兴丰

此检索式表示：查找机构中含有"维普资讯"并且作者为范兴丰的文献。

范例二：（K＝（CAD OR CAM）OR T＝雷达）AND R＝机械 NOT K＝模具

此检索式表示：查找文摘中含有"机械"，并且关键词中含有 CAD 或 CAM，或者题名中含有"雷达"，但关键词不包含"模具"的文献。

以上两个检索式也可以写作：

范例一：S＝维普资讯 ＊ A＝范兴丰

范例二:(K＝(CAD ＋ CAM) ＋ T＝雷达) ＊ R＝机械 － K＝模具

检索方式四:期刊导航

用户登录"维普中文期刊服务平台"首页,点击"期刊导航",即可进入期刊检索页面,如图 4.22 所示。

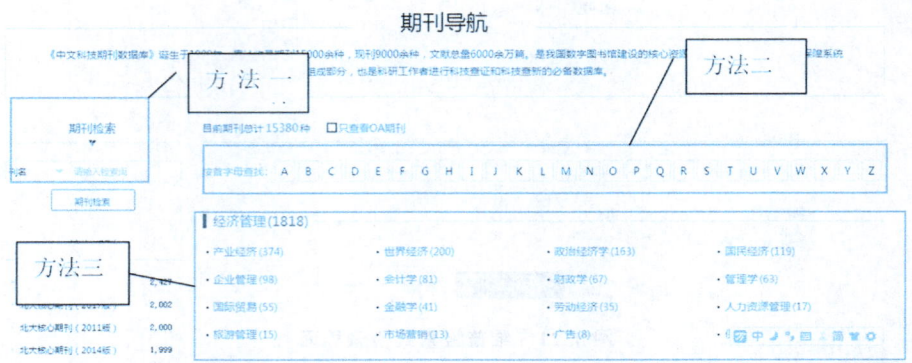

图 4.22　维普期刊导航页面

方法一:期刊检索。用户如果知道准确的刊名或 ISSN 号,在输入框中输入刊名或 ISSN号,点击搜索,即可进入期刊名列表页,接着只需点击刊名即可进入期刊内容页。

方法二:按字母顺序查。用户点击字母 A,即可列出以字母 A 为首字母的所有期刊的刊名。

方法三:按学科查。用户可根据学科分类来查找需要的期刊,点击下方的学科分类,即可列出该学科分类下的所有期刊的刊名。

2. 结果处理

1)检索结果文摘显示

检索结果页面默认的显示方式为"文摘显示",内容包括文章的标题、文章前两位作者、文章出处(期刊名、出版年、卷、期、页码)、文章摘要,显示方式有"详细"或"列表"两种选择,如图 4.23 所示。

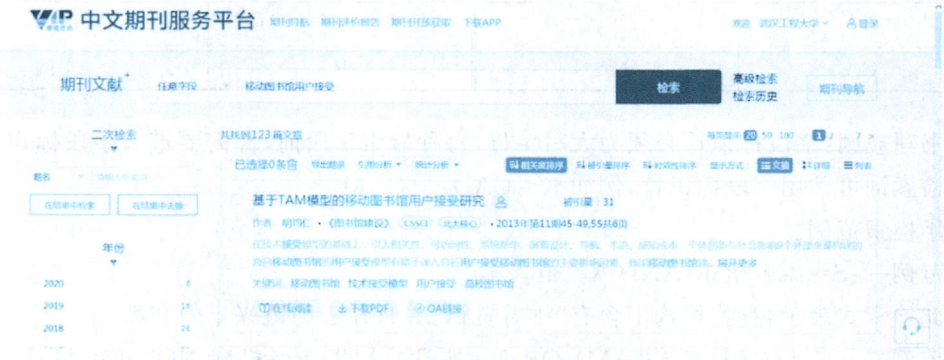

图 4.23　维普检索结果页面

2)排序方式

检索结果的排列方式有相关度排序、被引量排序、时效性排序,共 3 个选项。

每页显示的记录数:20 条、50 条、100 条。

3）二次检索

在检索结果页面左边有题名、关键词、文摘、作者、刊名等检索入口，提供二次检索功能，如图 4.24 所示。

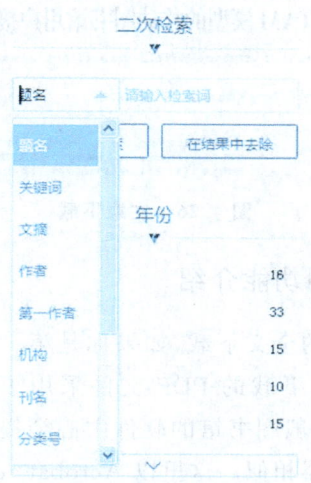

图 4.24　维普二次检索

除此之外，检索结果页面左侧的中下方针对检索结果按年份、学科、期刊收录、主题、期刊、作者、机构分别提供相关分类统计数据。

4）单篇文章详细显示

点击文摘显示页面上的文章标题，可查看该篇文章的详细信息（见图 4.25）。该页面提供文章题录的全字段内容显示，提供全文下载的功能，提供引文网络、相关文献查看功能。

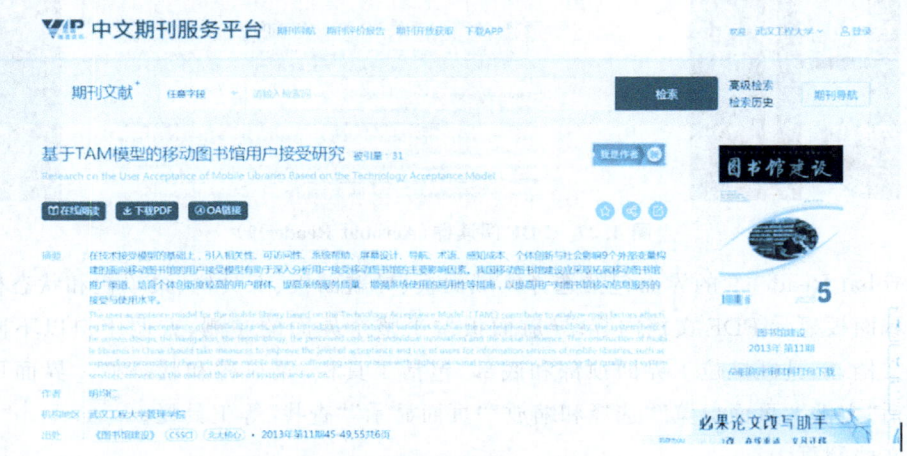

图 4.25　维普单篇文章详细显示

5）文章下载与保存

在检索结果页面上，点击文章对应的全文下载图标即可下载 PDF 格式的全文；在文章题录浏览页面上点击“下载 PDF”图标，也可下载 PDF 格式的全文。在“文件下载”对话框中，执行“保存”操作，可以将全文保存到计算机中供以后查看。如果要立即浏览全文，则单击“📖”按钮。若浏览完之后需要保存，则可点击页面右上方的 图标，保存打开的文章，如图 4.26 所示。

图 4.26　文章下载

◆ 　**4.2.3　PDF 阅读器常用功能介绍**

维普数据库提供 PDF 格式的全文下载,如果你是第一次使用该数据库,那么必须要下载 PDF 阅读器。维普数据库上下载的 PDF 文件采用了 JBIG2 压缩技术,需要 Acrobat Reader 5.0 以上版本的支持。一般图书馆的软件中心会提供 Acrobat Reader 的下载链接,其安装方式与 CAJViewer 浏览器相似。这里以 Acrobat reader 9 为例进行介绍,如图 4.27 所示。

图 4.27　PDF 阅读器(Acrobat Reader 9)

Acrobat Reader 9 的界面包括选择区域面板、导航面板、工具栏、菜单栏和状态栏几大部分。区域面板显示 PDF 文档内容;导航面板位于整个界面的左侧,方便用户以不同方式浏览当前文档;工具区域位于界面顶部和底部,包括工具栏、菜单栏和状态栏。界面顶部的工具栏包括"文件""页面导览""选择和缩放""页面显示""查找"等工具栏。

1)文档翻页

①点击页面导览工具栏的 。

②单击菜单命令"视图"—"跳至"。

③键盘快捷方式 PgUp、PgDown。

2)浏览页面缩略图

①单击窗口左侧的"页面"标签。

②单击"视图"—"导览面板"—"页面"。

利用窗口左侧的"页面"面板中的缩略图,可跳转到对应的页面。

3)视图放大或缩小

①在选择和缩放工具栏 ● ● 179% 中选择或输入显示比例,进行页面的放大或缩小。

②单击菜单"工具"—"选择和缩放"。

4)对文档进行简单的搜索

①单击菜单"编辑"—"搜索"。

②点击"查找"工具栏 补宛 ● ● ,在对话框中输入要搜索的文字或句子,对检索条件进行限定后,即可在当前文档中展开搜索。

5)复制和粘贴文本

①按住鼠标左键在想要复制的文本上拖动,这时被选取的文本会以高亮显示,单击鼠标右键选择"复制",就可以在 word 等文字处理软件中粘贴、编辑并保存文本了。

②单击菜单"编辑"—"全部选定",对整篇文档进行复制、粘贴。

6)复制图像

单击菜单"工具"—"选择和缩放"—"快照工具",在页面中任意位置点击鼠标,捕捉屏幕上要复制的内容,或在文本、图像周围拖动,选定区域会反色显示。松开鼠标键,选定区域内的所有内容都将作为图像被自动复制到剪贴板。如果已在其他应用程序中打开了文档,则可以使用"编辑"—"粘贴"命令直接将复制的内容粘贴到目标文档中。

4.3 万方数据知识服务平台

◆ 4.3.1 万方数据知识服务平台简介

万方数据知识服务平台是由我国最大的信息机构——中国科学技术信息研究所直属的万方数据股份有限公司(以下简称万方数据)建设的,目前可以说是国内最大的信息资源服务平台。它整合数亿条全球优质学术资源,集成期刊、学位论文、会议论文、科技报告、专利、标准、科技成果、法规、地方志、视频等十余种资源类型,覆盖自然科学、工程技术、医药卫生、农业科学、哲学政法、社会科学、科教文艺等学科领域。

万方数据知识服务平台包括以下内容。

1. 期刊

期刊资源包括中文期刊和外文期刊,其中中文期刊共 8000 余种,涵盖自然科学、工程技术、医药卫生、农业科学、哲学政法、社会科学、科教文艺等多个学科;外文期刊主要来源于 NSTL 外文文献数据库及数十家著名学术出版机构,以及 DOAJ、PubMed 等知名开放获取平台,收录了世界各国出版的 40 000 余种重要学术期刊。

2. 学位论文

学位论文资源包括中文学位论文和外文学位论文,中文学位论文收录始于 1980 年,年增 30 余万篇,涵盖理学、工业技术、人文科学、社会科学、医药卫生、农业科学、交通运输、航空航天和环境科学等学科领域;外文学位论文收录始于 1983 年,累计收藏 60 余万册。

3.会议论文

会议资源包括中文会议和外文会议,中文会议收录始于 1982 年,年收集 3000 多个重要学术会议,年增 20 万篇全文,每月都会更新;外文会议主要来源于外文文献数据库,收录了 1985 年以来世界各主要学协会、出版机构出版的学术会议论文。

4.专利

专利资源来源于中外专利数据库,收录始于 1985 年,目前共收录中国专利 2200 万余条,国外专利 8000 万余条,年增 25 万条。收录范围涉及十一国两组织,内容涵盖各个学科领域。

5.科技报告

中文科技报告,收录始于 1966 年,源于中华人民共和国科学技术部,共计 2.6 万余份,外文科技报告,收录始于 1958 年,源于美国政府四大科技报告(AD、DE、NASA、PB),共计 110 万余份。

6.成果

成果资源主要来源于中国科技成果数据库,涵盖了国内各省、市、部委鉴定后上报国家科技部的科技成果及星火科技成果,涵盖新技术、新产品、新工艺、新材料、新设计等众多领域。

7.标准

标准资源来源于中外标准数据库,涵盖了中国标准、国际标准以及各国标准等在内的 200 万余条记录,综合了由浙江省标准化研究院、中国质检出版社等单位提供的标准数据。文摘数据来自中国标准化研究院国家标准馆,具有权威性。

8.法规

法规资源主要由国家信息中心提供,信息来源权威、专业,涵盖了国家法律、行政法规、部门规章、司法解释以及其他规范性文件。

9.地方志

地方志简称"方志",即按一定体例,全面记载某一时期、某一地域的自然、社会、政治、经济、文化等方面的情况或特定事项的书籍文献。通常按年代分为新方志、旧方志,新方志收录始于 1949 年,共计 4.7 万册,旧方志收录年代为中华人民共和国成立之前,共计 8600 余种,10 万多卷。

10.视频

万方视频是以科技、教育、文化为主要内容的学术视频知识服务系统,与中央电视台、教育部、凤凰卫视、中国科技信息研究所、中华医学会、中国科学院、北大光华、天幕传媒等国内外著名专业制作机构有广泛的战略合作。现已推出高校课程、学术讲座、会议报告、考试辅导、就业指导、医学实践、管理讲座、科普视频等精品视频。

◆ 4.3.2 万方学位论文检索

直接输入网址 http://www.wanfangdata.com.cn/,或通过图书馆主页上的链接进入万方数据知识服务平台,主页面如图 4.28 所示。

系统默认的是在全部文献类型中检索,由于万方数据库的用户大多订购了中国学位论

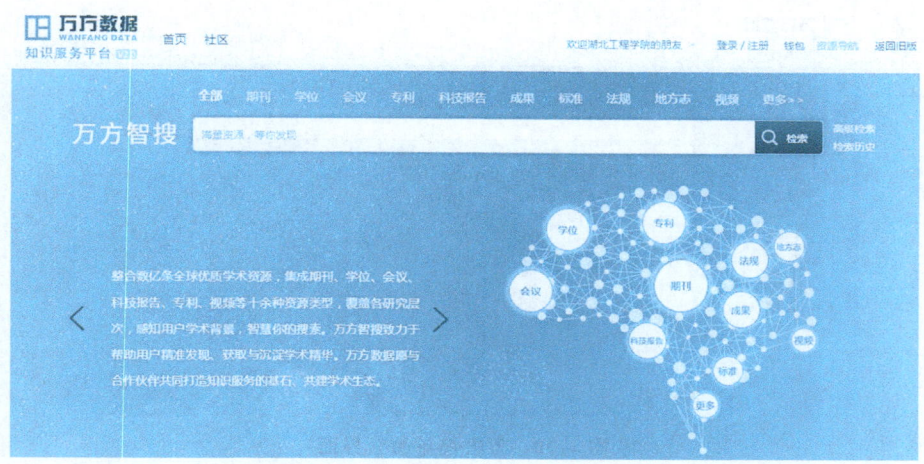

图 4.28　万方数据知识服务平台主页

文全文数据库,因此下面将以中国学位论文全文数据库的检索为例进行介绍。

中国学位论文全文数据库由国家指定的学位论文收藏机构——中国科学技术信息研究所提供,并委托万方数据加工建库,收录了自 1980 年以来我国各学科领域的博士、硕士研究生论文,涵盖自然科学、数理化、天文、地球、生物、医药、卫生、工业技术、航空、环境、社会科学、人文地理等学科领域。

在万方数据知识平台主页上点击"学位",则进入图 4.29 所示界面。

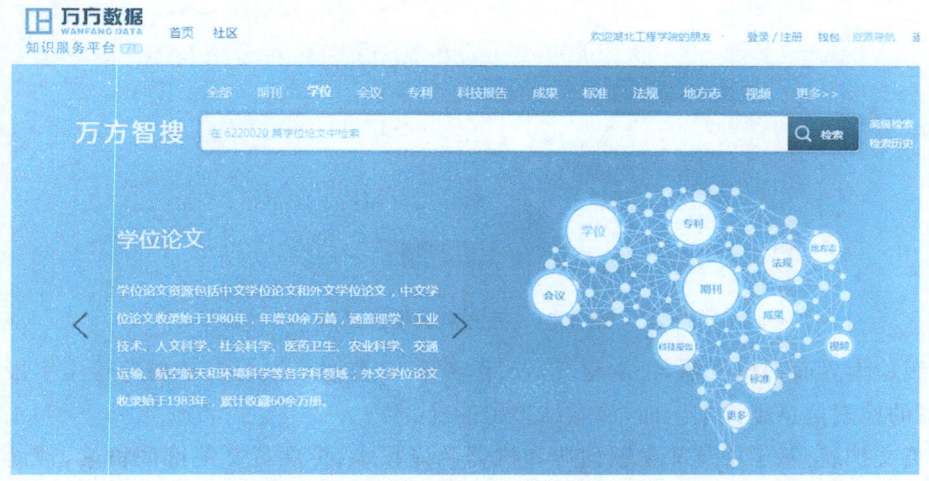

图 4.29　万方学位论文检索界面

1. 检索方法

该数据库提供的检索方法有初级检索、高级检索、专业检索、作者发文检索,还提供了三种分类导航方式:学科导航、专业导航、授予单位导航,可以实现学位论文的快捷浏览与查找。

1)简单检索

简单检索界面如图 4.30 所示。在这个检索界面,在检索词前面加上检索字段,表示在指定的检索字段中进行相应检索词的搜索。检索字段有题名、作者、中图分类号、专业、关键词、摘要、导师、学位授予单位。

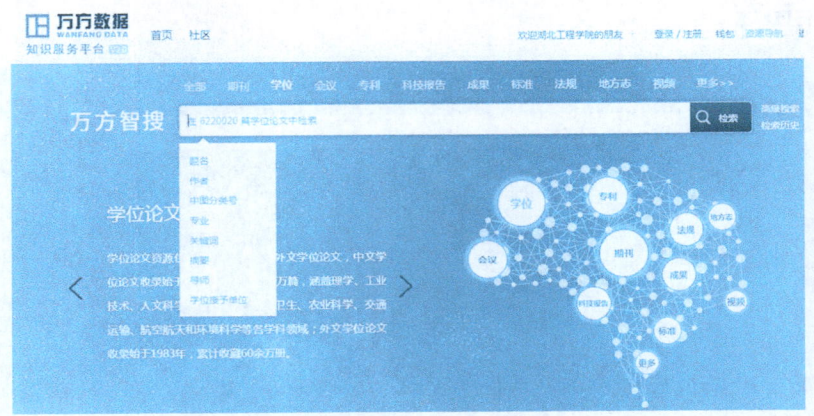

图 4.30　万方简单检索界面

2)高级检索

高级检索是在指定的范围内,通过增加检索条件来满足用户更加复杂的检索要求,从而检索到满意的信息。单击"高级检索",进入高级检索界面,如图 4.31 所示。

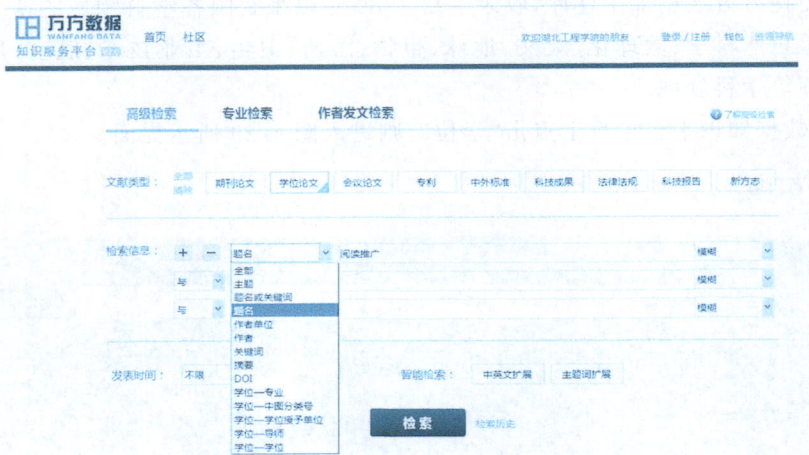

图 4.31　万方高级检索界面

高级检索界面列出了题名、主题、作者、作者单位、学位、关键词、摘要等检索字段可供选择,填写的检索信息越详细全面,检索结果越准确。

中英文扩展:基于中英文主题词典和机器翻译技术,扩展英文关键词检索,帮助用户获得更加全面的检索结果。

主题词扩展:基于超级主题词表,扩展同义词、下位词检索,帮助用户获得更加全面的检索结果。

3)专业检索

万方数据库设置的专业检索比高级检索功能更强大,需要检索人员根据系统的检索语法编制检索式进行检索。此检索方式对用户要求较高,因此用得较少。专业检索界面如图 4.32 所示。

万方智搜支持逻辑运算符、双引号以及特定符号的限定检索,用户可以使用图 4.33 所示的运算符构建检索表达式。

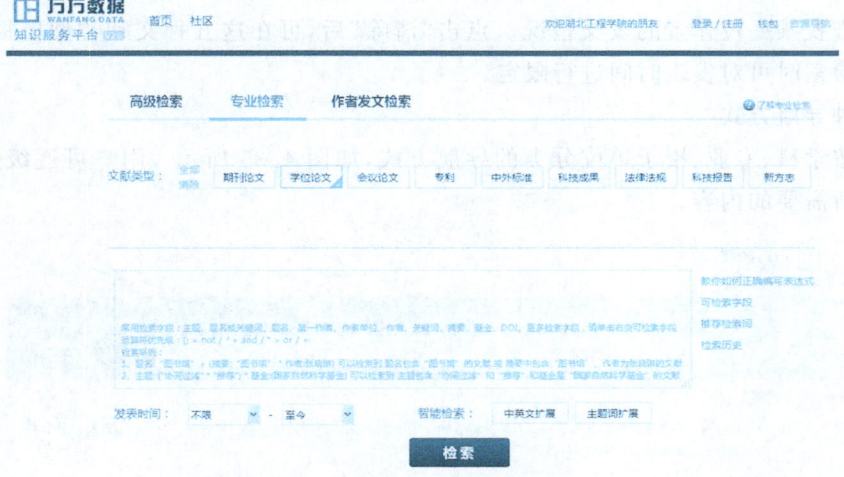

图 4.32　万方专业检索界面

运算符	检索含义	检索举例
AND/and/*	逻辑与运算, 同时出现在文献中	主题:(信息管理) and 作者:(马费成)
OR/or/+	逻辑或运算, 其中一个或同时出现在文献中	题名:(信息管理) or 摘要:(武汉大学)
NOT/not/^	逻辑非运算, 后面的词不出现在文献中	题名或关键词:(信息管理 not 信息服务)
" "	精确匹配, 引号中词作为整体进行检索	题名:("信息管理")
( )	限定检索顺序, 括号内容作为一个子查询	题名:((信息管理 not 信息服务) and 图书馆)

注: ① 逻辑运算符存在优先级, 优先级顺序()>not>and>or。
②　运算符建议使用英文半角输入形式。

图 4.33　万方智搜支持的运算符

4)作者发文检索

用户可以输入作者名称和作者单位等字段来精确查找相关作者的学术成果,系统默认精确匹配,用户可自行选择精确匹配还是模糊匹配。同时,可以通过点击输入框前的"＋"来增加检索字段。若某一行需要输入作者或作者单位,则系统默认作者单位为上一行的作者单位。具体如图 4.34 所示。

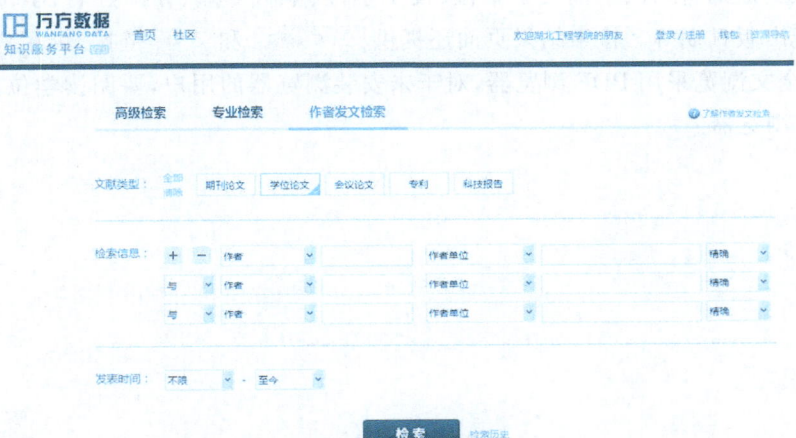

图 4.34　万方作者发文检索界面

在文献类型里点击"全部",可在期刊论文、学位论文、会议论文、专利、科技报告五种文献类型中查找某一位作者的发文情况。点击"清除"后,可在这五种文献类型里根据需要进行勾选。检索时可对发表时间进行限定。

5)三种导航方式

提供按学科、专业、授予单位分类的导航方式,如图 4.35 所示,用户可逐级点击浏览,直到找到所需要的内容。

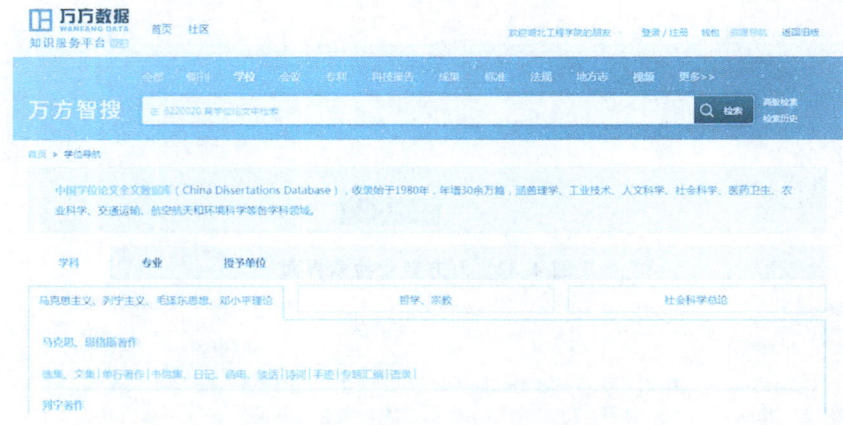

图 4.35　万方学科导航界面

2. 结果处理

万方学位论文检索系统的检索结果可按相关度、学位授予时间、被引频次排序,每页可显示 20、30、50 条记录。支持对检索结果进行二次检索。

1)二次检索

如果执行一次检索后命中文献数量过多,可使用二次检索在检索结果的范围内进行重新查找。在检索结果中对论文标题、作者、关键词、学科专业、学校、导师进行限定,提高检准率。

2)浏览检索结果

检索结果显示每条记录的题名、作者姓名、单位等信息。点击题名,可查看详细信息,包括论文题名、关键词、作者、学位授予单位、授予学位、学科专业、导师姓名、学位年度、语种、分类号、在线出版日期等。检索结果页面还提供 [📖 在线阅读] 和 [⬇ 下载] 链接,供用户进行在线阅读和下载。全文浏览采用 PDF 浏览器,对于未安装浏览器的用户,要阅读学位论文全文,则要安装 PDF 浏览器。

第 5 章

特种文献检索

微课视频

学位论文

◆ **5.1.1 学位论文概述**

学位论文（dissertation）是指为获得某种学位而必须撰写的论文，有严格的格式要求。学位论文是学术论文的一种形式。学位论文根据所申请的学位不同，又可分为学士论文、硕士论文、博士论文三种，在通常情况下，学位论文只限于后两者。

按照研究方法的不同，学位论文可分为理论型、实验型、描述型三类。理论型论文运用的研究方法是理论证明、理论分析、数学推理，用这些研究方法获得科研成果；实验型论文运用实验方法进行实验研究，从而获得科研成果；描述型论文运用描述、比较、说明的方法，对新发现的事物或现象进行研究而获得科研成果。按照研究领域的不同，学位论文又可分为人文科学学术论文、自然科学学术论文与工程技术学术论文三大类，这三类论文的文本结构具有共性，而且均具有长期使用和参考的价值。

硕士论文和博士论文是有很高利用价值的科技文献，与其他类型文献相比，这两类学位论文具有选题新颖，理论性、系统性较强，阐述详细的特点，其参考文献多且全面，有助于对相关文献进行追踪检索，是了解国内外科技研究现状和发展趋势的重要信息资源。

纸质的学位论文一般不公开发行出版，而是保存在学位授予单位或由国家指定机构收藏，故全文的获取和交流传播比较困难。近年来，网络技术的发展和商业数据库的成熟，使得数字化学位论文可通过商业化途径购买和使用。目前，可检索国内学位论文的数据库主要有 CALIS 高校学位论文全文数据库，CNKI 的中国博士学位论文全文数据库、中国优秀硕士学位论文全文数据库和万方数据知识服务平台的中国学位论文全文数据库（CDDB）等。可检索国外学位论文的数据库有 PQDT（ProQuest Dissertations & Theses）博硕士论文文摘数据库、外文博硕士论文服务系统（FDTS）等。

◆ **5.1.2 学位论文数据库的特点与检索方法**

1. 国内学位论文数据库的特点与检索方法

1）CALIS 学位论文中心服务系统

（1）数据库特点。

CALIS（China Academic Library & Information System，中国高等教育文献保障系统）的学位论文中心服务系统如图 5.1 所示，收集了国内高校学位论文，以及高校从 2002 年开始联合采购的 PQDT 和 NDLTD 中的学位论文，涉及文、理、工、农、医等多个领域，是学术研究中十分重要的信息资源。该系统面向用户提供学位论文的检索与全文获取。截至 2018 年 9 月，该系统收录了中文学位论文 3 240 687 篇，外文学位论文 2 231 211 篇。其主要功能包括：①学位论文检索；②与图书馆购买的学位论文数据库无缝连接；③图书馆未购买的学位论文，可通过 CALIS 馆际互借与文献传递服务网获得全文。

（2）数据库检索方法。

该系统采用"e 读"搜索引擎（CALIS 自主研发的学术搜索引擎），检索方式便捷灵活。在首页提供检索框（见图 5.1），输入检索词点击检索后，出现检索结果页面，页面左侧有"限

图 5.1　CALIS 学位论文中心服务系统主页面

定显示范围"的条目,用户可对"检索纸本资源""检索电子资源""显示全国高校资源""显示本校资源"等选项进行勾选以限定显示范围。用户还可从出版年、语种、类型、学科、收录数据库、收录馆等多角度进行限定检索,精简检索结果。系统根据用户登录身份显示适合用户的检索结果,检索结果能够通过多种途径的分类和排序方式进行过滤、聚合与导引,并与其他类型资源相关联,方便读者快速定位所需信息(见图 5.2)。

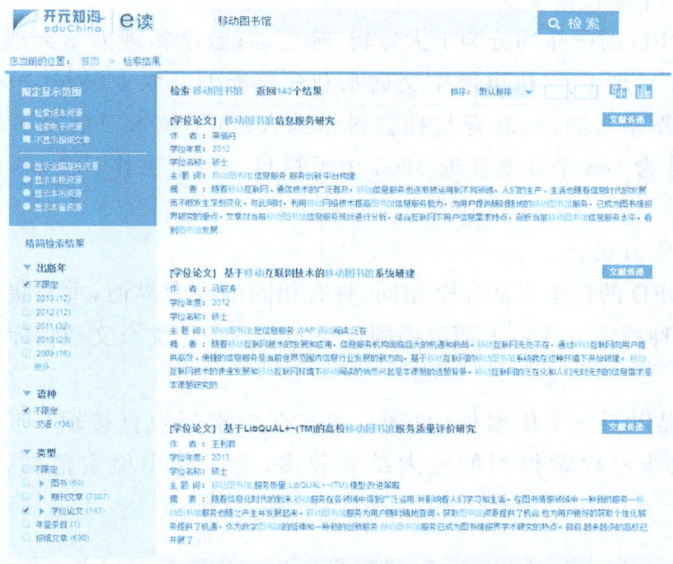

图 5.2　CALIS 学位论文中心服务系统检索结果页面

系统提供国内外大量学位论文的全文在线浏览或者前 16 页在线浏览服务,对于无法在线获取的全文,系统提供全文传递联合保障服务。点击检索结果页面的"文献传递"按钮,进入文献传递服务页面,选择用户所在的图书馆,系统自动将用户带入其所在图书馆的文献传递服务系统并可在该系统提交文献传递请求,帮助用户获取所需要的学位论文全文。系统开展学位论文文献传递服务,对提交申请并获得文献传递服务的用户会给予一定的补贴。

系统提供学位论文按学科浏览服务,增加了用户获取论文的途径。系统提供成员馆浏览服务,可以按省浏览提供学位论文数据和提供文献传递服务的成员馆。在成员馆浏览页面,显示成员馆是否支持统一认证服务或馆际互借服务。支持统一认证服务的成员馆用户可以单点登录系统,使用本系统的全部服务,支持馆际互借服务的成员馆支持基于本系统的文献传递服务。

系统提供用户个人空间定制服务,用户可以定制自己的收藏,也可以定制自己的文献传递请求,还可根据定制享受学位论文文献推送服务。此外,系统还提供用户咨询服务。

2)CNKI 中国博士学位论文全文数据库、中国优秀硕士学位论文全文数据库

(1)数据库特点。

中国优秀硕士学位论文全文数据库简称 CMFD,是中国内容最全、质量最高、出版周期最短、数据最规范、最实用的硕士学位论文全文数据库,内容覆盖基础科学、工程技术、农业、哲学、医学、人文、社会科学等各个领域。目前收录自 1984 年以来,来自 773 家培养单位的优秀硕士学位论文 4 315 511 篇,重点收录 985 大学、211 大学等重点高校,以及中国科学院、中国社会科学院等学术机构和研究中心的优秀硕士论文,重要特色学科如通信、军事学、中医药等专业的优秀硕士论文。

中国博士学位论文全文数据库简称 CDFD,是中国内容最全、质量最高、出版周期最短、数据最规范、最实用的博士学位论文全文数据库,内容覆盖基础科学、工程技术、农业、医学、哲学、人文、社会科学等各个领域。目前收录来自 490 余家培养单位的博士学位论文 40 余万篇,重点收录 985 大学、211 大学等重点高校,以及中国科学院、中国社会科学院等学术机构和研究中心的博士学位论文。

CMFD 和 CDFD 的产品均分为十大专辑:理工 A(数学物理力学天地生)、理工 B(化学化工冶金环境矿业)、理工 C(机电航空交通水利建筑能源)、农业科技、医药卫生科技、哲学与人文科学、政治军事与法律、教育与社会科学综合、电子技术及信息科学、经济与管理科学。十大专辑下分为 168 个专题和近 3600 个子栏目。每个工作日更新,每月 10 日出版镜像版和光盘版。

(2)数据库检索方法。

CMFD 和 CDFD 的检索方法完全相同,具有相同的检索界面,主要提供快速检索、标准检索、专业检索三种检索方式。下面以中国优秀硕士学位论文全文数据库为例进行介绍。

①快速检索。

快速检索只提供了一个检索框(见图 5.3),在检索框中直接输入检索词,单击"快速检索"即可。一般快速检索得到的检索结果较多,为了缩小检索范围,还可以进行二次检索。

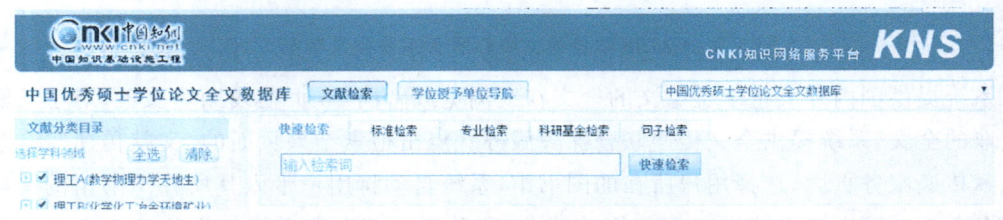

图 5.3　中国优秀硕士学位论文全文数据库——快速检索

②标准检索。

标准检索包括两个部分:检索控制条件和内容检索条件。检索控制条件包括更新时间、学位单位、学位年度、支持基金、作者单位、作者、匹配方式等。内容检索条件包括主题、题名、关键词、摘要、目录、全文参考文献、中图分类号、学科专业名称,并可运用布尔逻辑运算符实现各个字段之间的组配检索(见图 5.4)。

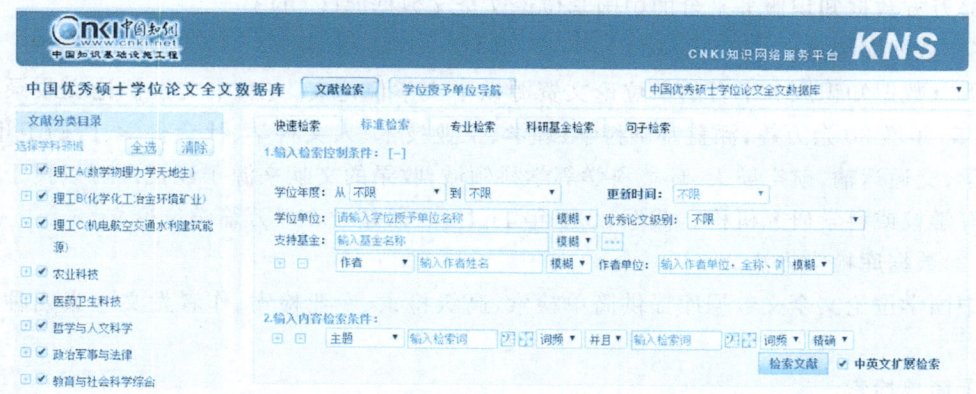

图 5.4　中国优秀硕士学位论文全文数据库——标准检索

③专业检索。

专业检索(见图 5.5)支持布尔逻辑检索、截词检索、字段检索、位置检索等检索技术,用户需自行建立检索表达式进行检索。可检索字段包括 SU(主题)、TI(题名)、KY(关键词)、CO(目录)、AB(摘要)、FT(全文)、AU(作者)、TU(导师)、AF(作者单位或导师单位)、DF(学位授予单位)、RF(参考文献)、PT(发表时间)、YE(学位年度)、FU(基金)、CLC(中图分类号)、CF(被引频次)。

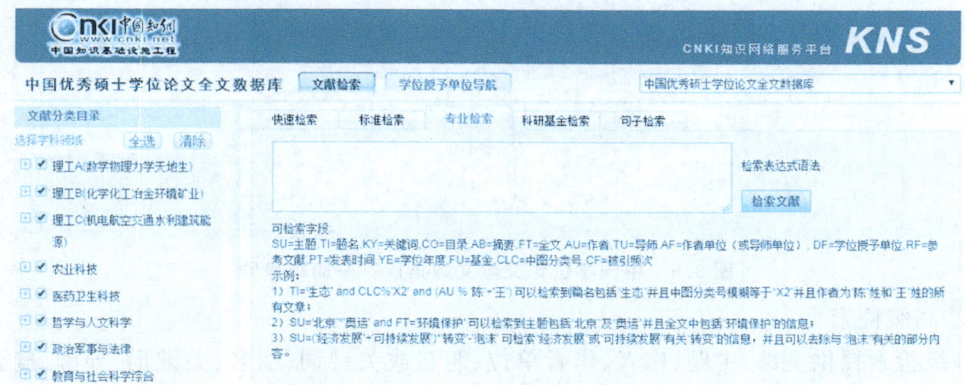

图 5.5　中国优秀硕士学位论文全文数据库——专业检索

示例:

➤检索式:TI='生态' and CLC%'X2' and(AU%'陈'+'王'),可以检索到篇名包括"生态",中图分类号模糊等于"X2"并且作者为"陈"姓和"王"姓的所有文章。

➤检索式:SU='北京'*'奥运' and FT='环境保护',可以检索到主题包括"北京"及"奥运"并且全文中包括"环境保护"的信息。

➤检索式:SU=('经济发展'+'可持续发展')*'转变'-'泡沫',可检索"经济发展"或"可持续发展"有关"转变"的信息,并且可以去除与"泡沫"有关的内容。

检索结果可以根据文献分组排序方式进行排序,包括文献分组浏览(学科类别、学位授予单位、研究资助基金、导师、学科专业、研究层次、中文关键词、学位年度和不分组)和文献排序浏览(发表时间、相关度、被引频次、下载频次和学位授予年度)。

3)万方数据知识服务平台的中国学位论文全文数据库(CDDB)

(1)数据库特点。

万方数据知识服务平台的学位论文资源以中文学位论文为主,中文学位论文收录始于 1980 年,年增 30 余万篇,涵盖基础科学、理学、工业技术、人文科学、社会科学、医药卫生、农业科学、交通运输、航空航天、环境科学等学科领域,收录的文献来源于经批准可以授予学位的高等学校或科学研究机构。截至 2020 年 11 月,收录超过 655 万篇学位论文。

(2)数据库检索方法。

中国学位论文全文数据库提供简单检索、高级检索、专业检索、作者发文检索四种检索方式。

①简单检索。

简单检索只提供了一个检索框,在检索框中直接输入检索词,单击"检索"即可。一般简单检索得到的检索结果较多,为了缩小检索范围,还可以进行二次检索,如图 5.6 所示。

图 5.6   中国学位论文全文数据库——简单检索

②高级检索。

高级检索提供全部、主题、作者、作者单位、题名或关键词、题名、关键词、导师、摘要、专业、学位、学位授予单位、中图分类号、DOI 这 14 个检索条件,如图 5.7 所示。

图 5.7   中国学位论文全文数据库——高级检索

2. 国外学位论文数据库的特点与检索方法

1）PQDT 全球版博硕士论文全文数据库

（1）数据库特点。

ProQuest 是美国国会图书馆指定的收藏全美国博硕士论文的机构，PQDT 全球版博硕士论文全文数据库（PQDT Global Full Text）是目前世界上规模最大、使用最广泛的博硕士论文数据库。截至 2020 年 11 月，PQDT 收录了 1743 年至今全球 3000 余所高校、科研机构的逾 448 万篇博硕士论文信息，其中博硕士学位论文全文文献逾 218 万篇；涵盖了从 1861 年获得通过的全世界第一篇博士论文（美国），到本年度本学期获得通过的博硕士论文信息；内容覆盖科学、工程学、经济与管理科学、健康与医学、历史学、人文及社会科学等各个领域。该数据库每周更新，年增论文逾 13 万篇。

（2）数据库检索方法。

PQDT 提供基本检索、高级检索和出版物检索三种检索方式，输入的检索词必须是英文字符。

①基本检索。

对于一般性的题目或是关键字检索来说，只需在 PQDT 主页的文本框中输入检索内容，再单击检索按钮即可，如图 5.8 所示。

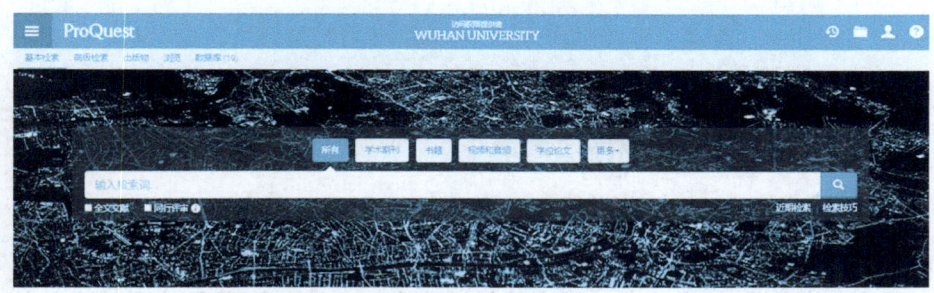

图 5.8　PQDT 全球版博硕士论文全文数据库——基本检索

②高级检索。

在高级检索界面（见图 5.9），主要有限定条件、出版日期、出版物类型、文档类型、语言等选项。可以直接在检索框中输入检索词，并在文本框右侧的下拉菜单中进行选择，使检索集中在摘要、作者和出版物名称等相关部分；还可根据需要选择"AND""OR""NOT"逻辑关系。可以单击"添加一行"，增加更多的检索项。输入检索词后，直接点击"检索"即可。还可以对出版日期、出版物类型、文档类型和语言进行限定，以达到精确检索的目的，下拉检索结果页面选项可选择"按下列顺序排列检索结果""每页显示条目数"等内容。

③出版物检索。

在出版物检索界面（见图 5.10），主要有出版物类型、出版物主题、语言、出版商和数据库等选项。可以直接在检索框中输入检索词，并在文本框右侧的下拉菜单中进行选择，使检索集中在标题、主题、出版物摘要等相关部分。输入检索词后，直接点击"检索"即可。还可以对出版物类型、出版物主题、出版物语言、出版商和数据库进行限定。

PQDT 全球博硕士论文数据库还提供浏览功能，支持根据主题浏览和按地点浏览两种游览方式，它们都按字母顺序进行排序。单击"根据主题浏览"选项，点"＋"可以展开各主

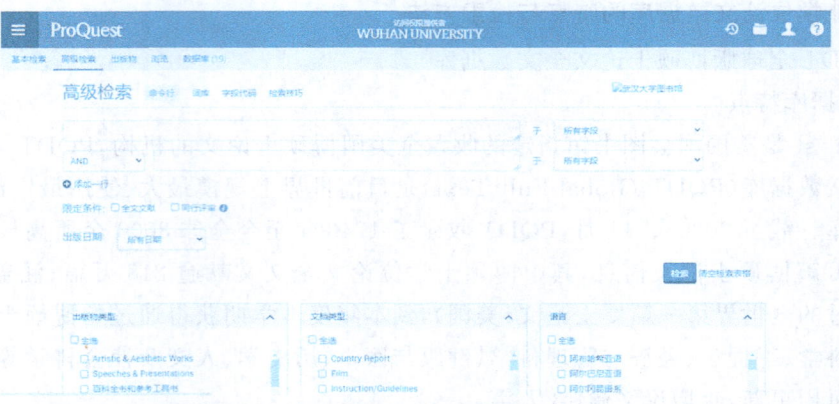

图 5.9　PQDT 全球版博硕士论文全文数据库——高级检索

图 5.10　PQDT 全球版博硕士论文全文数据库——出版物检索

题,选择某一主题,点击"检索"即可看该主题的检索结果;单击"按地点浏览"选项,点"＋"可以展开各国家包含的学校,选择某一国家的某一学校,点击"检索"即可查看该学校的论文出版情况。具体情况如图 5.11 和图 5.12 所示。

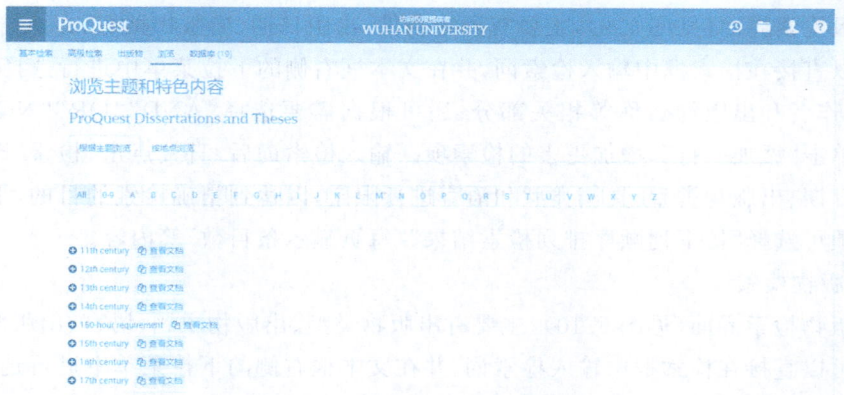

图 5.11　PQDT 全球版博硕士论文全文数据库——根据主题浏览

　　此外,还可以先选择数据库,然后进行检索。在选择数据库页面选择要检索的数据库,点击"使用选定的数据库"跳转到检索表格。选择数据库时可以选择"粗略查看"或"详细查看",也可以选择"按名称查看"或"按主题查看",具体如图 5.13 所示。

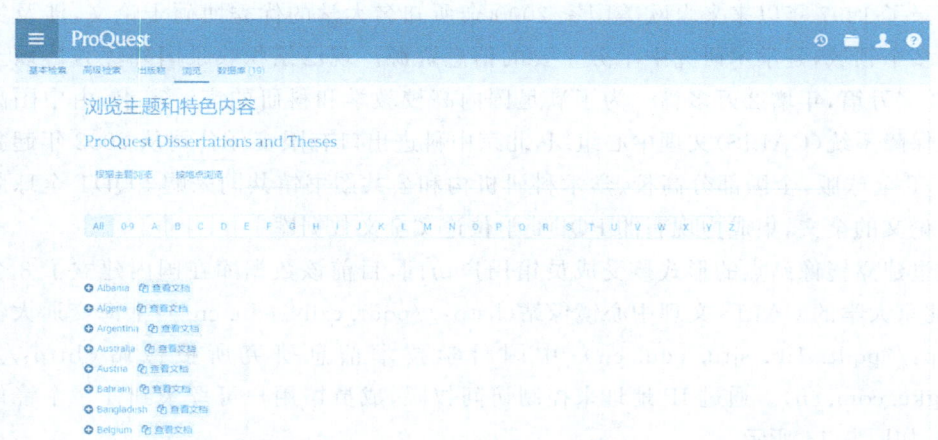

图 5.12　PQDT 全球版博硕士论文全文数据库——按地点浏览

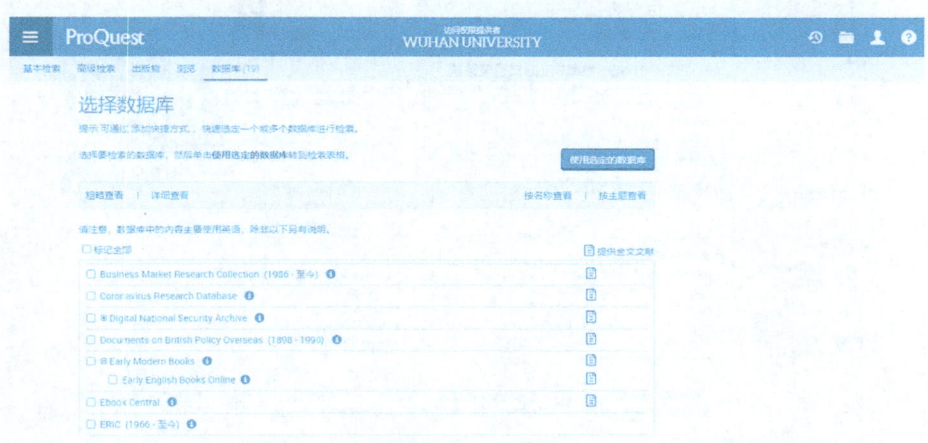

图 5.13　PQDT 全球版博硕士论文全文数据库——选择数据库

　　无论是基本检索还是高级检索，检索结果的显示页面都是相同的。页面直接显示检中论文的题录信息的列表，包括题名、出版年份和地点等信息，每篇文章下方有"摘要/索引""全文文献""显示更多/显示摘要""引文/摘要""全文文献"等按钮，成功订购论文则提供PDF 格式文件的全文预览。在所需文章下面点击"摘要/索引"按钮，会看到该文章的摘要、主题、地点、公司/组织、标题、作者、出版物名称、出版年份、出版日期、出版商、出版地、出版物国家/地区、出版物主题、来源类型、出版物语言、文档类型、DOI、文档 URL、版权、ProQuest 文档 ID 等信息。

　　在论文列表页面可以设置论文排序的方式，可以按相关性、先远后近、先近后远的规则进行排序。同时用户可在基本检索得到的结果中进行二次检索，以进一步缩小检索范围，或者开始一个新的检索，以提高信息查准率。如果需要一次下载多篇论文，可点击论文左上方文件夹图标前的小方框，然后点击页面上方的"引用""电子邮件""保存到'我的检索'"，"所有保存选项"按钮，可集中显示、下载、传递所需要的论文。

　　2)PQDT 学位论文全文数据库

　　(1)数据库特点。

　　PQDT 学位论文全文数据库是目前国内唯一提供全球高质量学位论文全文的数据库，

主要收录了 1997 年以来来自欧美国家 2000 余所知名大学的优秀博硕士论文,涉及文理工农医等多个领域,是学术研究中十分重要的信息资源。现已累积收录国外优秀博硕士论文全文 40 多万篇,年增 2 万多篇。为了满足国内高校教学和科研的广泛需求,由中国高等教育文献保障系统(CALIS)文理中心组织,北京中科进出口有限责任公司从 2002 年起独家代理 PQDT 全球版,全国部分高校、学术科研机构和公共图书馆共同采购 PQDT 全球版中部分学位论文的全文,集成为现有的 PQDT 学位论文全文数据库。

通过建立镜像站点的形式接受成员馆用户访问,目前该数据库在国内建立了 3 个镜像站点:北京大学的 CALIS 文理中心镜像站(http://pqdt.calis.edu.cn/);上海交通大学镜像站(http://pqdt.1ib.sjtu.edu.cn);中国科学技术信息研究所镜像站(http://pqdt.bjzhongke.com.cn)。通过 IP 地址来控制访问权限,成员馆用户可登录到任一个镜像站进行访问,如图 5.14 所示。

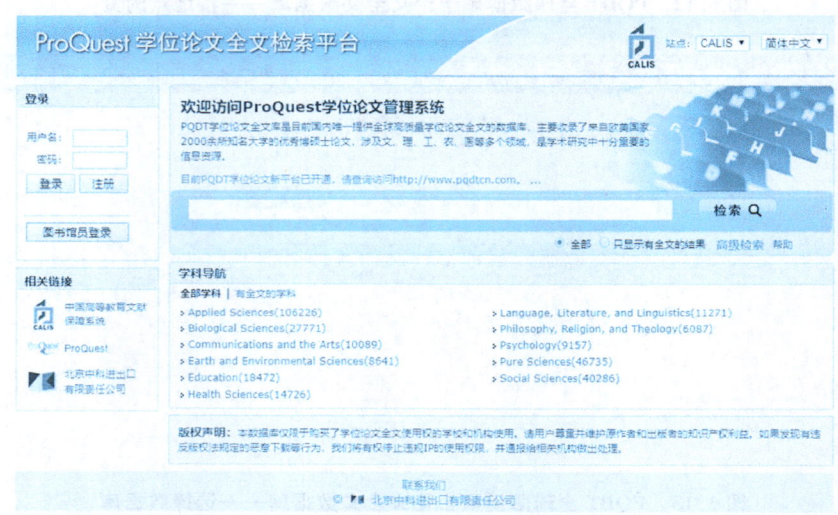

图 5.14　PQDT 学位论文全文数据库

(2)数据库检索方法。

PQDT 学位论文全文数据库通过学位论文检索平台进行检索,提供基本检索和高级检索两种检索方式,输入的检索词必须是英文字符。

①基本检索。

基本检索界面提供 4 个检索选项:"精确检索""仅博士论文""可荐购论文""机构有全文"。除此之外,还可查看近期检索热门词,如图 5.15 所示。

②高级检索。

在高级检索界面进行检索时,可以在文本框里输入检索表达式或利用组合输入框输入,并在文本框右侧的下拉菜单中进行选择,使检索集中在标题、摘要、作者、导师、学校/机构、学科等相关部分;还可根据需要选择"AND"和"OR"逻辑关系。可以单击"添加行",增加更多的检索项。输入检索词后,直接点击"检索"即可。还可以在检索选项中选定更多限定条件,以达到精确检索的目的,检索选项包括所有字段、作者、导师、大学/机构、学科、稿件类型、论文全文。下拉检索结果页面选项可选择"按下列顺序排列检索结果""每页显示条目数"等内容。具体如图 5.16 所示。

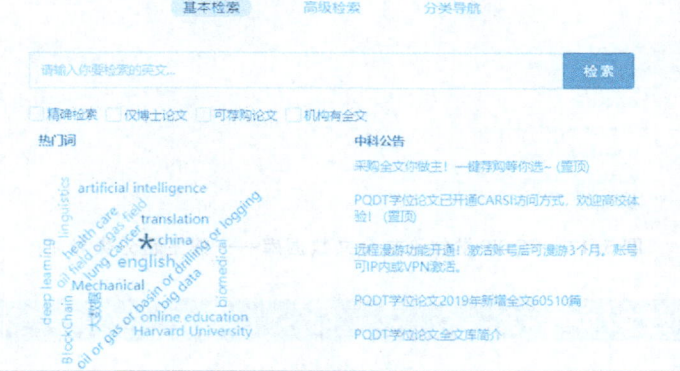

图 5.15 PQDT 学位论文全文数据库——基本检索

图 5.16 PQDT 学位论文全文数据库——高级检索

PQDT 学位论文全文数据库还提供分类导航,支持按主题分类和按学校分类进行检索,它们都以字母顺序进行排序。单击"按主题分类"选项,点"＋"可以展开各主题及其包含的学科,选择某一学科,点击检索即可查看该学科的检索结果;单击"按学校分类"选项,点"＋"可以展开各学校包含的学科领域,选择某一类学科领域,点击检索即可查看该学校这一学科领域的论文出版情况。具体情况如图 5.17、图 5.18 所示。

在基本检索页面和高级检索页面递交检索式后,或在分类导航页面点击小类名称后,检索结果显示的页面是相同的。页面显示检索到的论文列表,每篇论文都会显示题名、作者、学位、论文出版号和年份等题录信息,每篇论文的下方有"查看详情""查看 PDF""收藏""引文导出""引文格式""电子邮件""摘要"等按钮。点击题名后,页面显示该论文的学科、标题、作者、页数、出版日期、学校代码、大学/机构、出版地、出版国家/地区、导师、学位、语言、ProQuest 文档 ID、文档 URL 等索引信息和摘要。在论文列表的左边可根据相关性、发表年度、全文上传时间对检索结果进行排序,还可以利用全文文献、发表年度、学科、学校/机构、语言等选项对检索结果进行二次检索。

图 5.17   PQDT 学位论文全文数据库——按主题分类导航

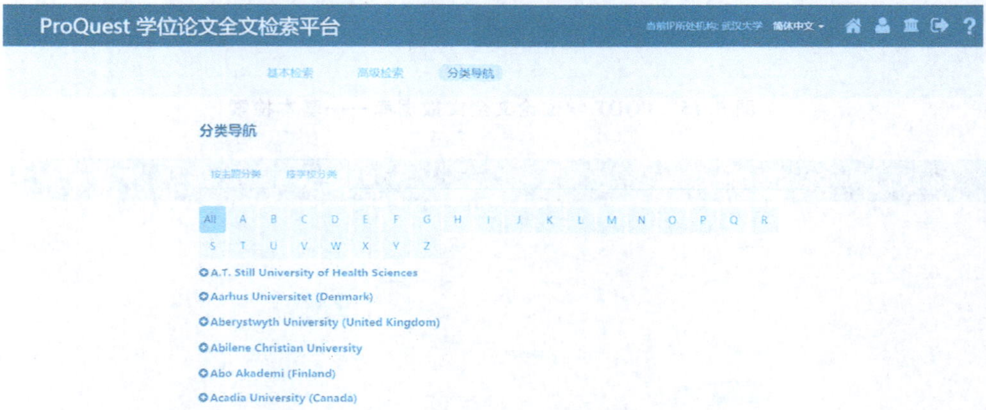

图 5.18   PQDT 学位论文全文数据库——按学校分类导航

3)外文博硕士论文服务系统(FDTS)

(1)数据库特点。

外文博硕士论文服务系统(FDTS)是重庆聚合科技有限公司依托多年积累,继 2007 年推出外文期刊整合服务系统(FMIF)之后,于 2009 年 5 月推出的服务系统。FDTS 是中文化的外文博硕士论文服务系统,收录了欧美国家一流高校 2000 年以来的 27 万余篇博、硕士学位论文,全面覆盖我国教育部颁布的 12 个学科门类,收录学科包括社会科学、理学、工学、农学、医学等学科,学术价值高,实践性强。该数据库年新增 3 万余篇论文,网站每周更新。另外,FDTS 提供开放接口和数据定制加工服务,可追加用户单位自有外文资源于系统中,实现自有资源的整合利用。

FDTS 的检索系统采用中文检索界面,提供双语检索,可输入中文词进行检索,大大降低外刊的利用难度,有效帮助检索者获取和理解论文内容。

(2)数据库检索方法。

FDTS 检索系统提供快速检索、学科导航、学校导航和高级检索等多种检索方式。

①快速检索。

提供题名、作者、导师、学校、文摘、中文题名、中文文摘、任意字段等检索入口,可进行简单检索,如图 5.19 所示。

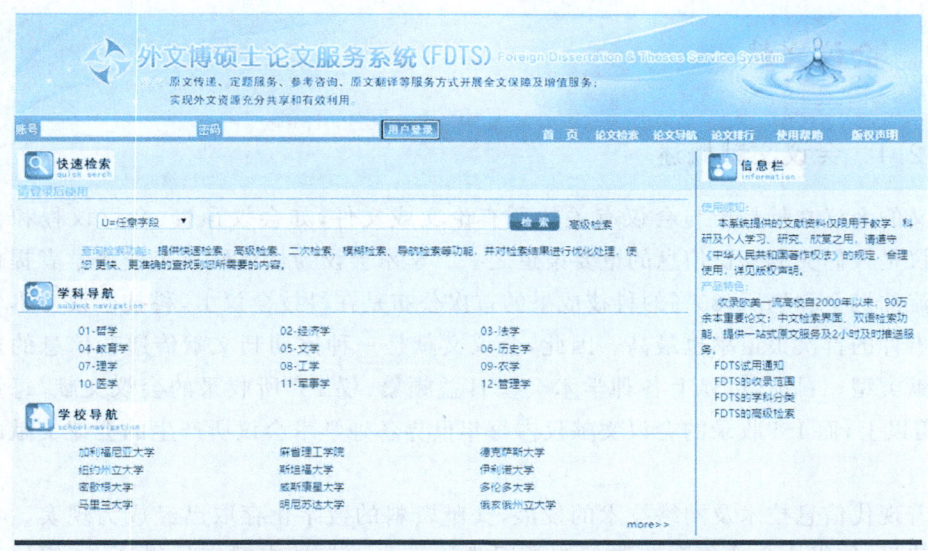

图 5.19　外文博硕士论文服务系统——快速检索

②高级检索。

　　高级检索是一种多条件组合检索的方式,可输入多种检索条件及采用多种限制条件以提高查准率。FDTS 高级检索提供题名、作者、导师、学校、文摘、中文题名、中文文摘、任意字段等检索入口,并可实现逻辑运算(并且、或者、不包含)。高级检索提供多种限制条件,包括:(a)年代限制,可由用户指定起止年代,默认为 2000 年至今;(b)学科限制,可对学科范围进行限制,可以多选,采用教育部颁布的 12 个学科门类。高级检索的优先顺序严格按照由上到下的顺序进行,如图 5.20 所示。

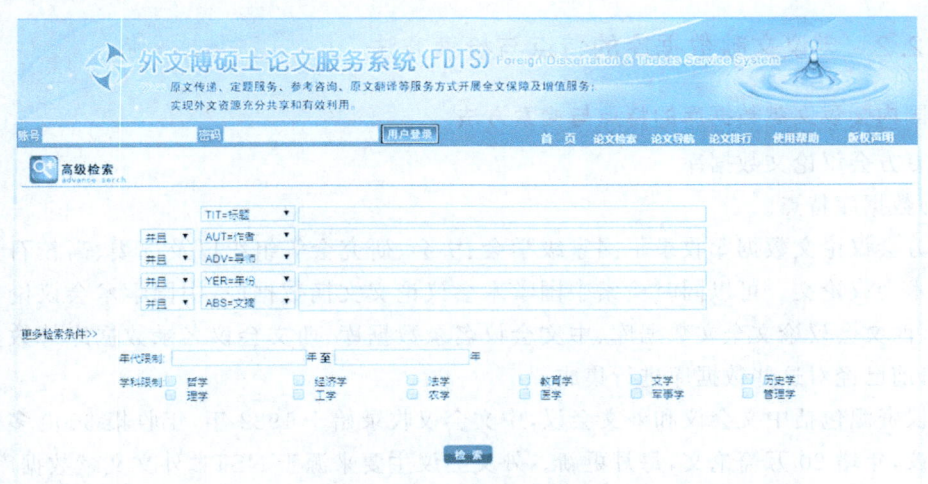

图 5.20　外文博硕士论文服务系统——高级检索

　　此外,还可以在快速检索界面,直接根据学科导航和学校导航的提示,选择相应的学科或学校进行浏览检索。

5.2 会议文献

5.2.1 会议文献概述

广义的会议文献是指与会议有关的所有论文或文件,如会议预告、会议议程和会议录等。会议是人们交流知识信息的重要渠道之一。学术会议为从事研究工作的学者提供了接触和交流的机会和场所,30%的科技成果的首次公布是在科技会议上,科技会议对本学科领域重大事件的首次报道率也最高。因此,会议文献是一种比期刊文献传递新信息的速度更快的文献类型。目前,世界上各种学术会议日益频繁,仅 ISI 所收录的会议文献,每年就有3.8万篇以上,而 ISI 收录的会议文献仅占每年世界各地学术会议所产生的会议文献的一小部分。

随着现代信息技术及网络技术的发展,文献资料的数字化存取已经成为现实。各种数据库的建设,使得原来搜集和获取都非常困难的一些文献越来越容易得到了,例如学位论文、专利文献、期刊论文等。但是,同样是重要信息来源的会议文献,目前仍然是较难获取的文献类型之一。

会议文献的出版形式有很多,常见的有图书、期刊、科技报告、在线会议等,既有正式出版物,也有各种非正式出版物,可以说涵盖了白色文献、灰色文献和黑色文献这些不同的文献类型。会议文献的表达形式也比较多样化,给揭示、检索都带来了一定的困难。因此在各类文献中,会议文献是比较难以搜集和检索的文献,其特点可以用"好用不好找"这样一句话来概括。会议文献发行分散,形式多样,目前还没有一种数据库或检索工具能检索到比较全面的会议文献,而会议文献的全文更是分散在不同的数据库中。

5.2.2 会议文献数据库的特点与检索方法

1.国内会议文献数据库的特点与检索方法

1)万方会议论文数据库

(1)数据库特点。

万方会议论文数据库收录了国家级学会、协会、研究会等组织以及部委、高校召开的全国性学术会议论文。可以同时检索中国学术会议论文文摘数据库、中国学术会议论文全文数据库、西文会议论文全文数据库、中文会议名录数据库、西文会议名录数据库等数据库的数据,目前已经对这些数据库进行集成。

会议资源包括中文会议和外文会议,中文会议收录始于 1982 年,年收集 3000 多个重要学术会议,年增 20 万篇论文,每月更新。外文会议主要来源于 NSTL 外文文献数据库,收录了 1985 年以来世界主要学协会、出版机构出版的学术会议论文,共计 766 万篇全文(部分文献有少量回溯)。

(2)数据库检索方法。

万方会议论文数据库主要提供了基本检索、高级检索和专业检索三种检索方式。

①基本检索。

万方会议论文数据库的基本检索页面提供了一个检索框,用户可直接在检索框中输入检索词,点击"搜会议"即可,如图 5.21 所示。

图 5.21　万方会议论文数据库——基本检索

②高级检索。

高级检索是一种多条件组合检索的方式,通过对检索字段进行组配来提高查准率。万方会议论文数据库高级检索(见图 5.22)主要提供主题、第一作者、作者单位、关键词、摘要、会议名称、会议主办单位等检索字段,还可以通过下方的"发表时间"对会议时间进行限定。

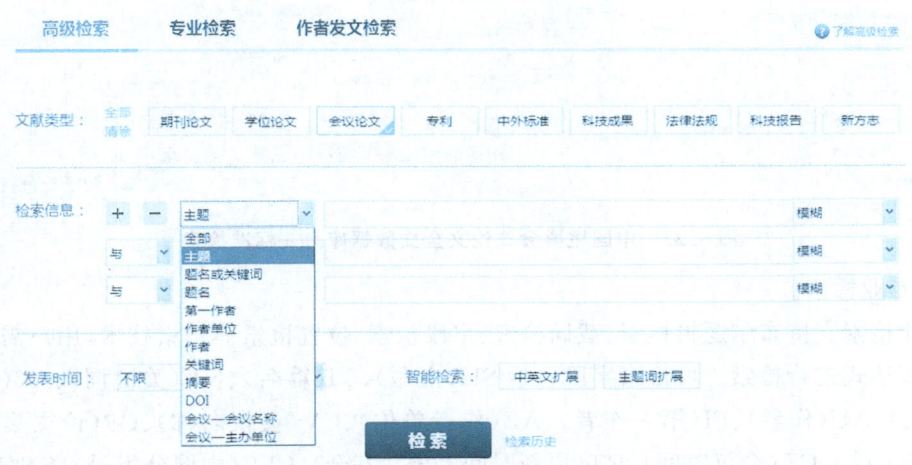

图 5.22　万方会议论文数据库——高级检索

2)CNKI 中国重要会议论文全文数据库

(1)数据库特点。

中国重要会议论文全文数据库(China Proceedings of Conference Full-text Database,简称 CPCD)收录了中国重要会议主办单位或论文汇编单位书面授权,并推荐到"中国知网"进行数字出版的会议论文,是中国学术期刊(光盘版)电子杂志社有限公司编辑出版的国家级连续电子出版物。截至 2020 年 11 月,已收录出版 20 011 次国内重要会议投稿的论文,累积文献总量 2 520 949 篇。重点收录 1999 年以来,中国科协、社科联系统及省级以上的学会、协会、高校、科研机构、政府机关等举办的重要会议上发表的文献。其中,全国性会议文献超过总量的 80%,部分连续召开的重要会议论文回溯至 1953 年。产品分为十大专辑:理工 A(数学物理力学天地生)、理工 B(化学化工冶金环境矿业)、理工 C(机电航空交通水利建筑能源)、农业科技、医药卫生科技、哲学与人文科学、政治军事与法律、教育与社会科学综合、电子技术及信息科学、经济与管理科学。十个专辑下分为168个专题。

(2)数据库检索方法。

①快速检索。

快速检索只提供了一个检索框,在检索框中直接输入检索词,单击"快速检索"即可。一般快速检索得到的检索结果较多,为了缩小检索范围,还可以进行二次检索。

②标准检索。

标准检索包括两个部分:检索控制条件和内容检索条件(见图5.23)。检索控制条件包括会议时间、会议名称、会议级别、支持基金、报告级别、论文集类型、更新时间、匹配方式等。内容检索条件可以根据需要增加,包括主题、篇名、关键词、摘要、全文、论文集名称、参考文献、中图分类号,并可运用布尔逻辑运算符实现各个字段之间的组配检索。

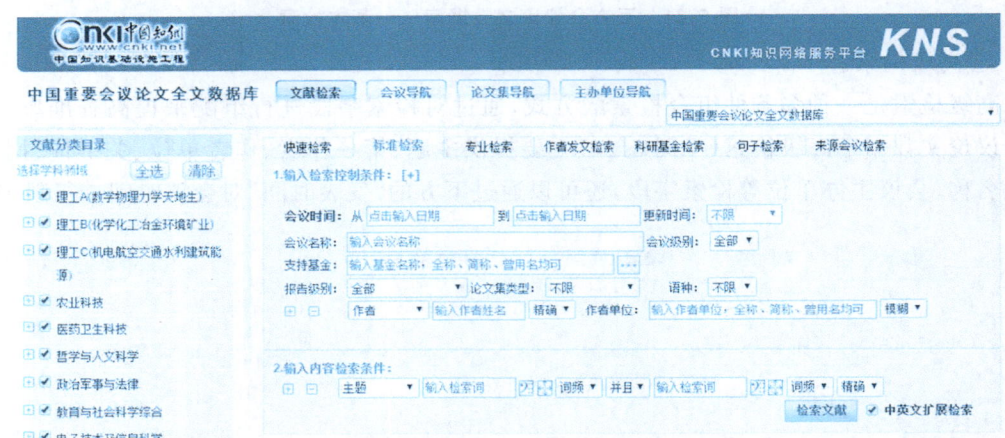

图5.23　中国重要会议论文全文数据库——标准检索

③专业检索。

专业检索支持布尔逻辑检索、截词检索、字段检索、位置检索等检索技术,用户需自行建立检索表达式进行检索。可检索字段包括SU(主题)、TI(篇名)、KY(关键词)、AB(摘要)、FT(全文)、AU(作者)、FI(第一作者)、AF(作者单位)、CV(会议名称)、CP(论文集名称)、RF(参考文献)、CT(会议时间)、RT(更新时间)、FU(基金)、CLC(中图分类号)、SN(ISSN)、CN(统一刊号)、IB(ISBN)、CF(被引频次)。

示例:

➤TI='生态' and KY='生态文明' and(AU % '陈'+'王'),可以检索到篇名包括"生态",关键词包括"生态文明"并且作者为"陈"姓和"王"姓的所有文章。

➤SU='北京'*'奥运' and FT='环境保护',可以检索到主题包括"北京"及"奥运"并且全文中包括"环境保护"的信息。

➤SU=('经济发展'+'可持续发展')*'转变'—'泡沫',可检索"经济发展"或"可持续发展"有关"转变"的信息,并且可以去除与"泡沫"有关的内容。

CNKI中国重要会议论文全文数据库可通过CNKI主页访问,其使用方法和CNKI中文期刊全文数据库、CNKI中国博士学位论文全文数据库、中国优秀硕士学位论文全文数据库基本相同。

3)国家科技图书文献中心(NSTL)中文会议论文数据库

(1)数据库特点。

NSTL 中文会议论文数据库主要收录了 1985 年以来我国国家级学会、协会、研究会及各省、部委等组织召开的全国性学术会议的论文。数据库的收藏重点为自然科学各专业领域,每年涉及 600 余个重要的学术会议,年增加论文 4 万余篇,每季或每月更新。

(2)数据库检索方法。

①快速检索。

快速检索只提供了一个检索框,在检索框中直接输入检索词,单击"快速检索"即可。一般快速检索得到的检索结果较多,为了缩小检索范围,还可以进行二次检索。

②标准检索。

标准检索包括两个部分:检索控制条件和设置查询条件(见图 5.24)。检索控制条件包括全部字段、题名、作者、关键词、会议名称、会议时间、ISBN、文摘。用户根据需要选择检索字段,输入检索词,各检索词之间可使用布尔逻辑运算符 AND、OR、NOT 进行组配。可设置的查询条件包括馆藏范围、查询范围、时间范围等,推荐使用默认条件。

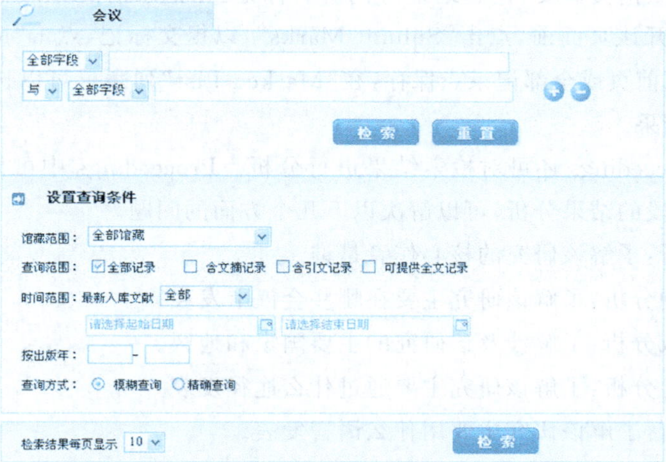

图 5.24　NSTL 中文会议论文数据库——标准检索

2. 国外会议文献数据库的特点与检索方法

1)ISI Proceedings

(1)数据库特点。

美国科学信息研究所(ISI)基于 Web of Science 的检索平台(http://isiknowledge.com),将 Index to Scientific & Technical Proceedings(ISTP,科学技术会议录索引)和 Index to Social Sciences & Humanities Proceedings(ISSHP,社会科学及人文科学会议录索引)集成为 Web of Science Proceedings,并于 2001 年改名为 ISI Proceedings。

ISI Proceedings 由美国科学信息研究所(Institute for Scientific Information,简称 ISI)编辑出版,汇集了世界上最新出版的科技领域会议录资料,包括专著、丛书、预印本以及来源于期刊的会议论文,内容涉及农业、环境科学、生物化学与分子生物学、生物技术、医学、工程、计算机科学、化学和物理学等。每天更新的 ISI Proceedings 通过网络提供会议论文的书目信息和作者摘要,其内容收集自著名国际会议、座谈会、研讨会、讲习班和学术大会上发表的会议论文。收录了 1990 年以来 60 000 多个会议的 350 多万篇科技会议论文。每年增加近 260 000 条记录,其中 66% 来源于以专著形式发表的会议录文献,34% 来源于发表在期刊上的会议录文献,数据每周更新。

（2）数据库检索方法。

ISI Proceedings 的访问均通过国际专线,采用 IP 控制访问权限,限制用户并发登录。可通过引进该数据库的单位的检索界面直接登录,也可使用账户密码登录 ISI Web of Science 平台后,选择"ISI Proceedings"来进入检索界面。

ISI Proceedings 的检索方式分为简单检索和完全检索（包括常规检索和高级检索）。简单检索可以从特定的 Topic、Person 和 Place 进行检索;常规检索可从 Topic、Author、Source title、Conference 和 Address 等途径检索会议文献。检索时能够对文献的语种、类型和年代进行限定。高级检索可用 And、Or、Not 和 Same 连接检索字段,构造检索式,还可利用检索式进行复合检索。

ISI Proceedings 可对检索结果进行浏览、标记和保存。浏览:点击结果记录页面的超链接可浏览会议信息、论文摘要、作者地址等内容。标记:在记录前的方框里打"√"可对该文献做标记,切记离开该页面前,点击"Submit Marks",以提交标记,点击"Mark Page""Mark All"按钮可选中当前页或全部记录。保存:在"Marked List"列表里可以选择"打印""存盘"或用 email 传送结果。

此外,ISI Proceedings 还可对检索结果进行分析。Proceedings 中可供分析的字段有 8个,通过这 8 个字段的结果分析,可以解决以下几个方面的问题。

①按作者分析:了解该研究的核心作者是谁。

②按会议标题分析:了解该研究主要在哪些会议上发表。

③按国家区域分析:了解涉及该研究的主要国家和地区。

④按文献类型分析:了解该研究主要通过什么途径发表。

⑤按语种分析:了解该研究主要用什么语言发表。

⑥按来源文献分析:了解该研究主要涉及哪些出版物。

⑦按文献出版年分析:了解该研究的趋势。

⑧按主题分类分析:了解该研究涉及的研究领域。

2）SPE OnePetro 数据库

（1）数据库特点。

美国石油工程师协会（Society of Petroleum Engineers,SPE）创立于 1961 年,是一个拥有众多在世界各地进行油藏开发与生产的会员的专业协会,它每年召开的各种专题会议、年会等是石油天然气研究、开发领域最重要的学术活动之一。SPE 每年举办一届国际性专业年会和秋季年会,每年发表论文超过 2000 篇。

SPE 数据库包括所有原 SPE elibrary 的文献,可回溯到 1972 年,收录了 1.2 万多篇 SPE 会议论文和 14 种 SPE 期刊,用户可以检索、浏览和下载全文。该数据库的论文反映了世界石油专业的先进水平和动态,内容涉及石油专业各个方面,对石油专业人员有较大的参考价值。

SPE 数据库将每年发表的论文进行统一编号,即 SPE Paper 号。按每次会议的论文数自然顺序编号,并在每次会议和每年的会议之间预留少数空号,以便论文在 SPE 系列期刊或会议论文集正式出版后再给该论文编号。SPE elibrary 在 Internet 上可以免费查询和阅读,下载全文需要付费。

为了使全球更多的石油、地质类电子信息资源能被方便地使用,美国石油工程师协会从 2009 年 4 月起对其电子信息资源做了较大的扩充,扩充后的 SPE 电子信息资源称为 SPE OnePetro 数据库。OnePetro 数据库新增了美国石油学会(API)、美国岩石力学协会(ARMA)、美国安全工程师协会(ASSE)、近海技术会议(OTC)、美国岩石物理学与测井分析家协会(SPWLA)、地下水技术协会(SUT)以及世界石油大会(WPC)等 11 个石油石化专业学会的会议论文。会议论文统一在一个检索平台上,可实现多个数据库跨库检索,并可下载文献全文。

可直接登录 http://www.onepetro.org 进入 OnePetro 数据库,也可通过引进该数据库的单位的检索界面进入该数据库。

(2)数据库检索方法。

OnePetro 提供基本检索(Search)和高级检索(Advanced Search)两种检索方式。

基本检索只提供了一个检索框,在检索框中直接输入检索词,单击"Search"即可,如图 5.25 所示。

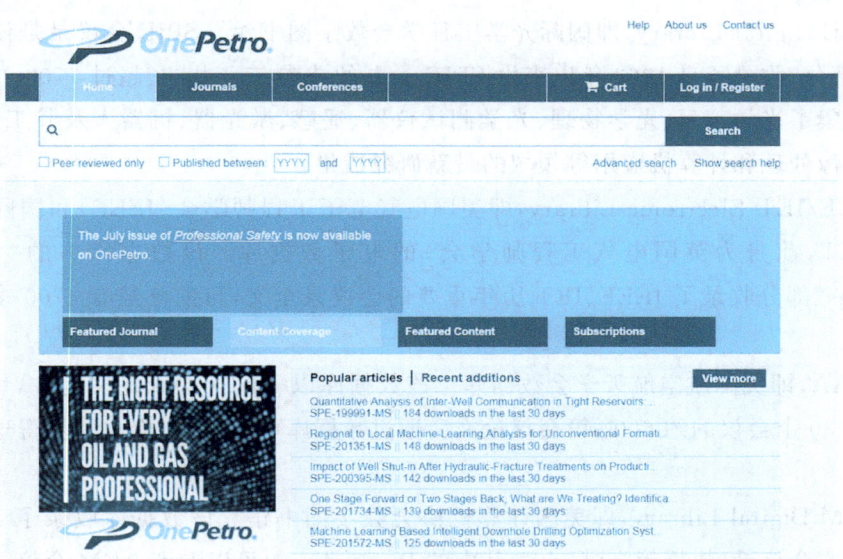

图 5.25　OnePetro——基本检索

高级检索(见图 5.26)可供检索的字段包括全文(Full text)、作者(Author)、公司/机构(Company/Institution)、出版者(Publisher)、刊物(Journal)、会议名称(Conference)等,支持逻辑运算符"AND""OR""NOT"的使用。系统默认的检索方式为模糊检索,需在输入的检索词或短语前后加引号(英文状态)才能进行精确检索。

我们可以看到会议文献信息资源检索常用的检索方式主要有基本检索、高级检索、逻辑检索。这三种检索方式跟上述详细介绍的会议论文数据库的检索方法基本相同,因此,接下

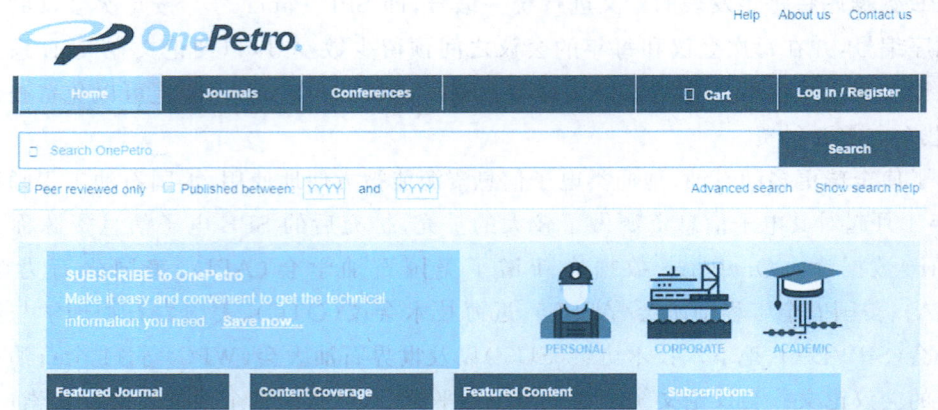

图 5.26　OnePetro——高级检索

来主要介绍包含会议文献的数据库。

①CPI：美国会议论文索引数据库，即《会议论文索引》(CPI)的网络检索平台。CPI 数据库收录 1982 年以来的世界范围内会议和会议文献的信息，该数据库一般收录的是会前文献，即会议进行之前预先印发给与会代表的论文、论文摘要或论文目录，而不是会后出版的会议录。所记录的会议文献信息不一定有最终的论文文本，只提供论文的题录信息，没有文摘。每两月更新一次。

②SPIE Digital Library，即国际光学工程学会数字图书馆。SPIE 会议录是该数据库中最主要的部分，收录了自 1963 年以来由 SPIE 主办的或参与主办的、超过 7700 卷的会议论文全文，汇集了光学工程、光学物理、光学测试仪器、遥感、激光器、机器人及其工业应用、光电子学、图像处理和计算机应用等领域的最新研究成果。

③IEEE/IET Electronic Library，即美国电气电子工程师学会（IEEE）和国际工程和技术学会（IET，前身为英国电气工程师学会）的电子数据库。该数据库中的"Conference Proceedings"部分收录了 IEEE、IET 历年重要的会议录全文，目前已经有 4700 多个会议的会议录。

④AIAA，即美国航空航天学会数据库。该数据库以 AIAA 会议论文为主，每年 AIAA 出版 20 到 30 个会议的约 6000 篇会议论文。通过数据库可以浏览、检索并获得这些会议录全文。

⑤ACM Digital Library，即美国计算机协会数字图书馆。该数据库收录了 ACM 的各种电子期刊、会议录、快报等文献，点击其中的 Proceedings，可以看到 ACM 会议录。

⑥AIP Conference Proceedings，即美国物理学会会议录。目前该数据库提供了自 1975 年以来的会议论文文摘，而全文记录则是从 2000 年开始，有 250 多卷会议录全文。

⑦IMechE 数据库，即英国机械工程师协会数据库。该数据库最主要的部分为 Proceedings of IMechE 的 16 个分辑，全部回溯至创刊号。

⑧Optics InfoBase，即美国光学学会数据库。该数据库包含期刊、会议文献等资源，其中 Conference Papers 收录了 OSA 50 多种相关会议的会议录全文。

5.3 科技报告

5.3.1 科技报告概述

1. 科技报告的含义

科技报告是关于科研项目或科研活动的正式报告或情况记录,是研究、设计单位或个人以书面形式向提供经费和资助的部门或组织汇报其研究设计或项目进展情况的报告。科技报告是在科研活动的各个阶段,由科技人员按照有关规定和格式撰写的,以积累、传播和交流为目的,能完整而真实地反映所从事科研活动的技术内容和经验的特种文献。与图书和期刊相比较,它的篇幅可长可短,并且内容新颖、专业性强、技术数据具体,因而是科研人员、工程技术人员优先选择的参考资料。它对于交流科研思路、推动发明创造、评估技术差距、改进技术方案、增加决策依据、避免科研工作中的重复与浪费以及促进科研成果转化为生产力起到了积极的作用。因此,作为科研人员,经常查阅科技报告可以少走弯路,避免重复研究,提高科研水平的起点,收到事半功倍的效果。

科技报告最早出现于 20 世纪初,是各国政府部门或科研、生产机构关于某个研究项目和调查工作的成果总结报告,或者是研究过程中每个阶段的进展报告,大多涉及国家支持的高新技术领域。全世界每年产生的科技报告在 100 万件以上。

科技报告是报道研究工作和调查工作的成果或进展情况的一种文献。科技报告传播研究成果的速度较快,注重详细记录科研进展的全过程。大多数科技报告都与政府的研究活动、国防及尖端科学技术领域有关(保密度),其撰写者或提出者主要是政府部门、军队系统的科研机构和一部分由军队、政府部门与之签订合同或给予津贴的大学、私人公司等。科技报告所报道的内容一般必须经过有关主管部门的审查与鉴定,因此具有较好的成熟性、可靠性和新颖性,是一种非常重要的学术信息资源。

2. 科技报告的特点

科技报告的主要特点如下。

(1)迅速反映新的科技成果。

由于有专门的出版机构和发行渠道,科研成果通过科技报告的形式发表通常比刊登在期刊上早一年左右。

(2)内容新颖、专业具体。

科技报告的内容大都涉及尖端科学的最新研究成果,对问题研究的论述包括各种研究方案的选择和比较、各种可供参考的数据和图表、成功与失败的实践经验等,内容很具体。

(3)种类多,数量大。

科技报告几乎涉及整个科学技术领域以及社会科学、行为科学和部分人文科学。据统计,全世界每年出版的科技报告数量在 100 万件以上。其中出版最多的是美国,约占 83.5%,其次为英国,占 5%,德国、法国各占 1.5%。此外,日本、加拿大等国也出版了一定数量的科技报告。

(4)出版形式独特。

每篇科技报告都是独立的、特定专题的技术文献,单独成册,以单行本形式出版发行。

但是,同一单位、同一系统或同一类型的科技报告,都有连续编号,每篇报告分配一个号码。科技报告一般无固定出版周期,且页数不等,多的有八九百页,少的只有几页。除一部分技术报告可直接订购外,多数不公开发行。

◆ **5.3.2 科技报告的类型**

科技报告按照不同的划分标准可以分为不同的类型:

(1)按内容可分为基础理论研究和工程技术两大类。

(2)按形式可分为技术报告(technical reports,TR)、技术札记(technical notes,TN)、技术论文(technical papers,TP)、技术备忘录(technical memorandum,TM)、通报(bulletin)、技术译文(technical translations,TT)、合同户报告(contractor reports,CR)、特种出版物(special publications,SP)、其他(如会议出版物、教学用出版物、参考出版物、专利申请说明书及统计资料)等。

(3)按研究进展程度可分为初步报告(primary peport)、进展报告(progress report)、中间报告(interim report)、终结报告(final report)。

(4)按流通范围可分为绝密报告(top secret report)、机密报告(secret report)、秘密报告(confidential report)、非密限制发行报告(restricted report)、非密报告(unclassified report)、解密报告(declassified report)。具有保密性质的科技报告大多属于军事、国防工业和尖端技术成果。

◆ **5.3.3 科技报告的网络检索**

1.国内科技报告的获取

1)万方数据知识服务平台——中外科技报告数据库

万方数据知识服务平台的中外科技报告数据库包括中文科技报告和外文科技报告。中文科技报告收录始于1966年,源于中华人民共和国科学技术部,共计2.6万余份。外文科技报告收录始于1958年,涵盖美国政府四大科技报告(AD、DE、NASA、PB),共计110万余份(截至2020年11月)。收录范围涉及自然科学的各个学科领域,包括高新技术和实用技术成果、可转让的适用技术成果及获得国家科学技术奖励的成果及项目。收录数据分成四个部分:实用技术、重大成果、科技成果和科技奖励项目。该数据库已成为我国最具权威性的技术成果数据库,目前是科技部指定的新技术、新成果查新数据库,但它只提供相关科技报告的题名、文摘、完成单位等信息。

2)CNKI国家科技成果数据库

CNKI国家科技成果数据库主要收录了1970年以来正式登记的中国科技成果,并按行业、成果级别、学科领域进行分类。每条成果信息包含成果概况、立项、评价,知识产权状况及成果应用,成果完成单位、完成人等基本信息。成果的内容来源于中国化工信息中心。该数据库收录了专家组对该项成果的推广应用前景与措施、主要技术文件目录及来源、测试报告和鉴定意见等内容的鉴定数据。与通常的科技成果数据库相比,CNKI国家科技成果数据库每项成果的知网节集成了与该成果相关的最新文献、科技成果、标准等信息,可以完整地展现该成果的产生背景、最新发展动态、相关领域的发展趋势,可以浏览成果完成人和成果完成机构更多的论述以及在各种出版物上发表的文献。

3)国家科技成果网

国家科技成果网(简称国科网)由中华人民共和国科学技术部创建,并由科技部火炬高技术产业开发中心管理。经过多年建设,国科网搭建起全国性的科技成果信息服务网络,成为科技成果发布、展示、交流的国家级信息服务平台。

十多年来,国科网一直承担全国科技成果登记与统计工作,开展"国家科技成果库"的建设、运行和维护工作,在科技成果管理工作中发挥支撑作用,为推动科技成果转移转化提供资源保障。国家科技成果库目前已收录 80 万项科技成果、15 万研发机构和 120 万科研人员的信息。国家科技成果信息通过全国 80 多家省、部级科技管理机构的认定,来源于国内主要科研院所、高校、企业和其他研究机构。国家科技成果库内容丰富、信息翔实,涵盖国民经济各行各业。

2. 国外科技报告的获取

国外科技报告主要是在第二次世界大战期间和战后迅速发展起来的。其中美国政府部门出版的科技报告数量最大、品种最多,报告的收集、加工、整理和报道工作做得较好。其中,美国国家技术情报服务局(NTIS)出版的美国四大报告——美国政府的 PB(Publication Board)报告、军事系统的 STINET(Scientific and Technical Information Network)报告、国家宇航局的 NASA 报告和能源部的 DOE 报告,是我们获得国外科技报告的主要信息源。

1)国家科技图书文献中心国外科技报告数据库

国家科技图书文献中心国外科技报告数据库主要收录 1978 年以来的美国政府研究报告,即 STINET、PB、DE 和 NASA 研究报告以及少量其他国家学术机构的研究报告、进展报告和年度报告等。学科范围涉及工程技术和自然科学各专业领域。

2)美国政府报告数据库

美国政府报告数据库由美国商务部下属的国家技术情报服务局出版,以收录美国政府立项研究及开发的项目报告为主,几乎涵盖所有自然科学和社会科学领域。主要收录 1999 年以来有关商业、环境、医疗卫生以及计算机产品方面的报告。检索结果为报告题录和文摘。

3)美国国防部科技信息库 STINET

美国国防部科技信息库 STINET 收集、出版的科技报告,始于 1951 年,通过美国国防技术情报中心(DTIC)科学技术网络服务器提供免费检索服务。

STINET 可检索 1974 年至今非公开与非密类技术报告的文摘题录、1965 年以来限制发行报告的文摘题录、所有 1998 年至今非密公开发行和非密限制发行的报告全文以及 1999 年以后非公开限制发行的报告全文。内容涉及生物医学、环境污染和控制、行为科学以及社会科学等。

4)网络上免费科技报告的检索

网络上还有多种途径可以免费获取科技报告,可根据需要在网上查阅。

● Science. gov:美国政府科学信息门户网站,提供全文检索服务。

● NASA Technical Reports Server(NTRS):提供有关航空航天方面的科技报告,支持检索和浏览,部分有全文。

● NASA Scientific and Technical Information Program:提供有关航空航天方面的科

技报告全文。

● Networked Computer Science Technical Reports Library(NCSTRL)：汇集了世界上许多大学以及研究实验室有关计算机学科的科技报告,支持浏览或检索,可免费下载全文。

● FedWorld：可免费检索美国政府科技报告的文摘题录,阅读全文需订购。

● DOE Information Bridge：可以检索并获得美国能源部提供的研究与发展报告全文,内容涉及物理、化学、材料、生物、环境、能源等领域。

● Scientific and Technical Report Collection：美国国防部提供的科技报告,涉及国防及相关领域,多数可以看到摘要,有些只能看到题录,个别能看到全文。

● EECS Technical Reports Archive：提供电机工程及计算机科学方面的博硕士学位论文及技术文献,如技术报告等,提供全文。

● The Congressional Research Service Reports：Committee for the National Institute for the Environment 的站点,提供环境方面的报告全文。

● NBER Working Paper：美国国家经济研究局(National Bureau of Economic Research)提供的研究报告文摘。

● Documents & Reports of the WorldBank Group：世界银行组织的文件与报告库,可以免费查看全文。

● Economics WPA：华盛顿大学经济系提供的经济学科的报告,其中包括许多大学的研究成果,多数可以免费下载全文。

● WoPEc Electronic working papers in Economics：华盛顿大学搜集整理的因特网上的经济类报告,可以下载全文。

● Russian Prospects-Political and Economic Scenarios：俄罗斯当前政治经济状况与发展趋势的研究报告,由 Copenhagen Institute for Futures Studies 免费提供。

5.4　专利文献的检索

专利(patent)一词来源于拉丁语 Litterae Patentes,意为公开的信件或公共文献,是中世纪的君主用来颁布某种特权的证明,后来指英国国王亲自签署的独占权利证书。专利是世界上最大的技术信息源,据实证统计分析,专利包含了 90%～95% 的世界科技信息。

在现代,专利一般有三层含义:一是指专利权人对发明创造享有的专有权,即国家依法授予发明创造者或者其权利继受者在一定时期内独占、使用其发明创造的权利,这里强调的是权利;二是指受到专利法保护的发明创造,即受国家认可并在公开的基础上进行法律保护的专有技术;三是指专利局颁发的确认申请人对其发明创造享有专利权的专利证书或记载发明创造内容的专利文献,指的是具体的文件。

5.4.1　专利文献概述

专利文献是一个巨大的技术知识宝库,人类 80% 的技术知识来自专利。专利文献集技术情报、法律情报和经济情报于一体,是科技工作者进行科学研究、了解科技动态、开展科技创新的重要信息来源。

1. 专利文献的特点

狭义的专利文献主要包括各国专利管理机构正式出版或公布的专利说明书、权利要求书、说明书附图、说明书摘要；广义的专利文献还泛指各种专利申请文件、专利证书、专利公报、专利题录、专利文摘、专利索引、专利分类表，等等。

专利文献的主要特点包括以下内容。第一，内容广泛详尽。在应用技术方面，专利文献涉及领域广、报道内容详尽，是其他文献所无法比拟的。第二，报道及时，反映最新技术。世界上绝大多数国家在专利制度中实行的是先申请制。专利先申请原则规定，针对相同内容的发明，专利权授予最先申请的人，这就促使各国发明人在发明构思基本完成时抢先申请专利，以获得独占权。此外，各国的专利法均把新颖性作为获得专利权的首要条件。第三，格式统一，著录规范。世界各国专利文献出版格式统一、内容规范，著录标准化程度是其他科技文献所无法相比的，这是因为它依据了专利法规和统一标准。第四，数量庞大，重复出版。据世界知识产权组织统计，全世界每年发表的专利文献有 150 多万件。如果按单一种类统计，专利文献是世界上数量最大的信息源之一。

2. 专利文献的用途

专利文献记录了科学技术的每一次进步，是一部完整的技术发展史和技术百科全书，其用途十分广泛。

专利文献的主要用途有以下几点。第一，传播发明创造，促进技术进步。专利文献是专利制度的产物，发明创造通过专利文献得以传播，人们由此可以获得最新的技术信息，提高新技术的利用率，进而起到促进全社会技术进步的作用。第二，警示竞争对手，保护知识产权。专利权人最担心的是竞争对手侵犯其专利权，所以专利权人寄希望于通过公布专利文献信息，向竞争对手传达一种警示信息。人们申请专利的目的是寻求对其发明创造的保护。第三，借鉴权利信息，避免侵权纠纷。专利文献中含有每一件专利的保护信息（权利要求书）、专利地域效力信息（申请的国家/地区）、专利时间效力信息（申请日期、公布日期），根据这些信息，可有效实现自我约束，避免纠纷。第四，提供技术参考，启迪创新思路。通过参考已有的专利文献，可以避免重复研究，节约研究时间和经费，还可启迪科研人员的创新思路，提高创新的起点，实现创新目标。第五，进行技术评价、预测。专利活动是技术开发活动的结果和表现形式。通过对专利文献中某一技术领域专利申请的变化情况进行分析，可以了解该技术领域的发展历史、技术现状、研究重点、技术空白和发展趋势。

5.4.2 国际专利分类法简介

1. 国际专利分类法概况

国际专利分类法（International Patent Classification，IPC）是一种国际统一化、标准化的专利分类方法。由于其具有完整性、科学性、适用性的特点，现在几乎被世界上所有建立专利制度的国家所采用。中国自 1985 年 4 月 1 日实行专利制度以来就采用了这种分类方法。

为了促进欧洲各国在科学技术上的密切合作和协调，1951 年，欧洲理事会专利专家委员会决定成立专利分类法的专门工作组，并开始进行国际专利分类表的编制。1954 年 12 月，英、法、德、意等 15 个国家在巴黎签订了《发明专利国际分类法欧洲协定》（*European Convention on the International Classification of Patents Invention*），并产生了一份《国际专利分类表》,作为协定的附件。该分类法和分类表（包括其分类号）均被缩写成 IPC。该分类表由欧洲理事会述专利专家委员会修订后,于 1968 年 2 月通过,并于 1968 年 9 月 1 日公布生效。1971 年,巴黎公约成员国召开了一次专门会议,通过了《国际专利分类斯特拉斯堡协定》。为了使 IPC 成为更有效的专利文献检索工具,IPC 联盟大会成员国、世界知识产权组织（WIPO）在 1999—2005 年对其进行了改革,将第 8 版 IPC 分成基本版和高级版两级结构。第 8 版 IPC 基本版约 20 000 条,包括部、大类、小类、大组和在某些技术领域的少量多点组的小组。第 8 版 IPC 高级版约 70 000 条,包括基本版的内容以及在基本版基础上进一步细分的条目。高级版供满足 PCT 最低文献量要求的工业产权局和大的工业产权局使用,用来对大量专利文献进行分类。

2. IPC 的服务功能

IPC 的服务功能包括:

(1)利用分类表编排专利文献;

(2)作为对专利情报使用者进行选择性报道的基础;

(3)作为对某一个技术领域进行现有技术水平调研的基础;

(4)作为工业产权统计工作的基础,并以此为依据,对各个领域的技术发展状况做出评价。

3. 国际专利分类表

一个完整的 IPC 号由代表部（section）、大类（class）、小类（subclass）、大组（group）和小组（subgroup）构成。其中,代表部由大写字母表示（共有 A、B、C、D、E、F、G、H 8 部）,大类由数字表示,小类由字母表示（大小写均可）,大组和小组均由数字表示,两者之间用斜线"/"隔开。

国际专利分类表（2019 年版）共分为 8 部,每部 1 个分册,使用指南为第九册,共 9 个分册。

第一分册:A 部——人类生活必需（农、轻、医）(human necessities);

第二分册:B 部——作业、运输(performing operations,transporting);

第三分册:C 部——化学(chemistry);

第四分册:D 部——纺织、造纸(textiles,paper);

第五分册:E 部——固定建筑物(fixed constructions);

第六分册:F 部——机械工程、照明、加热、武器、爆破(mechanical engineering,lighting,heating,weapons,blasting);

第七分册:G 部——物理(physics);

第八分册:H 部——电学(electricity);

第九分册:使用指南。

5.4.3 专利的网络检索

1. 中国专利文献检索途径

中国专利文献的检索途径有很多,例如国家知识产权局网站新推出的专利检索及分析系统(http://pss-system.cnipa.gov.cn/sipopublicsearch/portal/uiIndex.shtml)、中国知识产权网的中外专利数据库服务平台(http://www.cnipr.com/)、中国专利信息网(http://www.patent.com.cn/),等等。下面以国家知识产权局推出的专利检索及分析系统为例,详细介绍专利检索及分析系统的使用方法。

1)数据库介绍

国家知识产权局网站是中华人民共和国国家知识产权局支持建立的政府性官方网站(http://www.cnipa.gov.cn/)。该网站提供与专利相关的多种信息服务,如专利申请、专利审查的相关信息,近期专利公报、年报的查询,专利证书发文信息、法律状态、收费信息的查询等。国家知识产权局网站主页上设有专利检索入口,检索数据库收录了自 1985 年我国颁布专利法以来公布的所有专利文献,并从 2001 年 11 月 1 日开始对社会公众提供免费的检索服务。系统每三周更新一次。2011 年 4 月 26 日,中国国家知识产权局自主研发的智能化"专利检索与服务系统"正式启动运行,专利检索与查询服务自 2013 年改版之后访问速度有了大幅提升。

2)检索方式

(1)常规检索。

在国家知识产权局网站主页右侧中部,点击"专利检索"进入"专利检索及分析系统",即可进入专利检索页面,默认检索方式为"常规检索",首先可以点击检索框最前端的标识,选择数据范围,如图 5.27 所示。

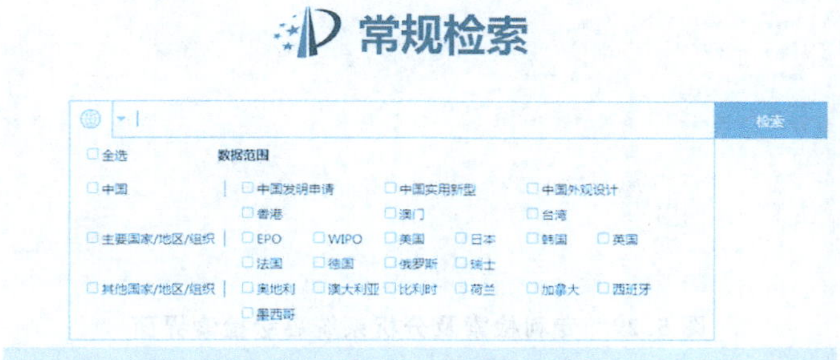

图 5.27 专利检索及分析系统常规检索界面——数据范围

专利检索及分析系统的常规检索页面提供了一个检索词输入框,点击▾,出现限定条件列表(见图 5.28),包括自动识别、检索要素、申请号、公开(公告)号、申请(专利权)人、发明人和发明名称。用户可根据需要选择其中一个限定条件,输入检索词点击"检索"即可。

(2)高级检索。

点击专利检索及分析系统界面上方的"高级检索"即可进入高级检索界面,如图 5.29 所示。

高级检索的默认设置是"中国专利检索",它提供了 16 个检索字段,包括申请号、申请日、公开(公告)号、公开(公告)日、发明名称、IPC 分类号、申请(专利权)人、发明人、优先权号、优先权日、摘要、权利要求、说明书、关键词。不同检索字段的输入方法也不相同,将鼠标挪至要输入的字段框中,会自动显示该字段的输入规则和要求,用户可根据提示按要求输入,如图 5.30 所示。输入检索词之后,直接点击"检索"按钮即可。

专利检索及分析系统各个检索词之间的运算关系默认为"AND",用户也可以根据自己的需求自行编辑检索式。用户在"检索式编辑区"输入检索词字段之后,点击"生成检索式",

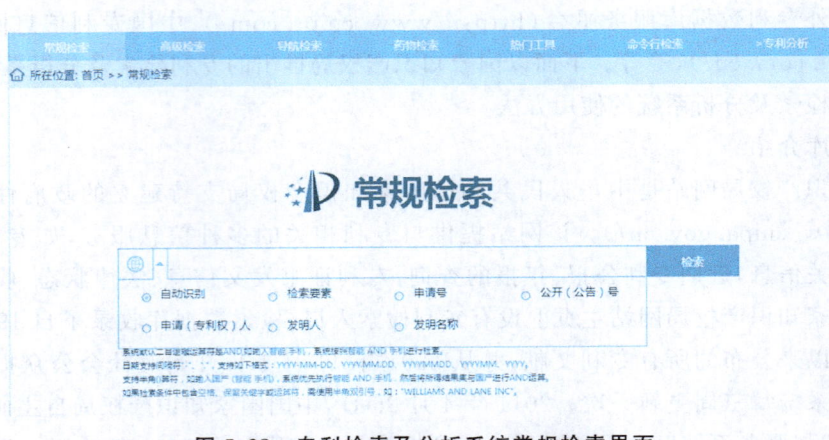

图 5.28　专利检索及分析系统常规检索界面

图 5.29　专利检索及分析系统高级检索界面

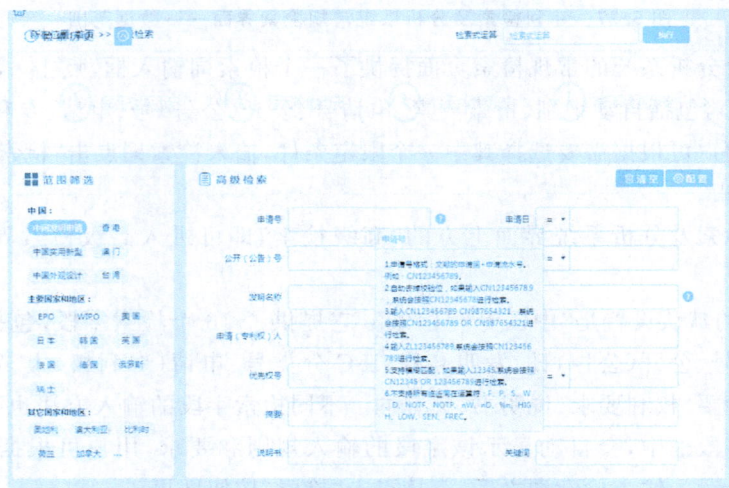

图 5.30　高级检索界面——字段输入提示

系统会自动生成逻辑关系为"AND"的检索式,用户只需要根据需要更改检索运算符即可。完成符合用户需要的检索式之后,点击"检索"按钮即可,如图 5.31 所示。

图 5.31　高级检索界面——自动生成检索式

专利检索及分析系统支持的检索运算符包括"AND""OR""NOT""（ ）",若这些都无法满足要求,点击"＋",可选择"NOTF""NOTP""F""P""S""D""nD""＝nD""W""nW""＝nW"等运算符,如图 5.32 所示。

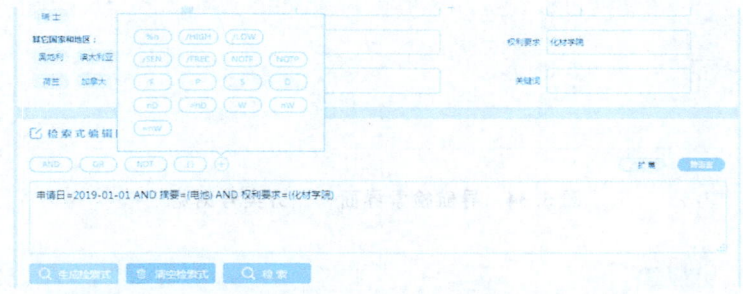

图 5.32　高级检索界面——检索运算符

（3）导航检索。

点击专利检索及分析系统界面上方的"导航检索",即可进入导航检索界面,该界面提供按 IPC 分类号查询的功能,如图 5.33 所示。

导航检索方式可浏览分类体系的分类号及其中英文含义。首先用户可以进行浏览,页面左侧展示所有分类大部,用户可根据需要进行点击,会在页面中间显示其逐级子类,在页面右侧显示相应的中英文含义（见图 5.34）。此外,用户可以通过输入分类号、中文含义或英文含义进行分类号查询。用户在输入框中输入一个指定的分类号,选择"分类号"作为查询方式,点击"查询",系统将按照指定分类体系的上下级关系将查询结果以树形列表的形式展示出来（见图 5.35）。输入中文或英文含义也可进行检索。

（4）热门工具。

点击专利检索及分析界面上方的"热门工具",即可进入热门工具界面,该界面提供以下查询功能。

图 5.33　专利检索及分析系统导航检索界面

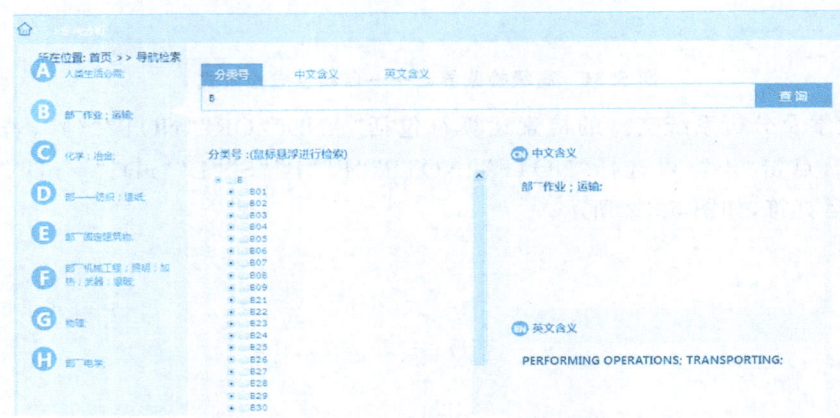

图 5.34　导航检索界面——分类号浏览

图 5.35　导航检索界面——按分类号查询

同族查询：主要用于浏览文献的同族及其引证与被引证文献信息。通过同族文献查询所提供的功能，用户可了解到同一申请在不同语言中的描述方式，以及相关申请的技术实现原理以及发展脉络（见图 5.36）。输入文献公开（公告）号，点击"查询"即可，系统将获取的同族信息以列表的形式显示在页面的同族文献信息列表中。

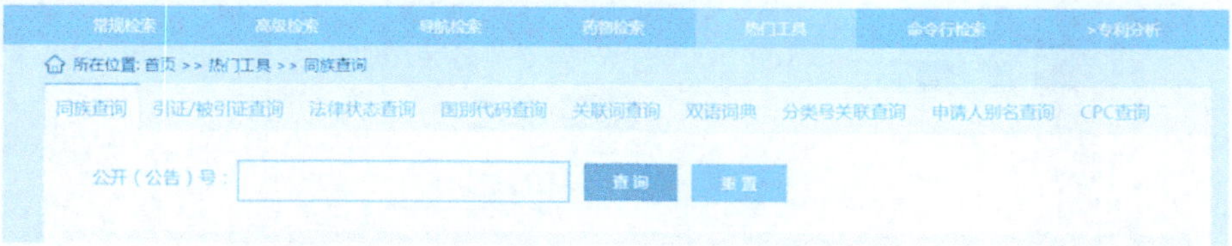

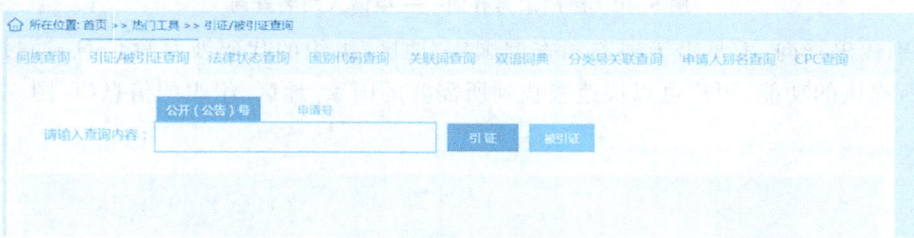

图 5.36　热门工具界面——同族查询

引证/被引证查询：主要用于查看指定文献的相关引证与被引证文献概要信息（见图 5.37）。通过引证与被引证查询中提供的功能，用户可快速了解相关技术的发展脉络。输入文献公开（公告）号或申请号，点击"引证"，系统将获取的信息显示在专利引证文献、非专利引证文献列表中（见图 5.38）。输入文献公开（公告）号或申请号；点击"被引证"，系统将获取的信息显示在专利被引证文献列表中。用户可以选择专利引证文献或者专利被引证文献中一篇或几篇文献进行浏览（点击图中的"浏览文献"按钮）。用户可以选择专利引证文献或者专利被引证文献中一篇或几篇文献加入文献收藏夹（点击图中的"加入文献收藏夹"按钮）。

图 5.37　热门工具界面——引证/被引证查询

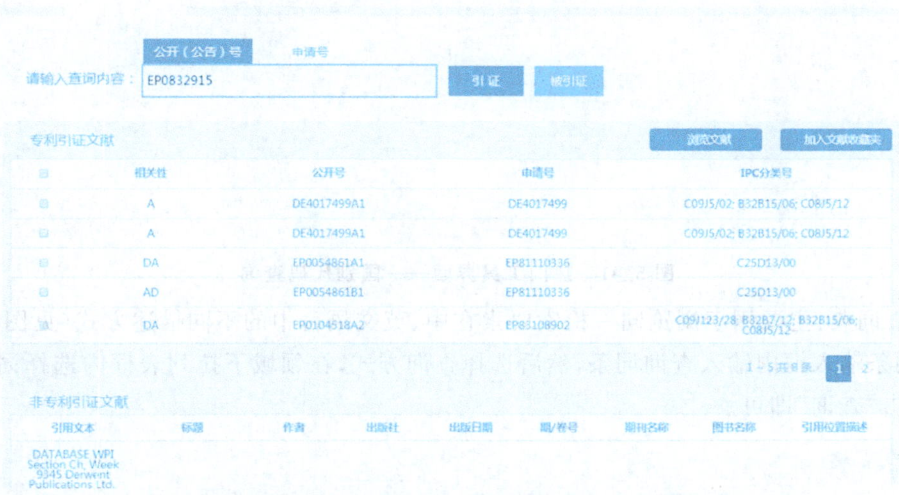

图 5.38　热门工具界面——引证文献信息列表

法律状态查询：主要用于浏览文献的审批历史。通过法律状态查询所提供的功能，用户可了解到文献的审批历史（见图 5.39）。输入文献公开（公告）号或申请号，点击"查询"，系统将获取的信息以列表的形式显示在页面中。

申请人别名查询：主要用于浏览申请人的相关别名信息，同时可以检索与此申请人相

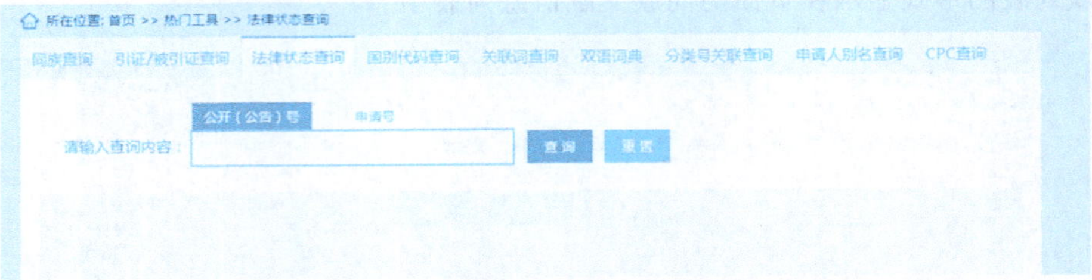

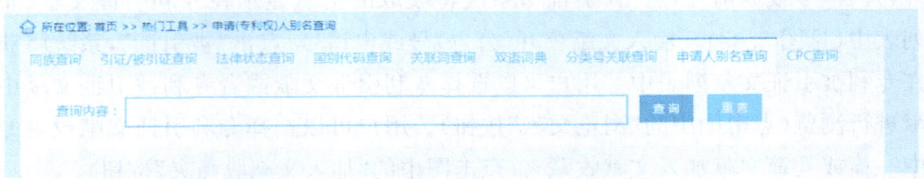

图 5.39　热门工具界面——法律状态查询

关的文献信息(见图 5.40)。用户在该界面的输入框中输入所要查询的申请人名称,点击"查询",系统会根据用户所输入的申请人名称将查询结果以列表的形式显示在页面中。

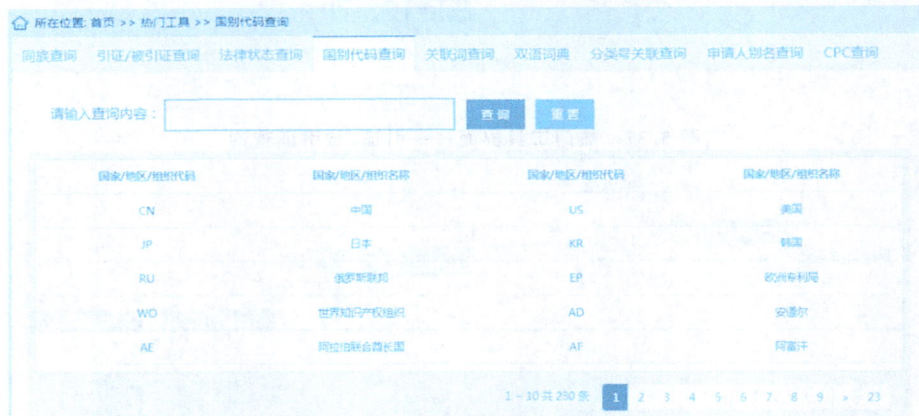

图 5.40　热门工具界面——申请人别名查询

国别代码查询:主要用于浏览和查询国家/地区/组织的代码及名称信息,通过国别代码查询所提供的功能,用户可以快速查找到所需要的国家/地区/组织的信息(见图 5.41)。

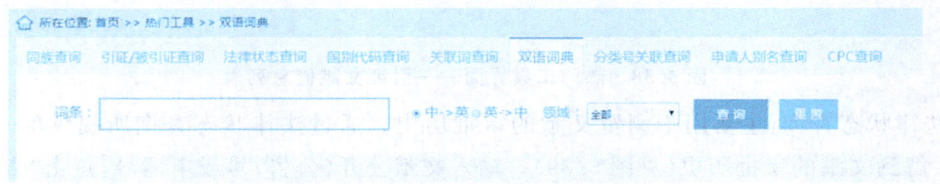

图 5.41　热门工具界面——国别代码查询

双语词典:主要用于浏览同一检索要素在中、英文语言中的不同描述方式(见图 5.42)。用户在词条输入框内输入查询词条,然后选择查询方式,在领域下拉列表框内选择词条所在领域,点击"查询"即可。

图 5.42　热门工具界面——双语词典

分类号关联查询:主要用于查询指定分类体系的分类号在其他分类体系中的表现形式

和含义,以及该分类号的中英文含义(见图 5.43)。用户输入 IPC8 分类号,然后选择与 IPC8 关联的分类体系。与 IPC8 关联的分类体系有以下 5 项可以选择:ECLA、UC、FI、FT、CPC。点击"查询",系统将到用户所选的分类体系中去查询其所输入的 IPC8 分类号信息,并将查询到的关联分类号的信息以列表的形式显示在页面中。点击列表中的分类号,界面右侧会显示分类号对应的中英文含义,如图 5.44 所示。

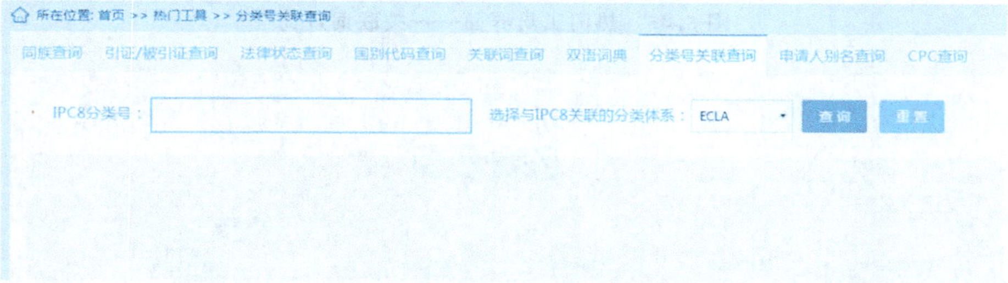

图 5.43　热门工具界面——分类号关联查询

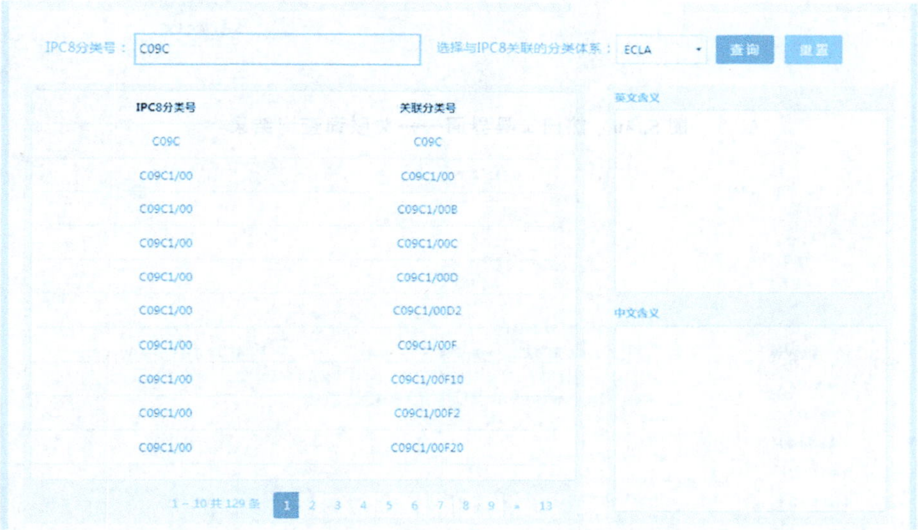

图 5.44　热门工具界面——分类号关联查询结果

关联词查询:主要用于查询基本词所属 IPC 分类号及其英文含义,以及与基本词相关联的上位词、下位词、同义词、近义词、错位词、反义词以及族首词等关联词信息(见图 5.45)。输入基本词信息,点击"查询"按钮即可。系统根据用户输入的基本词信息,首先查询出所有相似基本词并以列表的形式展示,然后查询出第一个相似基本词的关联词信息,以树状形式展示,如图 5.46 所示。

3)检索结果的处理

专利检索及分析系统常规检索和高级检索的检索结果直接显示于检索页面的下方,其排列方式相同。

图 5.47 所示为以"电池"为检索要素,在常规检索中进行检索的检索结果。

专利检索及分析系统的检索结果可根据用户需求更改显示设置。显示设置包括搜索式、列表式、多图式 3 种显示方式的选择。还可设置排序方式,对检索结果进行过滤等。

选择操作包括详览、收藏、分析库、申请人、法律状态等。点击"详览",可获取该专利的

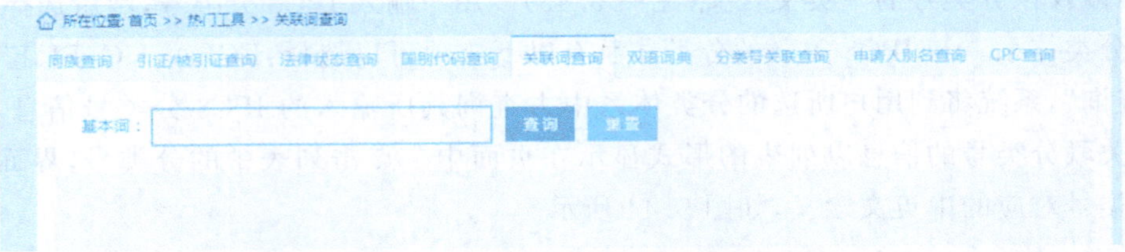

图 5.45　热门工具界面——关联词查询

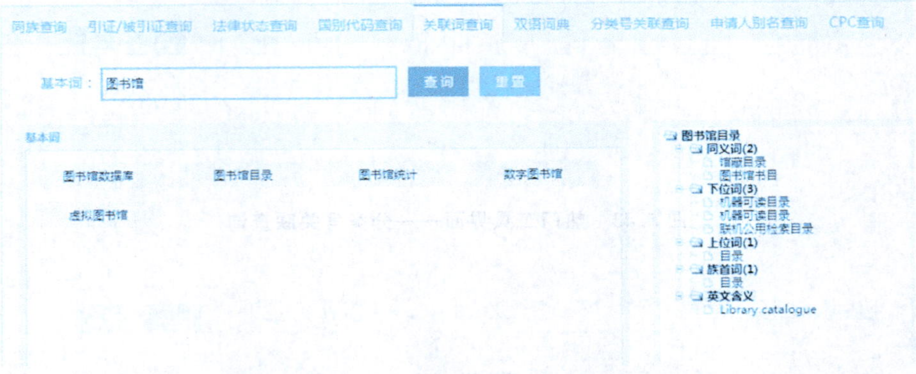

图 5.46　热门工具界面——关联词查询结果

图 5.47　专利检索及分析系统检索结果界面

详细信息,如图 5.48 所示。用户可查看该专利的中英文详细信息、摘要、附图,并可在线阅读全文。

2.美国专利商标局(USPTO)数据库

1)数据库介绍

美国专利商标局(United States Patent and Trademark Office,简称 PTO 或 USPTO)是美国商务部的一个下属机构,为发明家和相关发明提供专利保护、商品商标注册和知识产权证明。美国专利商标局网站是美国专利商标局建立的政府性官方网站(http://www.uspto.gov),如图 5.49 所示。网站数据每周更新一次。

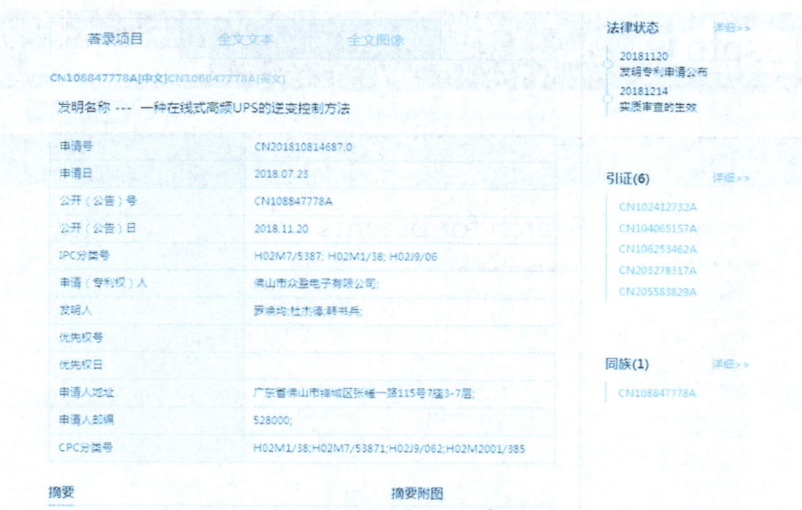

图 5.48　专利检索及分析系统检索结果界面——详览

　　点击该页面上方"Patents"下拉选项中的"Search for Patents"即可进入专利检索界面（见图 5.50）。USPTO 提供数种检索途径，如专利全文及图像数据库（USPTO Patent Full-Text and Image Database，PatFT）、专利申请公布数据库（USPTO Patent Application Full-Text and Image Database，AppFT）、专利法律状态检索（Patent Application Information Retrieval，PAIR），等等。

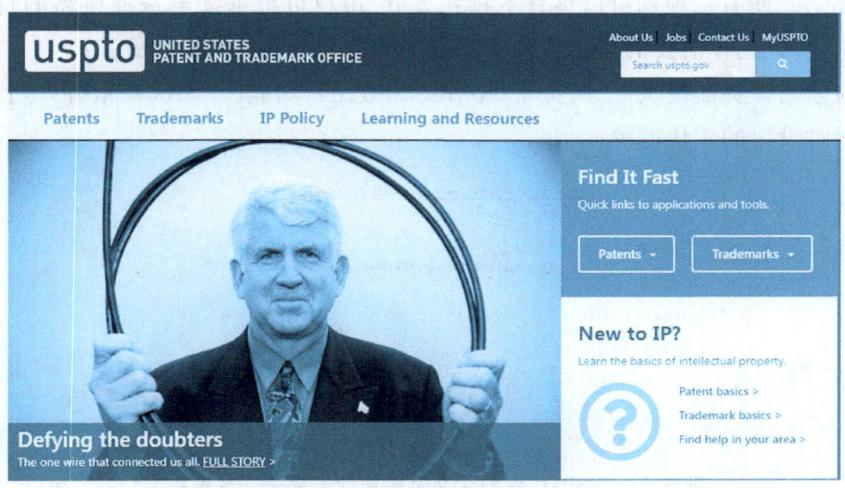

图 5.49　美国专利商标局（USPTO）网站首页

　2)专利全文及图像数据库

　　USPTO 专利全文及图像数据库收录自 1790 年以来美国专利商标局公布的授权信息。其中，1790 年至 1975 年的数据只有图像型全文，可检索的字段只有专利号、美国专利分类号和授权日期 3 个；1976 年 1 月 1 日之后的数据除了图像型全文外，还包括可检索的授权专利基本著录项目、文摘和文本型专利全文数据，最多可通过 31 个字段进行检索。

　　USPTO 专利全文及图像数据库提供了 3 种检索方式：快速检索（Quick Search）、高级检索（Advanced Search）和专利号检索（Patent Number Search）。

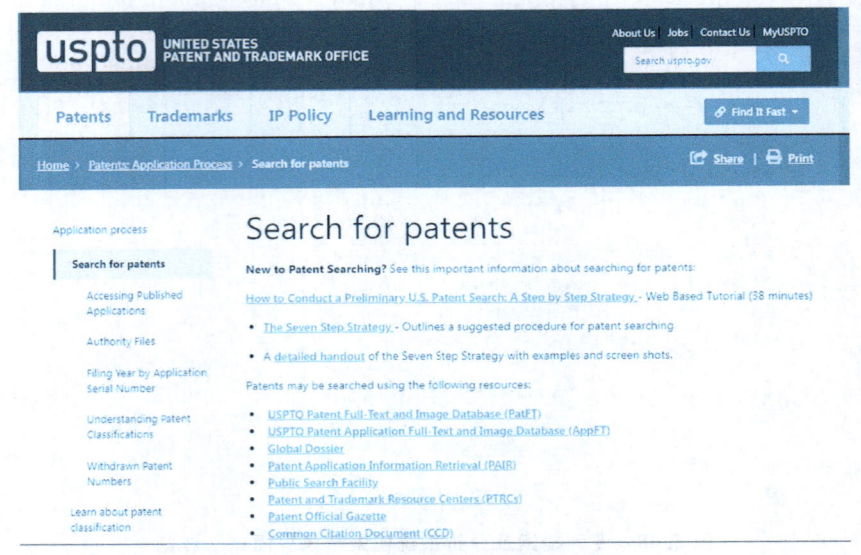

图 5.50　USPTO 专利检索页面

（1）快速检索（Quick Search）。

快速检索（Quick Search）界面如图 5.51 所示，在进行快速检索时，可输入 2 个检索词（Term1、Term2），与 2 个检索词对应的是 2 个检索字段选项（Feild1、Feild2），2 个检索字段之间有 1 个布尔逻辑运算符（AND/OR/AND NOT），在检索字段下方可以限定检索年代（Select years）。所有选项均可以展开下拉式菜单，用户可根据需要选择所需的特定检索字段和检索年代，并选择需要的布尔逻辑运算符来构造一个完整的检索式。

快速检索结果页面提供"二次检索（Refine Search）"功能。"二次检索"的年代范围默认为首次检索时设定的年代范围。

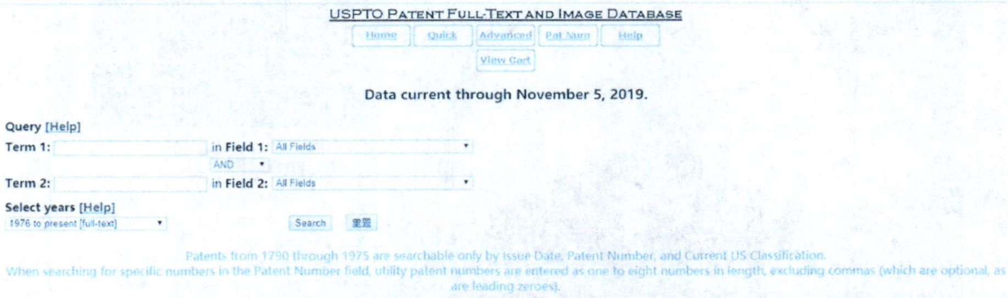

图 5.51　USPTO 专利全文及图像数据库——快速检索

（2）高级检索。

高级检索（Advanced Search）界面如图 5.52 所示。在界面左上方，有一个供用户输入检索表达式的文本框（Query）、一个供选取检索年代范围的选项（Select years，包括 1790 年至今的整个数据库内的授权专利和 1976 年至今的美国授权专利的全文文本）。界面下方的字段框内有 31 个可供检索的字段，包括"字段代码（Fteld Cocle）"和"字段名（Fteld Name）"的对照表。点击对照表中的"字段名"可以查看该字段的解释及具体的输入方式。检索的表示方法为：检索字段代码/检索项字符串。

高级检索途径可以让用户通过命令方式，输入检索式来检索数据库。该方式为复杂检

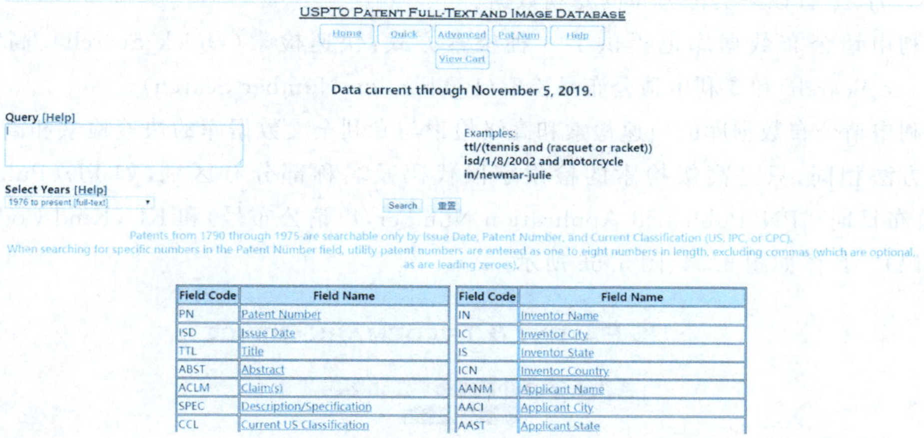

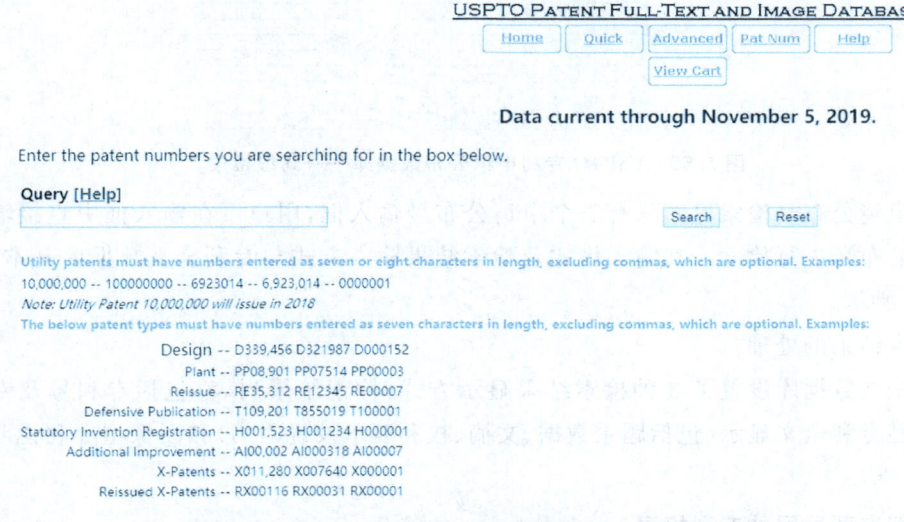

图 5.52　USPTO 专利全文及图像数据库——高级检索

索,但灵活性高。检索词输入规则与快速检索基本相同,不同的是高级检索的检索式中可以使用优先运算符"()",还可以指定检索字段(在检索词之前加"字段代码"和符号"/")。

（3）专利号检索。

专利号检索(Patent Number Search)界面如图 5.53 所示,该途径是通过专利号来查找某(些)特定专利的最方便快捷的途径。

检索时,直接在检索词输入框"Query"中输入一个或多个专利号,输入多个专利号时,专利号之间用空格隔开,不必输入专利号中的逗号,检索词输入框下方给出了每种专利的专利号输入格式。

在输入专利号时,除了发明专利是直接输入号码外,其他类型专利号前需加类型代码。如外观设计代码为"D",植物专利代码为"PP",再版专利代码为"RE",防卫性公报代码为"T",依法注册的发明代码为"H"。

图 5.53　USPTO 专利全文及图像数据库——专利号检索

3)专利申请公布数据库

专利申请公布数据库(Patent Applications Full-Text and Image Database)收录了自

2001 年 3 月 15 日以来美国公布的专利数据。

专利申请公布数据库也提供了 3 种检索方式：快速检索（Quick Search）、高级检索（Advanced Search）和专利申请公布号检索（Publication Number Search）。

专利申请公布数据库的快速检索和高级检索与专利全文数据库的快速检索和高级检索的检索方法相同，只是高级检索的检索字段代码及名称部分有区别，如 PD（Publication Date，公布日期）、PN（Published Application Number，申请公布号）和 KD（Kind Code，文献种类代码）。具体如图 5.54、图 5.55 所示。

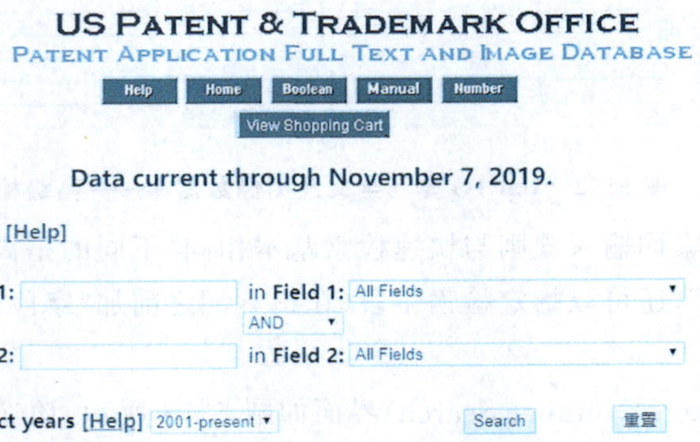

图 5.54　USPTO 专利申请公布数据库——快速检索

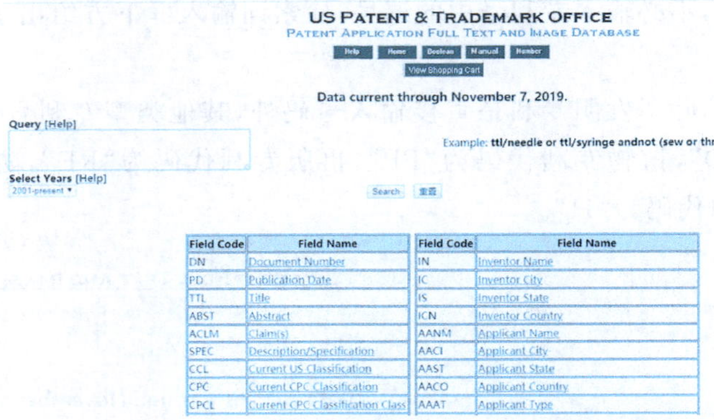

图 5.55　USPTO 专利申请公布数据库——高级检索

专利申请公布号检索界面只有 1 个申请公布号输入框，用户可在输入框中直接输入已知的申请公布号进行检索。其输入格式及检索结果输入方式与专利全文数据库基本相同，如图 5.56 所示。

4）检索结果的处理

专利全文数据库设置了 3 种检索结果显示方式：检索结果列表（包括专利号及专利名称）、文本型专利全文显示（包括题录数据、文摘、权利要求及说明书）和图像型专利说明书全文显示。

3.欧洲专利局网站专利检索

1）数据库介绍

欧洲专利局（European Patent Office，EPO）网站（http://www.epo.org/）收录了自

US PATENT & TRADEMARK OFFICE
PATENT APPLICATION FULL TEXT AND IMAGE DATABASE

| Help | Home | Boolean | Manual | Number |

View Shopping Cart

Data current through November 7, 2019.

Enter the published application or document number(s) you're searching for in the box below.

Query [Help]

Example:
Utility   : 20010000044   Search   Reset

图 5.56　USPTO 专利申请公布数据库——专利申请公布号检索

1836 年以来超过 1.2 亿条的发明和技术专利信息,这些专利信息来自世界各国且可免费获取。网站首页如图 5.57 所示。

欧洲专利局网站目前使用 Espacenet V.5 提供检索服务,该项服务是免费的。Espacenet 系统支持德语、英语和法语 3 种语言进行检索。此外,该系统提供亚洲部分国家和地区的专利信息查询,包括中国、日本、印度和韩国。

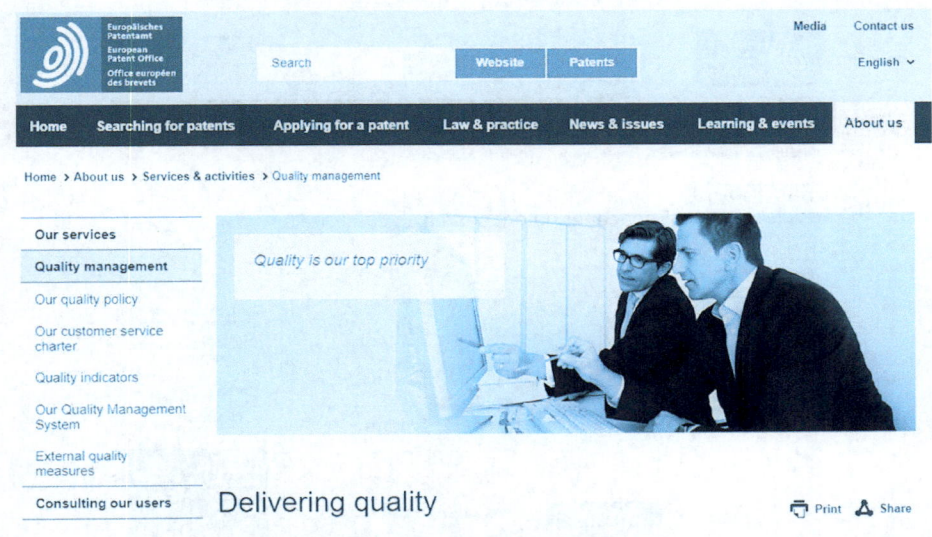

图 5.57　欧洲专利局(EPO)网站首页

2)检索方式

在 EPO 网站首页点击“Searching for patents”,在“Qutck access”一栏可以看到 3 个检索入口,分别是 Espacenet 专利检索(Espacenet patent search)、欧洲专利注册(European Patent Register)、欧洲出版服务器(European Publication Server)。选择“Espacenet-patent search”(见图 5.58),即可进入 Espacenet 专利检索界面,如图 5.59 所示。

Espacenet 数据检索系统提供了 5 个检索入口:Espacenet 专利检索(Espacenet-patent search)、全球专利索引(Global Patent Index,GPI)、欧洲出版服务器(European Publication Server)、亚洲文件检索(Searching Asian documents)、EP 全文检索(EP Full-text search)。

Espacenet 系统中收录的每个国家的数据范围不同,数据类型也不同。数据类型包括题录数据、文摘、文本式的说明书及权利要求,扫描图像存储的专利说明书的首页、附图、权利要求及全文。

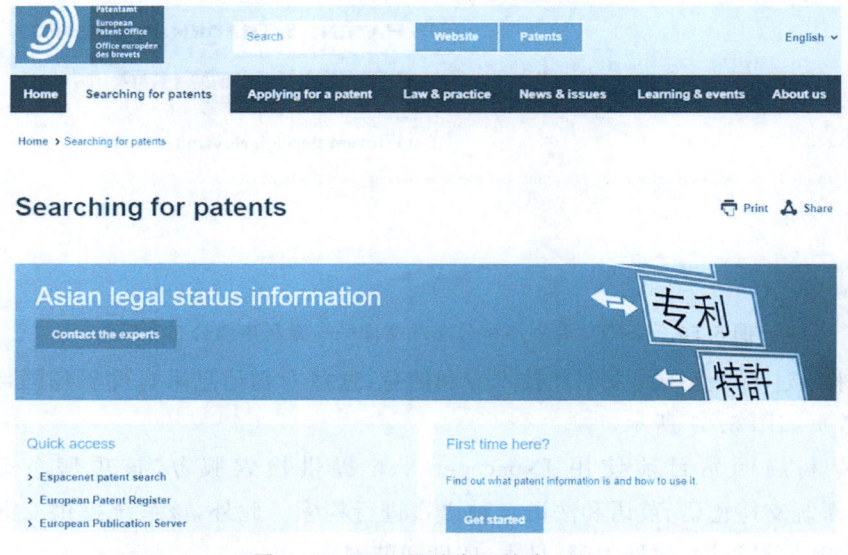

图 5.58　EPO 网站专利检索入口

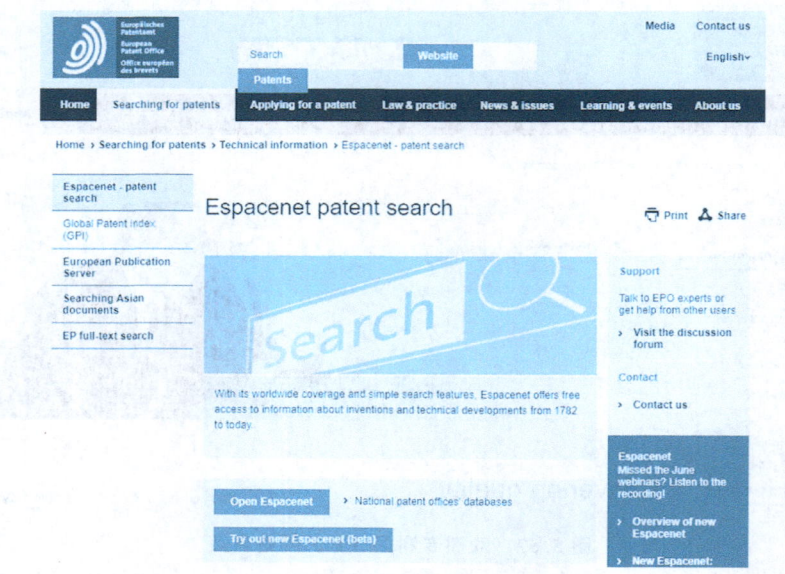

图 5.59　Espacenet 检索首页

Espacenet 系统提供了 3 种检索方式:智能检索(Smart Search)、高级搜索(Advanced Search)和分类搜索(Classification Search)。

(1)智能检索(Smart Search)。

进入 Espacenet 数据检索系统后,默认页面就是智能检索(见图 5.60)。

智能检索只有一个检索输入框,无其他常规的限定条件,如运算符、字段名等,用户只需要在检索框中输入不超过 20 个检索词(或不超过 10 个检索词的书目数据),带或不带空格及其他相应的运算符均可,点击"Search"即可进行检索。

(2)高级检索(Advanced Search)。

高级检索界面如图 5.61 所示,具体检索步骤如下。

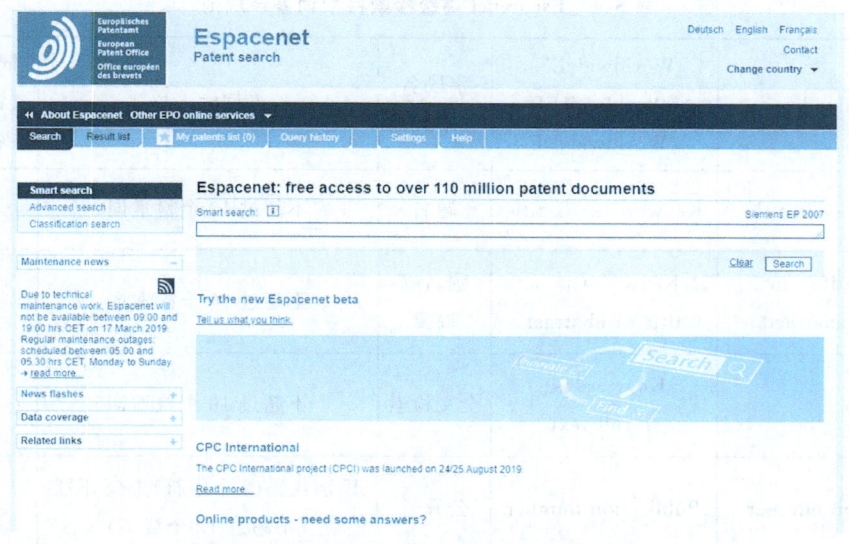

图 5.60   Espacenet 智能检索（Smart Search）

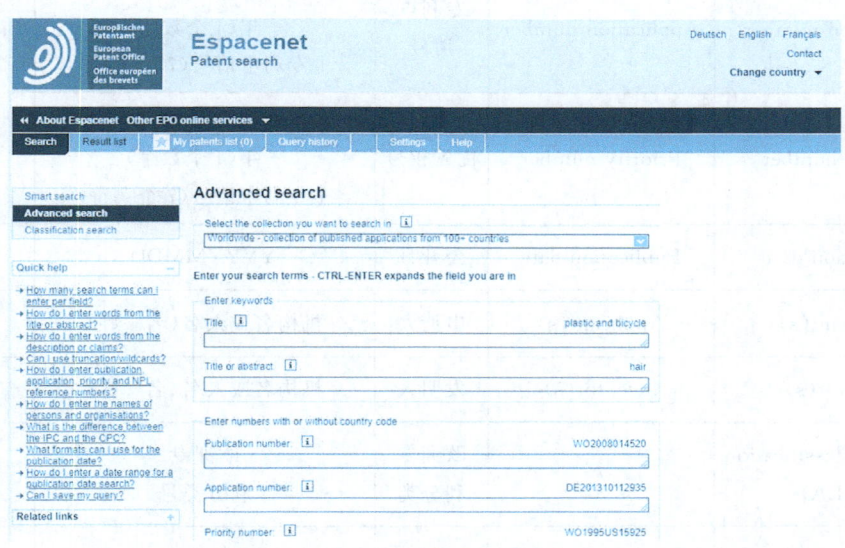

图 5.61   Espacenet 高级检索（Advanced Search）

首先，在 Worldwide、WorldwideEN、WorldwideFR、WorldwideDE 这 4 个专利数据库中选择 1 个数据库进行检索。默认选择为 Worldwide 专利数据库（若选择 Worldwide 专利数据库，字段名跟 WorldwideEN、WorldwideFR、WorldwideDE 专利数据库有所不同，根据页面提示填写即可）。

其次，输入检索词（search terms）。高级检索提供了 10 个字段，根据字段名提示和示例，输入检索词，各字段间会采用缺省默认运算符进行运算。

最后，点击"检索（Search）"即可。

Espacenet 高级检索的具体字段名称、字段著录格式、字段间多个检索词默认运算符的详细信息，如表 5.1 所示。

表 5.1　Espacenet 高级检索检索词著录规则

Worldwide	WorldwideEN /WorldwideFR /WorldwideDE	字段名（中文）	检索词输入格式	同字段多检索词间默认缺省运算符
Keyword(s) in title	Keyword(s) in title	题名	不超过 10 个检索词	AND
Keyword(s) in title or abstract	Keyword(s) in title or abstract	题名或摘要	不超过 10 个检索词	AND
/	Keyword(s) in full text	全文检索	不超过 10 个检索词	AND
Publication number	Publication number	公开号	国别代码（2 个字符）＋公开号（不超过 12 个数字）	OR
Application number	Application number	专利申请号	国别代码（2 个字符）＋年（4 个数字）＋专利申请号（7 个字符）	OR
Priority number	Priority number	优先权号	国别代码（2 个字符）＋年（4 个数字）＋专利申请号（7 个字符）	OR
Publication date	Publication date	公开日	YYYYMMDD	/
Applicant(s)	Applicant(s)	申请人	机构名或人名（名＋姓）	AND
Inventor(s)	Inventor(s)	发明人	机构名或人名（名＋姓）	AND
European Classification（ECLA）	/	欧洲专利分类	欧洲专利分类号	AND
International Patent Classification（IPC）	International Patent Classification（IPC）	国际专利分类	国际专利分类号	AND

（3）分类检索（Classification Search）。

分类检索界面如图 5.62 所示，具体检索步骤如下。

首先，获取专利分类号。分类检索界面提供了多种途径来获取专利分类号，分类号采用的是欧洲专利分类号体系（ECLA）。页面右上侧列出分类号体系 A、B、C、D、E、F、G、H、Y 共 9 个"部"类号的类名，点击相应的类名（或直接点击页面下方的"大类"类名），页面下方将展开该"大类"列表，继续点击大类的"小类"类名，可逐级打开直至"小组"类名。此外，还可以使用页面左上方的检索框，通过关键词（keyword）或特征描述（a classification symbol）来检索分类名和分类号。通过浏览或者检索获取分类号之后，点击复选框（可选择多个），分类号会自动填写到页面下方的"Copy to search form"，选择"Copy"会进入检索页面，选择

"Clear"可清除"Copy to search form"框中的内容,重新填写,如图 5.63 所示。

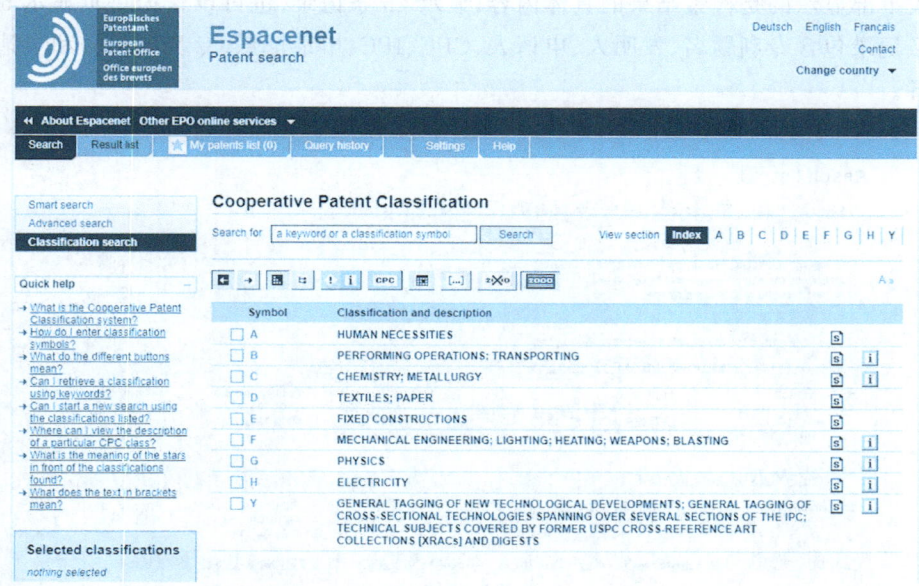

图 5.62　Espacenet 分类检索(Classification Search)

图 5.63　Espacenet 分类检索——选择分类

接着就可以进行检索了,分类检索与高级检索的检索方法基本相同,只是在"European Classification(ECLA)"字段中已经填写好之前选择的分类号。

3)检索结果的处理

Espacenet 的检索结果列表如图 5.64 所示。检索结果列表最上方是可对检索结果进行的操作,包括全选(Select all)、列表显示(Compact,只显示题名和专利申请信息,默认为展开显示)、输出(Export,输出的文件为 CSV/XLS 格式)和封面下载(Download covers),并支持打印。

　　列表中间部分显示检索结果的数量、检索式,只显示前 500 条记录。

　　列表下部显示的是检索结果的具体内容,显示 25 条记录(也可设置为每页显示 50 条记录),每条记录包含专利题名、发明人、申请人、CPC、IPC、申请信息(专利申请号和申请日)和优先权日。

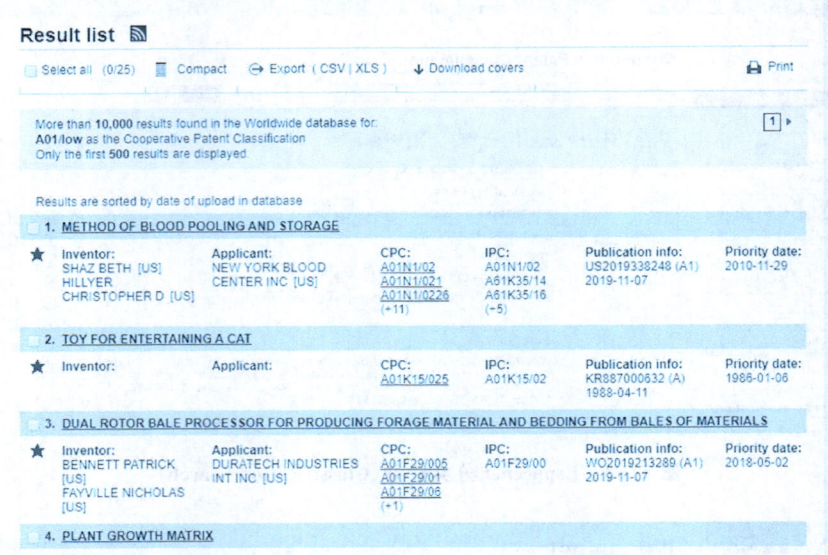

图 5.64　Espacenet 检索结果列表

　　点击专利题名,可进入该条记录的详细信息页面,如图 5.65 所示。

　　同时,在该页面左上侧,还提供了其他功能,如查看该专利的说明书(Description)、权利要求(Claims)、附图(Mosaics)、专利原文(Original document)和 INPADOC 法律地位(INPADOC legal status)等。

图 5.65　Espacenet 检索结果——详细信息页面

5.5 　标准文献的检索

◆ 5.5.1　标准文献概述

1. 标准文献的含义

随着工业化时代的来临,生产的专业化程度日益增高,同一台设备上的零部件被分散在不同的企业中制造,而要使众多来源不同的零部件能组装成机器设备,并能正常工作,就必须在零部件的生产过程中遵循统一的规则,这种统一的规则实际上就是标准。标准化在提高劳动生产率、扩大技术交流和贸易交流等方面发挥着重要作用。标准化活动在广阔的范围内影响和推动着生产发展、社会和科技进步,标准化的成果即各种标准。在中国加入WTO 的背景下,标准化这一技术壁垒确保了公平竞争的原则,消除了人为的政策壁垒。

中华人民共和国国家标准 GB/T 20000.1—2014 中对标准的定义如下:通过标准化活动,按照规定的程序经协商一致制定,为各种活动或其结果提供规则、指南或特性,供共同使用和重复使用的文件。狭义的标准文献指按规定程序制定,经权威机构(主管机关)批准的一整套在特定范围(领域)内必须执行的规格、规则、技术要求等规范性文献。广义的标准文献指与标准化活动有关的一切文献,包括标准形成过程中的各种档案,宣传推广标准的手册及其他出版物,报道标准文献信息的目录、索引等。

2. 标准文献的分类

标准文献分类方法通常有以下几种。

1)按使用范围划分

①国际标准:国际通用的标准(如 ISO 、IEC)。

②区域标准:经世界某一地区的若干国家标准化机构协商一致所颁布的标准(如全欧标准 EN)。

③国家标准:一个国家的全国性标准化机构颁布的标准(如中国国家标准 GB)。

④专业标准:某一专业团体针对其所采用的零部件或原材料、完整的产品等所制定的标准(如美国石油协会标准 API)。

⑤企业标准:由企业自己规定的统一标准(如美国波音公司标准 BAC)。

2)按内容划分

①基础标准:标准的标准,一般包括术语、符号、代号、机械制图、公差与配合等。

②产品标准:规定产品的品种、系列、分类、参数、型式尺寸、技术要求、试验方法等。

③方法标准:包括工艺要求、过程、要素、工艺说明等,还包括使用规程。

④辅助产品标准:包括工具、模具、量具、夹具、专用设备及其部件的标准等。

⑤原材料标准:包括材料分类、品种、规格、牌号、化学成分、物理性能、试验方法、保管验收规则等。

此外还有安全标准、卫生标准、环保标准、管理标准和服务标准等。

3)按标准成熟程度划分

①法定标准:具有法律性质的、必须遵守的标准。

②推荐标准:制定和颁布标准的机构建议优先遵循的标准。

③试行标准：内容不够成熟，有待在使用实践中进一步修订、完善的标准。

④标准草案：批准发布以前的标准征求意见稿、送审稿和报批稿。

◆ **5.5.2　标准文献的特点和作用**

1. 标准文献的特点

与一般技术文献相比，标准文献有着自己独特的风格和体制，其主要特点有如下几点：

①每个国家对标准的制定和审批程序都有专门的规定，并有固定的代号，标准格式整齐划一；

②标准是从事生产、设计、管理、产品检验、商品流通、科学研究的共同依据，在一定条件下具有某种法律效力，有一定的约束力；

③时效性强，只以某时间阶段的科技发展水平为基础，随着经济发展和科学技术水平的提高，标准需不断进行修订、补充、替代或废止；

④一个标准一般只解决一个问题，文字准确简练；

⑤不同种类和级别的标准在不同范围内贯彻执行；

⑥标准文献具有其自身的检索系统。

无论是国际标准还是各国标准，一个完整的标准编号通常为"标准代号＋顺序号＋批准年代"。

2. 标准文献的作用

标准文献有着自己独特的风格和体制，其作用也具有鲜明的特点：

①通过标准文献可了解各国经济政策、技术政策、生产水平、资源状况和标准水平；

②在科研、工程设计、工业生产、企业管理、技术转让、商品流通中，采用标准化的概念、术语、符号、公式、量值、频率等有助于克服技术交流的障碍；

③国内外先进的标准可作为推广研究、改进新产品、提高工艺和技术水平的依据；

④标准文献是鉴定工程质量、校验产品、控制指标和统一试验方法的技术依据；

⑤可以简化设计、缩短时间、节省人力，减少不必要的试验、计算，能够保证质量，减少成本；

⑥进口设备可按标准文献进行装备、维修以及配制某些零件；

⑦有利于企业或生产机构经营管理活动的统一化、制度化、科学化和文明化。

3. 标准文献的表现形式

标准文献除了以标准命名外，还常以规范、规程、建议等名称出现，国外标准文献常以standard（标准）、specification（规格、规范）、rule（规则）、instruction（规则）、practice（工艺）、bulletin（公报）等命名。

◆ **5.5.3　标准文献的分类体系和代号**

1. 标准文献的分类体系

世界各国都编有适合本国国情的标准分类体系，概括起来有三种形式。

字母分类法：即以字母作为标记的分类法。这种方法将标准分成若干类，每类用一个字母表示。采用这种分类法的有澳大利亚、加拿大、墨西哥等国。

数字分类法:即以数字作为标记的分类法。这种方法将标准分成若干类,有的还分为几级类目,每一类用一组数字表示。采用这种分类法的有丹麦、印度、葡萄牙、意大利、西班牙、比利时、阿根廷、德国、荷兰、瑞士等国。

字母数字混合分类法:即以字母和数字相结合的形式作为标记的分类法。这种方法把标准分类后,每一类用字母加数字表示。采用这种分类法的有美国、日本、芬兰、法国、罗马尼亚、波兰等国。

目前,标准文献的分类体系影响力较大、应用范围较广的有:中国标准文献分类法、国际标准分类法(ICS)、国际十进制分类法(UDC)等。

1)中国标准文献分类法

《中国标准文献分类法》于 1984 年由国家技术监督局编制,是目前国内用于标准文献管理的一部工具书。中国标准文献分类法由 24 个一级大类目组成,用英文字母表示,每个一级类目下分 100 个二级类目,二级类目用两位数表示。

2)国际标准分类法(ICS)

ICS 由三级类构成。一级类包含标准化领域的 40 个大类,每一大类号以两位数表示,如 01、03、07。二级类的类号由一级类的类号和被一个下圆点隔开的三位数组成。全部40 个大类分为 335 个二级类,335 个二级类中的 124 个被进一步分成为三级类。三级类的类号由二级类的类号和被一个下圆点隔开的两位数组成,如 43.040.02(照明和信号设备)。

3)国际十进制分类法(UDC)

UDC 用于国际、区域性及其他标准文献的分类。国际标准化组织(ISO)规定:1994 年以前使用国际十进制分类法(UDC),1994 年以后改用国际标准分类法(ICS)。自 1995 年底开始,我国发布的国家标准也改用(ICS)进行分类。

2. 标准文献的代号

各国的标准都有各自的代号,了解这些代号,便于查找各国标准。一些主要国家的标准代号如表 5.2 所示。

表 5.2   主要国家的标准代号

国　别	标准代号	国　别	标准代号
美国	ANSI	俄罗斯	OCT
英国	BS	日本	JIS
法国	FN	瑞典	SIS
意大利	UNI	荷兰	NEN
联邦德国	DIN	挪威	NS
加拿大	CSA	比利时	NBN
澳大利亚	AS	丹麦	DS
捷克	CSN	罗马尼亚	STAS
瑞士	VSM		

5.5.4 标准文献的检索

标准文献的检索通常有两种方式:一种是通过印刷版的标准文献检索工具来查找标准目录和摘要,再利用各图书馆收藏的标准获取全文;另一种是从众多的网站上检索到所需要的相关标准(标准数据库),有些网站还能免费获取全文。有很多网站提供了标准查找和标准全文下载的服务,如中国标准信息网(http://www.chinaios.com/)、中国标准服务网(http://www.cssn.net.cn/)等。

目前大多数标准文献均可以通过网络查找到,而且通过网络获取标准文献已被大部分用户所认可,但是网络获取标准文献全文大部分需要付费,且提供标准文献网站的检索方式都比较简单。本文主要介绍提供中外文标准文献的网站。

1. 中文标准文献网站

1)中国国家标准化管理委员会网

中国国家标准化管理委员会是国务院授权履行行政管理职能、统一管理全国标准化工作的主管机构。国家标准化管理委员会网(http://www.sac.gov.cn/)提供中英文两个版本的国家标准检索,如图5.66所示。

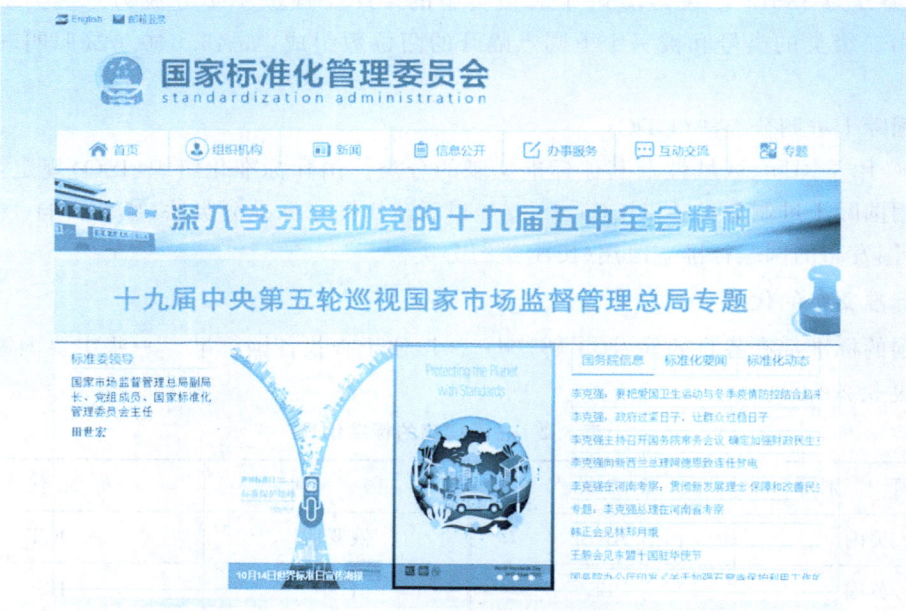

图 5.66　国家标准化管理委员会网主页

点击国家标准化管理委员会网主页上方"办事服务"项下的"标准服务平台",即可进入全国标准信息公共服务平台,如图5.67所示。该平台可提供国家标准、行业标准、地方标准、团体标准、企业标准、国际标准、国外标准等方面的检索服务,可选择机构、专家、指标、国际国外等分类方式进行检索。

点击"高级检索",则进入高级检索界面。高级检索方式由检索类别、标准属性、国家标准号、标准状态、主管部门、中文标准名称、英文标准名称、国际标准分类号、中国标准分类号、采用国际标准号、被代替国标号、计划编号、发布日期、实施日期、归口单位、起草单位 16个检索字段组成,如图5.68所示。

图 5.67　全国标准信息公共服务平台首页

图 5.68　全国标准信息公共服务平台——高级检索界面

2）中国标准信息网

中国标准信息网（China Standards Information Nets，简称 CSIN）的标准信息主要依托于国家标准化管理委员会、中国标准化研究院国家标准馆及院属科研部门、地方标准化研究院（所）及国内外相关标准化机构。该网站主页如图 5.69 所示。

CSIN 面向全国质量监督检验检疫系统及国内其他相关产业提供咨询服务。主要经销包括中国标准出版社、机械工业出版社等在内的几十家国家级出版社最新出版的国家标准、行业标准、科技图书、期刊和软件等。

CSIN 的主要服务项目：①根据客户提供的标准号或标准名称检索相关标准并提供标准资料；②标准专题检索；③标准查新和有效性确认；④标准信息动态跟踪（有效性跟踪）；⑤标准水平评价；⑥制订或修订企业标准；⑦采用国际标准咨询。

3）中国标准服务网

中国标准服务网是中国标准化研究院开发的、隶属于国家标准馆的、具有多种检索功能的国家级标准信息服务门户，是世界标准服务网（www.wssn.net.cn）的中国站点。中国标准服务网主页如图 5.70 所示。

国家标准馆是我国唯一的国家级标准文献、图书、情报的馆藏、研究和服务机构，隶属

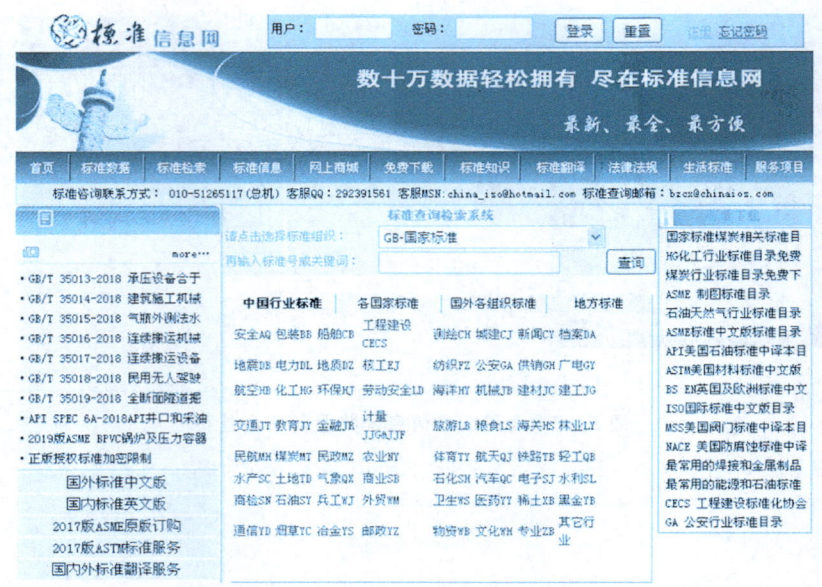

图 5.69   中国标准信息网主页

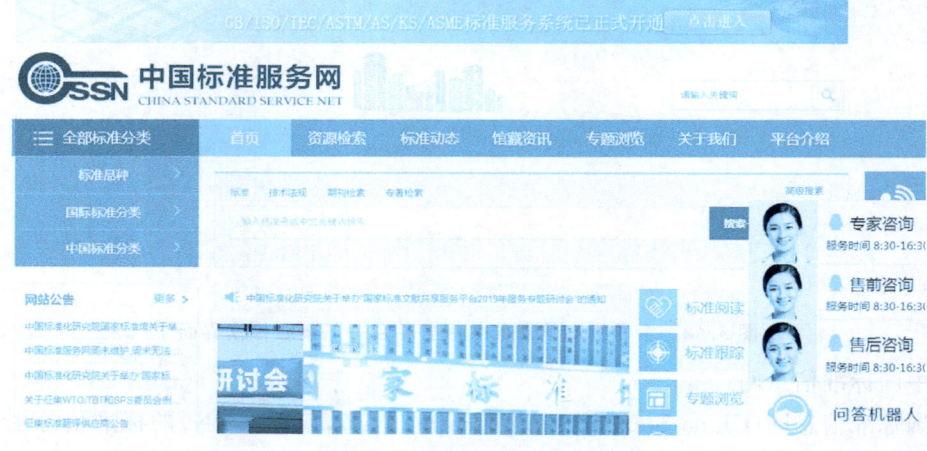

图 5.70   中国标准服务网主页

于中国标准化研究院,是国家标准化管理委员会的基础信息支撑机构。国家标准馆是国家标准文献中心,是中国图书馆学会专业图书馆分会理事单位和国家科技图书文献中心(NSTL)的成员单位,是我国历史最久、资源最全、服务最广、影响最大的权威性标准文献服务机构。

国家标准馆自 2005 年开始进行"标准文献共享网络建设",在整合全国已有标准文献资源的基础上,形成了规模庞大的标准文献题录数据库、全文数据库和专业数据库。目前标准文献题录数据库的数据存量已达 130 万余条,是我国迄今为止最全的标准文献信息库。目前,国家标准馆拥有一支由 60 多名专家组成的从事标准文献、图书情报的收集、加工、研究和服务工作的专业化队伍,技术力量雄厚。为方便国内外用户,服务社会,国家标准馆与 30 多个国家及国际标准化机构建立了长期、稳定的标准文献信息交换关系,并且与众多国内外标准出版发行机构建立了良好的合作机制,从事国内外及国际标准的代理服务。

"标准文献共享服务网络建设"是国家科技基础条件平台重点建设项目之一,由国家质量监督检验检疫总局牵头,中国标准化研究院承担,实施周期为 3 年。在项目实施过程中,始终以"边建设边服务"为原则,在完成项目任务书规定的各项任务的同时,实现了由"项目"到"平台"的转变,最终搭建了面向全国提供服务的"国家标准文献共享服务平台"。

中国标准服务网依托国家标准馆的馆藏资源优势和中国标准化研究院的专业技术优势,为用户提供标准文献查询(查阅)、查新、有效性确认、咨询研究、信息加工、文献翻译、销售代理、专业培训以及其他专题性服务。并通过电话、传真、电子邮件等方式为用户提供服务。

4)万方数据知识服务平台标准数据库

万方数据知识服务平台标准数据库(http://g.wanfangdata.com.cn/)收录了国内的大量标准,包括国家发布的全部标准、某些行业的行业标准及电气和电子工程师技术标准;收录了国际标准数据库中各国的国家标准,以及国际电工标准;还收录了某些国家的行业标准。其中,中国标准数据库由国家市场监督管理总局等单位提供,收录自 1964 年至今全部国家标准和行业标准,每月更新;涉及工程技术等各行业,并建成中国国家标准、中国行业标准、中国建设标准等数据库;免费提供标准文摘,标准全文需经授权方可获取。

标准数据库检索界面与万方数据库中的其他板块类似,高级检索字段根据文献的特点设置了全部、主题、题名和关键词、题名、关键词、标准编号、中国标准分类号、国际标准分类号、作者单位、发布单位等 11 个字段,系统默认在全部字段中检索。

5)国家科技图书文献中心

国家科技图书文献中心(NSTL,http://www.nstl.gov.cn/)收录的标准数据库包含中国标准、国外标准等数据库。其中,国家标准数据库包含中国国家标准数据库和国外标准数据库。检索字段设有标准名称、标准号、主题词、标准分类号 4 个。系统设置的查询方式有精确检索和模糊检索两种,时间设置从 1985 年至今,支持普通、高级和分类 3 种检索方式。该系统提供免费检索,检索结果为标准题录文献,只有部分标准文献有全文。获取标准全文需要在检索前勾选"可提供全文记录"选项后单击"加入购物车"按钮,需通过NSTL 文献传递系统在标准全文收藏单位注册后方能获得电子版的全文(收费服务)。

2. 国际标准文献网站

国际标准化组织(International Organization for Standardization,ISO)、国际电工委员会(International Electrotechnical Commission,IEC)和国际电信联盟(International Telecommunication Union,ITU)并称为国际标准化机构,在国际标准化活动中占主导地位。

1)国际标准化组织(ISO)网站

ISO 于 1947 年成立,是目前是世界上最大的非政府性标准化专门机构,是国际标准化领域中一个十分重要的组织。ISO 的任务是促进全球范围内的标准化及有关活动,有利于各国之间产品与服务的交流,以及在知识、科学、技术和经济活动中发展国家间的相互合作。它显示了强大的生命力,吸引了越来越多的国家参与其活动。截至 2020 年 12 月,已有 165个国家加入 ISO 组织。

ISO 的主页(https://www.iso.org/home.html)提供标准、ISO 介绍、加入、商店等板块的入口,还展示了最受欢迎的一些标准(包括 ISO 9000 系列、ISO 14000 系列、ISO/IEC 27001),如图 5.71 所示。

ISO 网站提供简单检索(Search)和高级检索(Advanced Search)两种检索方式。

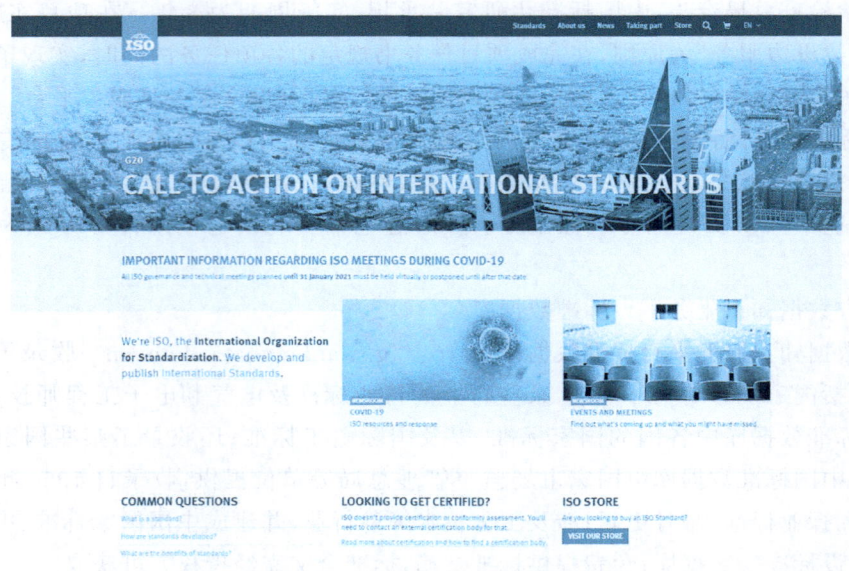

图 5.71　ISO 首页

（1）简单检索。

在 ISO 网站所有页面的最上方都有一个检索词输入框，可以输入检索词进行简单检索，如图 5.72 所示。ISO 的简单检索默认是在题名和摘要中检索，输入检索词之后，可以根据标准、新闻、文件等类别对检索结果进行过滤。

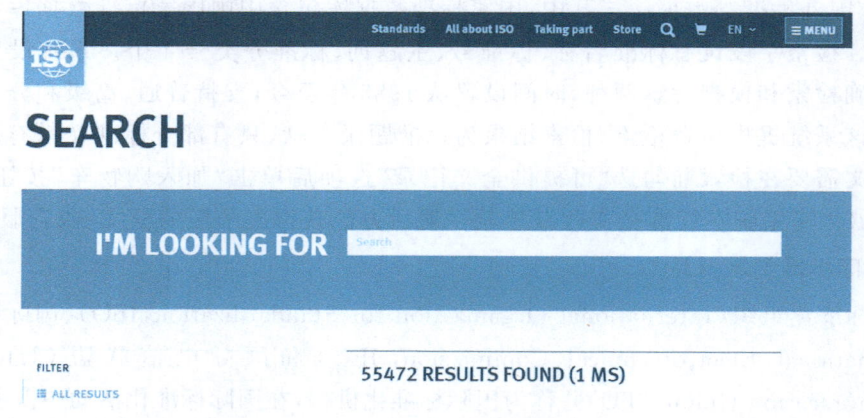

图 5.72　ISO 简单检索

（2）高级检索。

在简单检索结果显示界面的左侧，可以看到提示信息——LOOKING FOR THE FINER DETAILS? 它的下方有高级检索入口"Advanced search for standards"，点击即可进入高级检索界面。

高级检索可以限定的检索条件包括搜索范围（Search scope，同简单检索中的标准状态）、检索词（Keyword or phrase）、ISO 标准号（ISO number）、部分 ISO 标准号（Part number）、文献类型（Document type）、语言（Language）、附录类型（Supplement type）、ICS 国际标准分类（ICS）、阶段代码（Stage code）、日期范围（stage date）、技术委员会（Committee）和 SDGs，如图 5.73 所示。

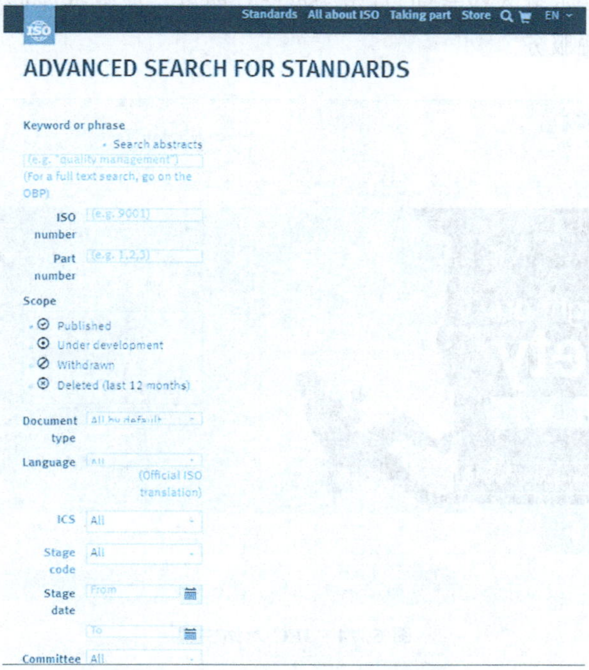

图 5.73　ISO 高级检索界面

具体说明如下：①检索词可限定在题名（Title）、摘要（Abstract）或全文（Full text of standard）中进行检索，可多选；②标准文献类型包括所有（All by default）、数据（Data）、指南（Guide）、国际标准（International Standard）、国际标准目录（International Standard Profile）、国际研讨会协定（International Workshop Agreement）、公开可获取的规范（Publicly available specification）、建议书（Recommendation）、技术报告（Technical Report）、技术规范（Technical specification）和技术趋势评估（Technology Trends Assessment）；③语言包括英语、法语、俄语、阿拉伯语和西班牙语；④附录类型包括无（None）、摘要（Extract）、技术勘误表（Technical Corrigendum）、修正（Amendment）和附录（Supplement）；⑤技术委员会只需选择相应的技术委员会代码即可。

2）国际电工委员会（IEC）网站

国际电工委员会（International Electrotechnical Commission，IEC）成立于 1906 年，其官司网网址为 http：//www.iec.ch/，如图 5.74 所示。它是世界上成立最早的国际性电工标准化机构，负责有关电气工程和电子工程领域中的国际标准化工作。IEC 的宗旨是，在电学和电子学领域中的标准化及有关事务方面（如认证）促进国际合作，增进各国之间的相互了解，并且通过出版国际标准出版物等来实现这一宗旨。目前 IEC 成员国包括了绝大多数的工业发达国家及一部分发展中国家。这些国家拥有世界人口的 80％，其生产和消耗的电能占全世界的 95％，制造和使用的电气、电子产品占全世界产量的 90％。

IEC 网站提供了简单检索和高级检索两种检索方式，有 IEC 标准号检索、ICS 标题、IEC 技术委员会、标准出版日期等主要检索字段。IEC 提供了 3 种高级检索的途径，分别是"仪表板（Dashboard Finder）"检索、"文件/项目/工作方案（Document/Projects/Work Programme）"检索和"出版物/工作进展（Publications/ Work in Progress）"检索，如图 5.75 至图 5.77 所示。这 3 种检索界面的检索词输入框均有相应的提示，用户可根据需要选择相应的高级检索,按照提示输入检索词,点击"Search"即可。该数据库同样需要先注册才能获取标准全文,提供收费服务。

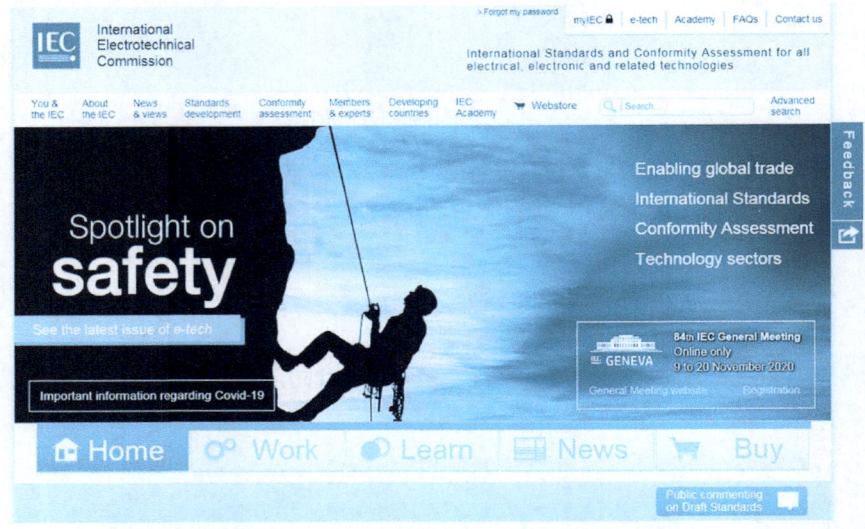

图 5.74　IEC 网站主页

图 5.75　IEC 高级检索——Dashboard Finder

3)国际电信联盟(ITU)网站

国际电信联盟(ITU)是联合国的一个专门机构,也是联合国机构中历史最长的一个国际组织。ITU 负责制定国际电信行业的相关国际标准及行业规范。ITU 的主要学术研究领域包括 ITU-T 电信研究领域、ITU-R 半导体通信研究领域、ITU-D 电信发展研究领域。ITU 网站提供有关 ITU 的新闻、国际电信行业综述、年报、市场分析预测、技术述评、会议预报、ITU 出版物目录及订购信息、发展战略和 ITU 出版物检索等。

ITU 主页(http://www.itu.int/,见图 5.78)提供的检索方式为依托 Google 自定义搜索的针对所有网页的检索。

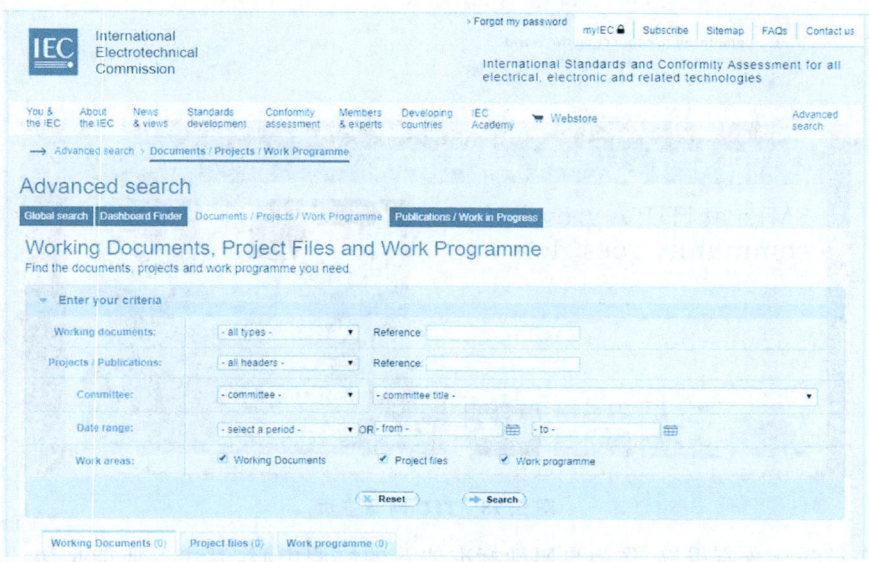

图 5.76　IEC 高级检索——Document/Projects/Work Programme

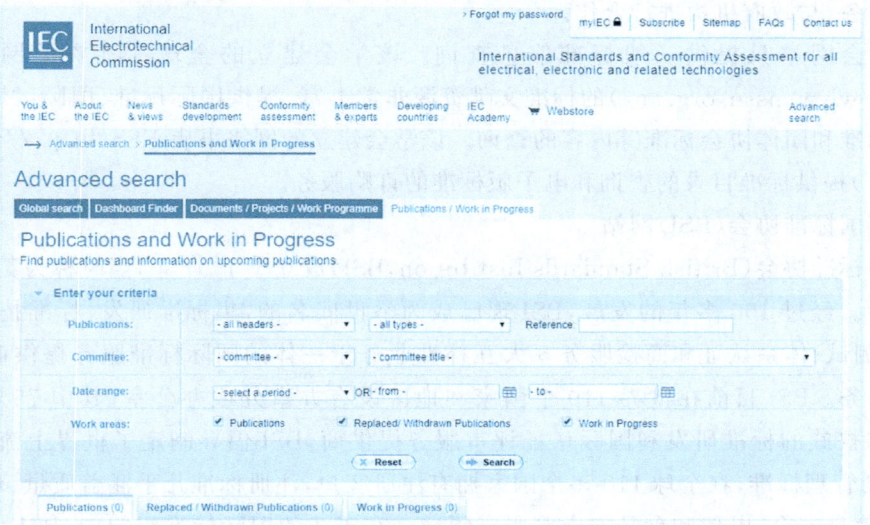

图 5.77　IEC 高级检索——Publications/ Work in Progress

4)美国国家标准学会(ANSI)网站

美国国家标准学会,原名为美国工程标准委员会(American Engineering Standards Committee,AESC)。1918 年以前,美国的许多企业和专业技术团体已开始了标准化工作,但因彼此间缺省协调,存在不少矛盾和问题。为了进一步提高效率,数百个科技学会、协会组织和团体,均认为有必要成立一个专门的标准化机构,并制定统一的通用标准。1918 年,美国材料试验协会(ASTM)、美国机械工程师协会(ASME)、美国矿业与冶金工程师协会(ASMME)、美国土木工程师协会(ASCE)、美国电气工程师协会(AIEE)等组织,共同成立了美国工程标准委员会(AESC)。1928 年,AESC 改名为美国标准协会(American Standards Association,ASA),1966 年改名为美国标准学会(America Standards Institute,USASI),1969 年正式改名为美国国家标准学会(American National Standards Institute,ANSI)。

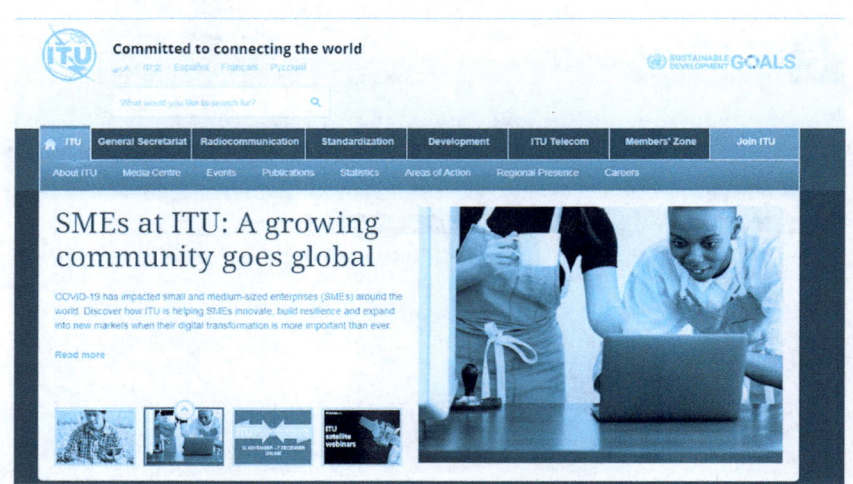

图 5.78　ITU 网站主页

　　ANSI 经联邦政府授权,作为自愿性标准体系的协调中心,其主要职能是协调美国各机构、团体的标准化活动,审核批准美国国家标准,代表美国参加国际标准化活动,提供标准信息咨询服务,与政府机构进行合作。

　　该学会网站只提供一般标准信息查询。该学会建立的全球标准资源网站 NSSN(https://www.nssn.org.au/)的标准文献资源非常丰富,提供国际标准、国际区域标准、世界各国标准和团体协会标准等内容的查询。该学会建立的网络书店 ESS(http://webstore.ansi.org/)提供标准目录的查询和电子版标准的订购服务。

　　5)英国标准协会(BSI)网站

　　英国标准协会(British Standards Institution,BSI)成立于 1901 年,当时称为英国工程标准委员会。经过 100 多年的发展,BSI 现已成为举世闻名的,集标准研发、标准技术信息提供、产品测试、体系认证和商检服务 5 大互补性业务于一体的国际标准服务提供商,面向全球提供服务。BSI 目前在世界 110 个国家和地区设有办事处或办公室,其中 75% 在国外。作为全球权威的标准研发和国际认证评审服务提供商,BSI 倡导制定了世界上流行的 ISO 9000 系列管理标准,在全球 110 多个国家拥有注册客户,注册标准几乎涵盖质量、环境、健康和安全、信息安全、电信和食品安全等所有领域。在正式的国际标准组织中,BSI 代表英国,是国际标准组织、国际电工委员会、欧洲标准化委员会(CEN)和 CLC 等所有高级管理委员会的常任成员,是国际标准组织秘书处五大所在地之一。BSI 属于非营利组织,成本之外的盈余必须投资于业务的发展,不得用于分红,形成了公共事业和商务活动相互促进、以标准和与标准相关的业务(如测试、认证等)养标准的自我循环、几乎不需政府投资的良性发展模式。

　　BSI 网站(http://www.bsigroup.com/)包括 BSI 的在线应用数据库 BSOL,是建筑及土木工程专业的关键信息来源,包括全部英国标准全文,英国、欧洲和国际标准的详尽及权威资源,所有的目录信息,超过 7000 份历史文件,新废止文件及超过 1 万份草稿和进程中的工作。该网站可根据关键词、标准名称、标准代码或 ICS 代码进行检索。

　　6)德国标准化学会(DIN)网站

　　德国标准化学会(Deutsches Institut für Normung,DIN)是德国的标准化主管机关,成立于 1917 年,于 1951 年参加国际标准化组织。DIN 还是欧洲标准化委员会、欧洲电工标准化委员会(CENELEC)和国际标准实践联合会(IFAN)的积极参加者。近数十年来,DIN 所颁布的绝大多数新标准原本都是欧盟或国际标准,它们在欧盟国家中被广泛采用,并被向欧盟出口的厂商们所使用。由于 DIN 标准的严格规范和广泛内容,它也在教学和产品研发中被全球相关人士使用。

德国标准化学会网站(http://www.din.de/cmd? level=tpl-home&contextid=din)收录的标准涵盖物理、工程、材料学等领域。大多数的 DIN 标准都有英文版或英文翻译版。在 DIN 标准数据库中可以检索所有 DIN 自己出版的标准,还可以检索到其他组织的标准内容。可以在线检索和获得 DIN 标准、ISO 标准、VDI 指南、DVS-M/R、美国各个标准制定者的标准(如 ASTM、ASME、IEEE 等)和日本工业标准。

7)法国标准化协会(AFNOR)网站

法国标准化协会(Association Francaise de Normalisation,AFNOR)的官网地址为 http://www.afnor.org/,是被政府承认和资助的全国性标准化机构。目前,法国共有 31 个标准化局(最多时达 39 个),承担了 AFNOR 50% 的标准制定或修订工作,其余 50% 则由 AFNOR 直接管理的技术委员会完成。AFNOR 现有 1300 多个技术委员会,近 35 000 名专家参与工作。法国每 3 年编制一次标准制修订计划,每年进行一次调整。法国标准分为正式标准(HOM)、试行标准(EXP)、注册标准(ENR)和标准化参考文献(RE)4 种。

AFNOR 标准与技术法规信息中心是世界上收藏标准文献最全的机构之一,成立于 1969 年,收藏有 40 多个国家的 40 多万个标准、600 多种标准化期刊。

AFNOR 在法国主要地区设有 7 个代理机构和 32 个网点,承担着信息传递、标准应用咨询等业务。AFNOR 代表法国于 1947 年加入国际标准化组织(ISO),是欧洲标准化委员会(CEN)的创始成员团体。AFNOR 在国际和区域标准化活动中做出了重要贡献。1979 年 7 月,中国和法国签订了《中华人民共和国国家标准总局和法兰西共和国标准化专署标准化合作协议》,并将此协议纳入中法政府间科技合作协定。

8)日本标准协会(JSA)网站

日本标准协会(Japanese Standards Association,JSA)的官网网址为 http://www.jsa.or.jp/top.asp,负责制定日本工业标准(Japanese Industrial Standards,JIS),该标准是日本国家级标准中最重要、最权威的标准。根据日本工业标准化法的规定,JIS 除对药品、农药、化学肥料、蚕丝、食品及其他农林产品制定有专门的标准或技术规格外,还涉及各个工业领域。其内容包括产品标准(产品形状、尺寸、质量、性能等)、方法标准(实验、分析、检测与测量方法和操作标准等)、基础标准(术语、符号、单位、优先数等)。其专业包括土木建筑、一般机械、电子仪器及电器机械、汽车、铁路、船舶、钢铁、非铁金属、化学、纤维、矿山、纸浆及纸、管理系统、陶瓷、日用品、医疗安全用具、航空、信息技术、其他,共 19 项。

第6章

网络信息检索

网络信息检索即网络信息资源的检索。网络信息资源是指通过计算机网络可以利用的各种信息资源的总和。具体地说,是指所有以电子数据形式把文字、图像、声音、动画等多种形式的信息存储在光、磁等非纸介质的载体中,并通过网络通信、计算机或终端等方式再现出来的资源。

6.1　网络信息的特点

◆ 6.1.1　时效性强

传统的信息传递模式,由于传递速度慢、传递渠道不畅,经常出现"信息获得了但也失效了"的问题。网络信息则可以有效地避免这种情况。由于网络信息更新及时、传递速度快,只要信息收集者及时发现信息,就可以保证信息的时效性。

◆ 6.1.2　网络信息增长迅速

网络环境的自由使得信息的发布不仅仅局限于出版社,政府、研究机构、大学、公司、社会团体、个人等都可以毫无限制地在网上发布信息。

◆ 6.1.3　准确性高

绝大部分网络信息是通过搜索引擎找到信息发布源而获得的。在这个过程中,减少了信息传递的中间环节,从而减少了信息的误传和更改,有效地保证了信息的准确性。

◆ 6.1.4　便于存储

现代经济生活中的信息量是非常大的,如果仍然使用传统的信息载体进行信息的存储,不仅难度相当大,而且不易查找信息。而网络商务可以方便地从因特网下载到自己的计算机上,通过计算机进行信息的管理。而且,在原有的各个网站上有相应的信息存储系统,自己的信息资料遗失后,还可以到原有的信息源中再次查找。

6.2　搜索引擎的分类

搜索引擎按其工作方式主要可分为 3 种,分别是全文搜索引擎(Full Text Search Engine)、目录索引类搜索引擎(Index/Directory Search Engine)和元搜索引擎(Meta Search Engine)。

◆ 6.2.1　全文搜索引擎

全文搜索引擎是名副其实的搜索引擎,国外具代表性的全文搜索引擎有 Google、Fast/AllTheWeb、Inktomi、Teoma、WiseNut 等,国内著名的有百度(Baidu)。它们都是通过从互联网上提取各个网站的信息(以网页文字为主)而建立的数据库,检索与用户查询条件相匹配的相关记录,然后按一定的排列顺序将结果返回给用户。因此它们是真正的搜索引擎。

从搜索结果来源的角度,全文搜索引擎又可细分为两种,一种是拥有自己的检索程序

(Indexer)，俗称"蜘蛛（Spider）"程序或"机器人（Robot）"程序，并自建网页数据库，搜索结果直接从自身的数据库中调用。如上面提到的 Google 等引擎；另一种则是租用其他引擎的数据库，并按自定的格式排列搜索结果，如 Lycos。

◆ 6.2.2 目录索引类搜索引擎

目录索引虽然有搜索功能，但从严格意义上讲，它算不上真正的搜索引擎，仅仅是按目录分类的网站链接列表而已。用户完全可以不进行关键词（keyword）查询，仅靠分类目录也可找到需要的信息。目录索引类搜索引擎中最具代表性的莫过于大名鼎鼎的雅虎，其他著名的还有 Open Directory Project（DMOZ）、LookSmart、About 等。国内的搜狐、新浪、网易搜索也属于这一类搜索引擎。

◆ 6.2.3 元搜索引擎

元搜索引擎在接受用户的查询请求时，同时在其他多个引擎上进行搜索，并将搜索结果返回给用户。著名的元搜索引擎有 InfoSpace、Dogpile、Vivisimo 等（元搜索引擎列表），中文元搜索引擎中具代表性的有搜星等。在搜索结果排列方面，有的直接按来源引擎排列搜索结果，如 Dogpile，有的则按自定的规则将结果重新排列组合，如 Vivisimo。

除上述 3 大类搜索引擎外，还有以下几种非主流形式的搜索引擎。

（1）集合式搜索引擎，如 HotBot 在 2002 年底推出的引擎。该引擎类似 META 搜索引擎，不同之处在于它不是同时调用多个引擎进行搜索，而是由用户在其提供的 4 个引擎当中选择，因此叫它集合式搜索引擎更确切些。

（2）门户搜索引擎，如 AOL Search、MSN Search 等。这类搜索引擎虽然提供搜索服务，但自身既没有分类目录，也没有网页数据库，其搜索结果完全来自其他引擎。

（3）免费链接列表（Free For All Links，FFA），这类网站一般只简单地滚动排列链接条目，少部分有简单的分类目录，不过规模比起雅虎等目录索引类搜索引擎要小得多。

由于上述网站都为用户提供搜索查询服务，为方便起见，我们通常将它们统称为搜索引擎。

6.3　学术搜索引擎

学术搜索引擎是搜索引擎运营商针对学术资源检索而推出的一款特色搜索引擎。其目的是将互联网上的各种免费资源与可获得的学术资源结合起来，更好地为学术研究者提供服务。目前推出学术搜索引擎的运营商较多，影响较大的有 Google 的 Google Scholar。

◆ 6.3.1 读秀学术搜索

读秀学术搜索（http://www.duxiu.com）是由海量中文学术资源组成的庞大知识库系统，以 6 亿页中文资料为基础，为读者提供深入图书内容的章节和全文检索、部分文献试读、参考咨询等多种功能。读秀致力于为用户提供全面而有特色的数字图书馆整体解决方案和资源功能整合服务，为广大读者打造一个获取知识资源的捷径。读秀学术搜索的界面如图 6.1 所示。

图 6.1　读秀学术搜索界面

读秀学术搜索是目前全世界最完整的文献搜索及获取的服务平台,其后台建构在由北京世纪超星信息技术发展有限责任公司所数字化的 215 万种图书元数据组成的超大型数据库的基础上。读秀收录中文图书全文 210 多万种、元数据 1.9 亿条(其中中文期刊 5000 多万条,中文报纸近 3000 万条)。其一站式检索实现了馆藏纸质图书、电子图书、学术文章等各种异构资源在同一平台的统一检索,通过优质的文献传递服务,为用户学习、研究、写论文、做课题提供最全面、准确的学术资料和获取知识资源的捷径。其特色功能如下。

(1)整合资源——各种文献资源集中于同一平台,实现统一检索管理。

读秀将图书馆馆藏纸质图书、中文图书数据库等各种资料整合于同一平台上,统一检索,使读者能在读秀平台上获取所有信息,方便读者的使用,同时节省图书馆的人力、物力,提高工作效率及图书馆的管理水平和服务水平。

统一平台:将图书馆现有的纸质图书和电子图书以及各种学术异构资源整合到同一平台上。读者在读秀平台上零距离地获取知识,提高图书馆资源的利用率。

统一检索:将读秀搜索框嵌入到图书馆门户首页,实现资源统一检索。避免多个站点逐一登录、逐一检索的弊端,读者可在读秀平台上查询所有馆藏中文信息,检索便捷,使用方便。

(2)检索资源——通过读秀的深度检索,快速、准确地查找学术资源。

读秀集成业界先进检索技术,突破以往简单的元数据检索模式,实现了基于内容的检索,使检索深入到章节和全文。利用读秀的深度检索,读者能在短时间内获得深入、准确、全面的文献信息。

(3)获取资源——读秀为读者整合学术资料,并提供多种阅读和获取资源的途径。

读秀的海量资源与用户图书馆资源的整合,在为用户打造一个资源库的同时,也为用户提供了多种获取资源的捷径,满足读者快速获取知识的需求。

试读功能:读秀提供部分资料的原文试读,更加全面地揭示文献内容,便于读者选择资料。

(4)定制特色功能——满足用户的管理需求和读者的阅读需求。

流量统计系统:阅读量、点击量的分类统计及数据可视化,包括饼状图、柱状图、趋势图等。

图书推荐系统:推荐购买纸书、电子图书,可查看图书推荐排行统计。

图书共享系统:实现图书书目馆际互知、网上购书功能,可查看出版社联系方式。

6.3.2　Google 学术搜索

Google 学术搜索（http://scholar.google.com）是一个可以免费搜索学术文章的 Google 网络应用，其主页如图 6.2 所示。它是目前影响最大的学术搜索引擎，可以快速搜寻各类学术资料。2004 年 11 月，Google 发布了 Google 学术搜索的试用版。2006 年 1 月 11 日，Google 将它的学术搜索（Google Scholar）扩展至中文学术文献领域。Google 学术搜索的信息来源主要包括万方数据资源系统、维普资讯等商业数据库，主要大学发表的学术期刊，公开的学术期刊，中国的同级评审文章、论文、图书、摘要和其他学术文献等。通过它可以看到各种学术出版商和专业社团的作品，以及网络上的学术文章。Google 学术搜索可能还包括一篇文章的多个版本（可能是初始版本），可以通过阅读这些版本做比较研究。

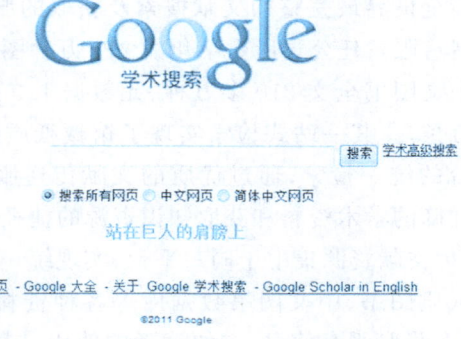

图 6.2　Google 学术搜索

Google 学术搜索的优点主要包括如下几点。

1）相关性

与 Google Web 搜索一样，Google 学术搜索根据相关性对搜索结果进行排序，最相关的信息显示在页面上方。这一排序同时考虑到每篇文章的全文内容、作者、发表该文章的刊物，以及该文章被其他学术著作引用的次数等要素。

2）全文搜索

在可能的情况下，Google 学术搜索会搜索全文，而不只是摘要部分，使用户能够实现对学术内容最为全面深入的搜索，与此同时，加强了搜索结果的相关性。

3）非在线文章搜索

Google 学术搜索涵盖了各方面的学术著作，包括还没有在线发布的学术研究结果。比如爱因斯坦的很多著作并未在线发布，却被众多学者引用，Google 学术搜索通过提供这些引用信息，使搜索者了解重要的未发布的论文和书籍。

4）多界面

Google 学术搜索同时提供了中文版界面，供中国用户更方便地搜索全球的学术科研信息。单击图书馆网站教育学习页面上的 Google 学术搜索进入中文界面，若需进入英文界面，可以访问 http://scholar.google.com/。目前，Google 学术搜索可搜索到用西欧语言和中文撰写的文章。

下面对 Google 学术搜索结果页面做一个简单的说明，如图 6.3 所示。

①标题——链接到文章的摘要或整篇文章（如果文章可以在网页上找到）。

图 6.3　Google 学术搜索结果页面

②被引用次数——给出引用了所列出论文的其他论文。

③图书馆链接——链接到用户所属的图书馆资源。

④备用版本——用户可以访问的此文章的其他版本(可能是初始版本),包括预印本、摘要、会议论文或其他改写本。

⑤网页搜索——在 Google 上搜索关于此论文的信息。

◆ 6.3.3　免费学术资源搜索引擎

1. 爱思唯尔搜索引擎

爱思唯尔(https://www.elsevier.com/zh-cn)是目前互联网上最全面、综合性最强的科技文献搜索引擎之一,由 Elsevier 科学出版社开发。爱思唯尔提供最为全面的科学信息搜索服务,涵盖期刊、科学家主页、课程资源、预印本、数据库和网页等多方面信息数亿条。爱思唯尔覆盖的学科范围包括农业与生物学、天文学、生物科学、化学与化工、计算机科学、地球与行星科学、经济、金融与管理科学、工程、能源与技术、环境科学、语言学、法学、生命科学、材料科学、数学、医学、神经系统科学、药理学、物理学、心理学、社会与行为科学、社会学等。

2. BASE 搜索引擎

BASE(http://www.base-search.net/)是德国比勒费尔德(Bielefeld)大学图书馆开发的一个多学科的学术搜索引擎,提供对全球异构学术资源的集成检索服务。它整合了德国比勒费尔德大学图书馆的图书馆目录和大约 160 个开放资源(超过 200 万个文档)的数据。

3. OJOSE

OJOSE(Online Journal Search Engine,在线期刊搜索引擎)是一个强大的免费科学搜索引擎。通过 OJOSE 能查找、下载或购买到近 60 个数据库的资源,但是操作比较复杂。

4. CNPLINKER 平台

为了给用户提供一个方便快捷的查阅国外各类期刊文献的综合网络平台,中图公司组织开发了 CNPLINKER(CNPIECLINK SERVICE)在线数据库检索系统,并正式开通运行,网址为 http://cnplinker.cnpeak.com/。CNPLINKER 平台目前主要提供约 3600 种国外期刊的目次和文摘的查询检索、电子全文链接及期刊国内馆藏查询服务,并注意与国外出版社的数据内容保持一致,保证数据的实时性。但是,它只提供了外文检索的功能,也无法得到全文。

5. INFOMINE

INFOMINE(http://infomine.ucr.edu/)是由加利福尼亚大学、维克森林大学、加州国立大学、底特律大学等大学的图书馆所建立的学术搜索引擎。它主要为大学职员、学生和研究人员提供在线学术资源。

6. HighWire 数据库

HighWire Press 是全球最大的提供免费全文的学术文献出版平台之一,于 1995 年由美国斯坦福大学图书馆创立。Highwire 数据库的内容涉及生命科学、医学、数学、物理、化学、技术科学、信息科学、环境科学、材料等,提供部分文献的免费全文检索。HighWire Press 最初仅出版著名的周刊 *Journal of Biological Chemistry*,目前已收录电子期刊 1330 多种,文章总数已达 230 多万篇,其中超过 77 万篇文章可免费获得全文,这些数据仍在不断增加。通过该平台还可以检索到 MEDLINE 收录的 4500 种期刊中的 1200 多万篇文章,并可看到文摘题录。HighWire 主页提供出版物在线浏览服务,用户可以按题名、出版物、主题进行浏览。

在数据库主页,单击"more search options",进入检索页面,检索页面提供快速检索和高级检索途径,检索项有全文、题名和摘要、题名、作者。

7. MEDLINE 及其免费网络版 PubMed

MEDLINE 数据库收录了自 1966 年以来 70 多个国家的约 7800 多种生物医学期刊上发表的论文的题录或文摘,其中大约有 75% 的文献为英文文献,且文献来源以美国为主。目前 MEDLINE 的记录数量已经超过了 1000 万条。该数据库不提供全文,但大多数文献带有英文摘要(1975 年以前的文献无英文摘要)。

PubMed(http://www.ncbi.nlm.nih.gov/pubmed)是因特网上最著名的免费 MEDLINE 数据库,该系统于 1997 年开始使用。PubMed 的数据主要由四个部分组成,即 MEDLINE、OLDMEDLINE、In Process Citations、Record Suppled by Publisher。

MEDLINE:与通常使用的 MEDLINE 数据库收录的范围、年代、内容相同,但数据更新速度较快。

OLDMEDLINE:收录了 1950—1965 年的美国医学索引(IM)中的题录。

In Process Citations:一个临时性的数据库,收录准备进行标引的题录和文摘信息,每天都在接受新的数据,进行文献的标引和加工,每周把加工好的数据加入 MEDLINE 中,同时从 In Process Citations 库中删除。In Process Citations 中的记录标有[PubMed-in process]的标记。

Publisher-Supplied Citations:出版商将电子版文献信息提供给 PubMed 后,每条记录都标有[PubMed-as supplied by publisher]的标记。这些记录每天都不停地向 In Process Citations 库中传送,加入到 In Process Citations 后,原有的标记将改为[PubMed-in process]的标记。此外,由于有些被 MEDLINE 收录的期刊涉及学科范围较广,有些文献已超出了 MEDLINE 的收录范围(如地壳运动、火山爆发等),从而不能进入 MEDLINE,但仍然存在于 PubMed 中,其标记为[PubMed]。

8. PubChem

美国国家健康研究院(NIH)于 2004 年推出了小分子活性数据库 PubChem(http://

pubchem. ncbi. nlm. nih. gov/),它是 NIH 分子库计划 MLI 的阶段性成果,是由多种来源(不少是试剂目录)的数据库将其化合物标志(以化学结构信息为主)库上传到中心库(PubChem Substance),经化学结构唯一化处理后形成的有机小分子库,目前由美国国家生物技术信息中心负责维护。PubChem 的数据信息可经由网站直接存取,数以百万计的化学资料集可经 FTP 免费下载。PubChem Chemical、PubChem Bioassay 提供小分子生物活性筛选数据。PubChem 实现了与 NIH 生命科学数据库系列及提交索引的各化学数据库化合物索引的衔接,并通过一些计算软件以化学结构信息为基础自动生成了化合物的多种命名和编码,如 InChI、SMILES 唯一码等。PubChem Chemical 在 3 年多的时间里形成了 1900万个化合物索引,给实行商业运营的美国化学文摘的物质注册库(CAS REGISTRY)带来了潜在的威胁。

9. Free Medical Journals

Free Medical Journals(http://www. freemedicaljournals. com/)是免费的医学期刊网站,提供 1500 多种医学期刊的检索,以及刊名检索、主题浏览、刊名字顺浏览等服务,部分文章可下载全文。

10. MagPortal

MagPortal(http://www. magportal. com/)是一个专门寻找在线杂志目录的搜索引擎,它还收录了部分在其他网站上使用的稿件。该网站于 2000 年 3 月 28 日正式启动,提供期刊分类浏览和关键词检索。

11. FINDARTICLES

FINDARTICLES(http://findarticles. com/)是一个专门寻找在线杂志目录的搜索引擎,收录各行业杂志 4000 余种,收录文章 2600 万篇。

12. 中国科技论文在线

中国科技论文在线(http://www. paper. edu. cn/)是经教育部批准,由教育部科技发展中心主办,针对科研人员普遍反映的论文发表困难,学术交流渠道窄,不利于科研成果快速、高效地转化为现实生产力而创建的科技论文网站。

根据文责自负的原则,只要作者所投论文遵守国家相关法律,为学术范围内的讨论,有一定学术水平,且符合中国科技论文在线的基本投稿要求,可在一周内发表。专业领域按自然科学国家标准学科分类与代码分为 39 类。该网站收录首发论文 10 万多篇,优秀学者论文近 7 万篇,自荐学者论文 2 万篇,科技期刊论文 30 多万篇。

中国科技论文在线可为在该网站发表论文的作者提供论文发表时间的证明,并允许作者同时向其他专业学术刊物投稿,以使科研人员新颖的学术观点、创新思想和技术成果能够尽快对外发布,并保护原创作者的知识产权。

中国科技论文在线提供首发论文、优秀学者、自荐学者、名家推荐、科技期刊、专题论文等途径的检索。

13. arXiv. org 电子预印本文献库

arXiv. org(http://arxiv. org/)是由美国国家科学基金会和美国能源部资助,在美国洛斯阿拉莫斯(Los Alamos)国家实验室建立的电子预印本文献库,始建于 1991 年 8 月,由 Dr. Ginsparg 发起,旨在促进科学研究成果的交流与共享。2001 年后转由康奈尔大学

(Cornell University)进行维护和管理。arXiv 是最早的预印本文献库,目前世界各地有 17 个镜像站点。arXiv.org 收录了涉及物理学、数学、计算机科学和定量生物学方面的学术论文 54 万多篇(每年增加几万篇)。在物理学的某些领域,它们早已替代传统的研究期刊。

arXiv.org 有检索和浏览功能,全文文献有多种格式(例如 PS、PDF、DVI 等),需要安装相应的全文浏览器才能阅读。它还提供 RSS feeds,可订阅最新文章。

14. 微软学术搜索

微软学术搜索,即 Microsoft Academic Search(http://academic.research.microsoft.com/)是微软亚洲研究院开发的在线免费使用的学术搜索引擎。它为研究员、学生、图书馆馆员和其他用户查找学术论文、国际会议、权威期刊、作者和研究领域等提供了更加智能、新颖的搜索平台。与传统搜索引擎相比,微软学术搜索采用的是基于对象的垂直搜索技术,当用户使用这种搜索引擎时,它列出的结果将是最终对象的集合,而不是杂乱的网页列表。微软学术搜索可以帮助用户快速而准确地了解某个学术研究领域内的顶尖学者、学术会议和期刊,获得一个学术领域的兴起与发展的详细信息,找到自己感兴趣的学者或学术论文及其在该学术领域的地位和影响力,发现某个研究领域经典、热点的学术论文和正在升起的学术新星。目前,微软学术搜索专注于计算机科学和信息科学范围内的搜索,未来还会将搜索范围扩展至其他学科领域。

6.4　专题型、专业型网络检索

◆ 6.4.1　白页与黄页搜索

白页指电话号码簿中登录党政机关、团体电话的部分,因用白色纸张印刷,故称为白页;也指电话号码簿中记录用户姓名、地址及电话号码的部分。电子白页通常是指某一地区固定居住者联系方式的名录,也可用于记录含电子信息方面的个人数据,如电邮地址、局域网或个人网站。电子白页除基本联系方式外,通常还包括一些附加信息,如工作地点、工作电话、公司邮箱等。Whitepages(http://www.whitepages.com/)是涵盖 2 亿美国居民的网络白页。

黄页起源于北美洲,1880 年世界上第一本黄页电话号簿在美国问世,至今已有 100 多年的历史。黄页是国际通用的按企业性质和产品类别编排的工商企业电话号码簿,以刊登企业名称、地址、电话号码为主体内容,相当于一个城市或地区的工商企业的户口本,国际上一般采用黄色纸张印制,故称黄页。现在流行的企业名录、工商指南、消费指南等,也可以算是黄页的各种表现形式。网络黄页就是纸质黄页在互联网上的延伸和发展。在信息化时代背景下,电子商务日渐普及,人们上网查阅企业信息已经相当方便,这构成了网络黄页强大的市场基础。网民队伍的壮大,互联网对日常生活的影响日益显著,都是网络黄页发展的必要因素。

中国黄页网(http://www.yellowurl.cn/)是一个容纳全国企业事业单位名称、地址、电话、网址、简介等信息的功能强大的网站,它包括网络查询和短信查询系统。检索方法是输入检索词后按行业、地区进行单项或组合查询。其主页如图 6.4 所示。

图 6.4　中国黄页网主页

6.4.2　地图搜索

信息技术在地理领域内的大量应用,促进了网络电子地图的发展,也促进了电子地图搜索引擎的产生。地图搜索引擎就是指专门用于电子地图查询检索的搜索引擎。

百度、Google 以及一些专门从事电子地图服务的网站,如图吧、我要地图等都包含地图搜索。网络地图搜索服务覆盖了国内近 400 个城市、数千个区县。只要有一台可以联网的电脑,外出之前在电脑里输入关键字就可以在线得到相关的地图信息,例如要去的地方附近有哪些建筑和道路,如何到达,如何走距离最短,等等。这些信息使我们的出行变得非常方便快捷。

下面简要介绍一下百度地图。

在百度地图里,用户可以查询街道、商场、楼盘的地理位置,也可以找到离自己最近的所有餐馆、学校、银行、公园等。

百度地图还提供了丰富的公交换乘、驾车导航的查询功能,为用户提供最合适的路线规划,让用户不仅知道要找的地点在哪,还知道如何前往。

同时,百度地图还为用户提供了完备的地图功能(如搜索提示、视野内检索、全屏、测距等),让用户得心应手地使用地图,便捷地找到所需信息。

6.4.3　域名搜索

域名搜索引擎(Domain Name Search Engine)是查找已注册域名的详细信息和设想的域名是否已经注册,或者获得相关可用域名信息的专用工具,主要为企业或个人设计和选择域名提供服务,一般用户也可以利用关键词搜索,查找相同或相关主题的网站。域名搜索的功能大致相同,但查询手段和检索方法各有特色,数据更新及时,没有重复结果和死链接。

1. 中国万网

中国万网(https://wanwang.aliyun.com/)成立于 1996 年,是中国领先的互联网应用服务提供商。中国万网可对域名进行查询,并提供域名注册及域名交易服务,其主页面如图 6.5 所示。

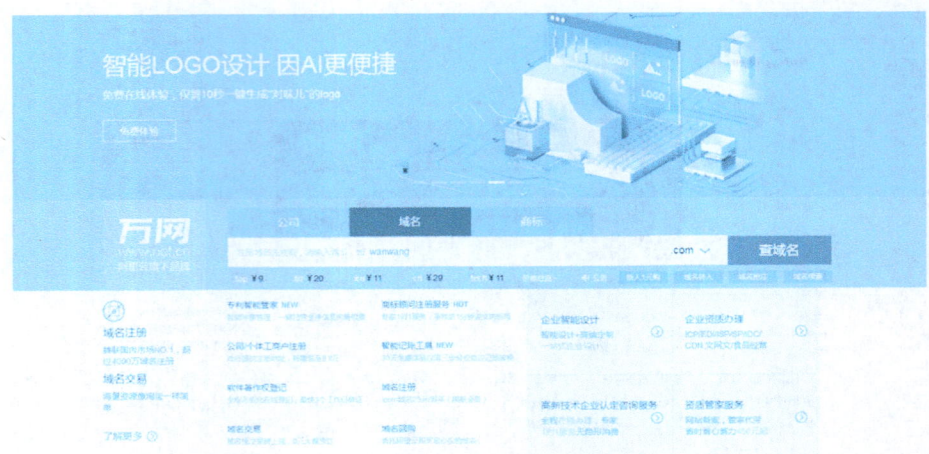

图 6.5   中国万网网站主页

2. Dynadot

Dynadot(https://www.dynadot.com/)创立于 2002 年,是 ICANN 认可的域名注册和虚拟主机商,也是国外最大域名注册商之一,目前服务于 108 个不同国家的顾客。Dynadot同样提供域名检索及域名交易服务,其主页面如图 6.6 所示。

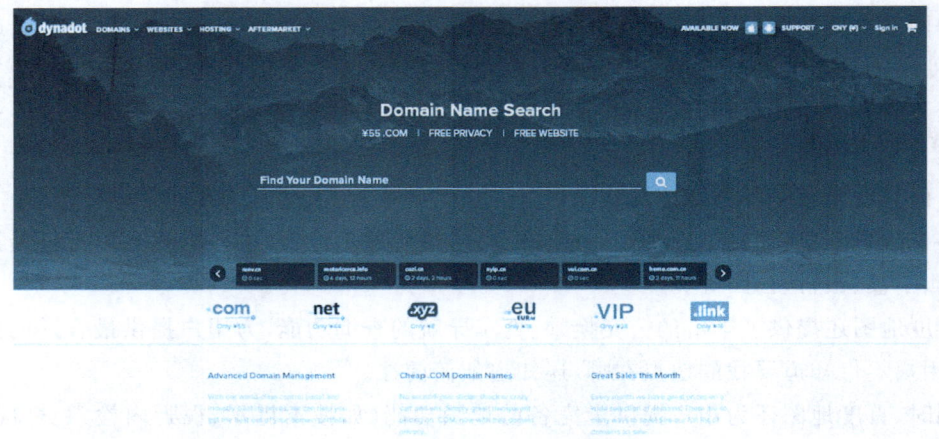

图 6.6   Dynadot 网站主页

◆ 6.4.4 FTP 搜索

FTP 搜索引擎的功能是搜集匿名 FTP 服务器提供的目录列表以及向用户提供文件信息的查询服务。由于 FTP 搜索引擎专门针对各种文件,因而相对于 World Wide Web(WWW)搜索引擎,在寻找软件、图像、电影和音乐等文件时,使用 FTP 搜索引擎更加便捷。

最早的 FTP 搜索引擎是基于文本显示的 Archie。Archie 实际上是一个大型的数据库加上与这个大型数据库相关联的一套检索方法。

WWW 的出现动摇了 Archie 在文件搜索方面的统治地位。在美观、方便的 WWW 页面上搜索 FTP 文件成为用户的自然需求,人们需要有一种基于 Web 的 FTP 搜索引擎。在功能上,基于 Web 的 FTP 搜索引擎与 Archie 基本一样,都是针对用户提交的查询匹配串找

到可以下载的 FTP 站点链接。基于 Web 的 FTP 搜索引擎也采用了很多 WWW 搜索引擎
的策略,比如使用 Spider 自动收集数据,采用倒排索引、智能换页链接技术,以及大型 FTP
搜索引擎必须采用的分布收集和服务技术。

1. Grid FTP 搜索引擎

Grid 是由中国科学技术大学网络信息中心网络技术研究中心运行维护的 FTP 搜索引
擎,它既可以进行中国科学技术大学的校园 FTP 资源查询,也可以用于 Internet 中 FTP 资
源的查询。Grid 可以查询诸如文件和影视等各种常见的 FTP 资源,其网址为 http://grid.
ustc. edu. cn,主页如图 6.7 所示。

图 6.7 Grid FTP 搜索引擎主页

2. FileWatcher

FileWatcher(文件看守者)是一款国外的 FTP 搜索引擎,它除了支持一般的 FTP 文件
名称查询外,还支持部分文件内容的查询,甚至具备布尔查询和模糊查询功能。其网址为
http://www. filewatcher. com,主页如图 6.8 所示。

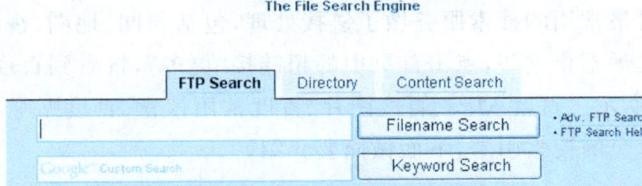

图 6.8 FileWatcher FTP 搜索引擎主页

只要是包含在查询结果中的文件,一般都可以直接点击下载,这是 FTP 搜索引擎最为
突出的一个特点。

6.4.5　新闻搜索

看新闻是许多网民上网的主要目的,新闻搜索引擎也就成了查看新闻的重要工具。新闻搜索引擎实现的过程比较简单,一般是先扫描国内外有名的新闻网站,抓取新闻网页,建立自己的新闻数据库,然后提供搜索,只是对新闻网页抓取的频率要求很高,有的需要做到几分钟扫描一次。现在许多大型的网页搜索引擎也提供相应的新闻搜索功能,如 Google 新闻搜索(http://news.google.com)、腾讯新闻搜索(https://news.qq.com/)、360 资讯搜索(https://sh.360kuai.com/)、百度新闻搜索(http://news.baidu.com)等。

6.5　常用搜索引擎

6.5.1　百度

1.简介

百度公司于 2000 年 1 月创立于北京中关村,百度是全球最大的中文搜索引擎。用户可以通过百度主页,瞬间找到相关的搜索结果,这些结果来自百度超过 10 亿的中文网页数据库,并且这些数据库的数量每天正以千万级的速度在增长。

同时,用户不必访问百度主页,也可以搜索信息。超过 3 万个搜索联盟会员以各种方式将百度搜索结合到自己的网站,使用户在浏览网站的任何时候都能进行百度搜索。百度还提供 WAP 与 PDA 搜索服务,即使身边没有 PC 机,用户也可以通过手机或掌上电脑等无线平台进行百度搜索。

百度一直致力于倾听、挖掘与满足中国网民的需求,秉承"用户体验至上"的理念,除网页搜索外,还提供 MP3、文档、地图、影视等多样化的搜索服务,率先创造了以贴吧、知道、百科、空间为代表的搜索社区,将无数网民的智慧融入了搜索服务中。"百度一下"已经成为人们进行搜索的代名词。

2.百度的服务介绍

在百度的首页对最常用的搜索服务做了链接处理,包括新闻、地图、视频、贴吧、学术等,但百度的搜索服务远远不止这些,点击首页中的超链接"更多",将看到百度强大的细分搜索服务清单,如图 6.9 所示。百度 MP3、百度图片、百度常用搜索、百度贴吧、百度知道和百度百科都是非常具有特色的搜索引擎,下面做简要介绍。

1)百度 MP3

MP3 搜索是百度较早开发的一个服务,也是为百度带来了巨大声誉的服务。百度在其天天更新的数十亿中文网页中提取 MP3 链接,从而建立了庞大的 MP3 歌曲链接库。百度 MP3 搜索引擎拥有自动验证链接有效性的卓越功能,总是把最优的链接排在前列,最大限度保证用户的搜索体验。百度歌词搜索,就是通过歌曲名或是歌词片断搜索想要的歌词。虽然该搜索引擎的名称是"MP3",但事实上它还可以搜索 rm、wma、asf、mpg 等多种格式的文件。

2)百度图片

百度图片搜索引擎是世界上最大的图片搜索引擎,百度从数十亿中文网页中提取各类

图 6.9　百度细分搜索服务清单

图片,建立了世界上数量第一的中文图片库。到目前为止,百度图片搜索引擎可检索图片数量已达上亿。百度新闻图片搜索是从中文新闻网页中实时提取新闻图片,具有新闻性、实时性、更新快等特点。

3) 百度常用搜索

百度常用搜索服务提供日常生活中的常用资讯,用户可快速搜索和查看列车时刻表、航班时刻表、电视预告、股票信息、天气预报等信息,给生活带来了极大方便,该页面同时提供计算器、英语辞典等实用的工具,如图 6.10 所示。

4) 百度贴吧

百度贴吧自从诞生以来发展迅速,现已成为世界最大的中文交流平台,为用户提供了一个表达和交流思想的自由网络空间。贴吧里每天有无数新的思想和新的话题产生,比如,

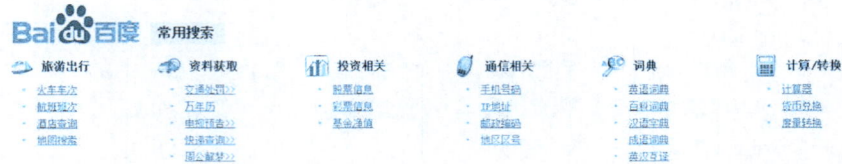

图 6.10　百度常用搜索页面

"将你的思想赠送朋友,你们将各得到两种思想""只要使用中文,贴吧就是交流思想的最好选择!"

5)百度知道

百度知道是全球最大的中文知识问答平台,日平均流量超过一亿,覆盖了互联网 90％以上的受众。截至 2019 年 11 月,已独立解决问题数超过近 5.5 亿,每日新增问题数万个,活跃度极高,在百度非网页服务中覆盖独立 IP 地址数量较多,知识分类集中于 IT、汽车、生活、数码等 20 多个目录。在百度知道人人都可以提问,可以在第一时间得到别人的回答,每个人又可以随时在线解答别人的问题。知识掌门人、知道专家、知书答礼、有奖问答等栏目以丰富的形式和视角进一步激发了网民的参与积极性,满足了用户多层次的需求,集知识性、社区性和趣味性于一身。

6)百度百科

百度百科是全球最大的开放式中文百科全书,也是一部由全民撰写的百科全书。百度百科与百度贴吧、百度知道一起,共同构筑了一个完整的知识搜索体系,成为网页搜索的有益补充,极大地提升了用户的搜索体验。截至 2019 年 8 月,百度百科收录了超 1600 万词条,参与词条编辑的网友超过 680 万人,涉及人物、文化、技术、历史、艺术、教育、地理、社会、生活、自然、科学、体育等领域。

3.搜索结果页面介绍

百度的搜索结果页面主要由图 6.11 所示的部分组成,下面对图中的各项进行详细说明。

A——切换服务:单击某一按钮,即可切换到相应的搜索服务(当前服务是网页服务)。

B——百度一下:只要单击此按钮,百度搜索引擎便开始当前服务搜索。

C——搜索结果标题:单击标题链接,可以直接打开该结果的网页。

D——搜索结果摘要:通过摘要,用户可以判断这个结果是否满足自己的需要。

E——网址信息:用户可以查看其中某一搜索结果的网址信息。

F——百度快照:"快照"是该网页在百度的备份,如果原网页打不开或者打开速度慢,可以查看快照浏览页面内容。

G——翻页:显示搜索结果顺序,单击相应数字可进入相应搜索结果页面,单击"下一页"按钮可进入当前页面的下一页。

H——相关搜索:有相似需求的其他用户的搜索方式,按搜索热门度排序。如果用户的搜索结果不理想,可以参考这些相关搜索。

4.百度搜索的特点

(1)检索结果能标示丰富的网页属性(如标题、网址、时间、大小、编码、摘要等),并突出用户的查询串,便于用户判断是否阅读原文。

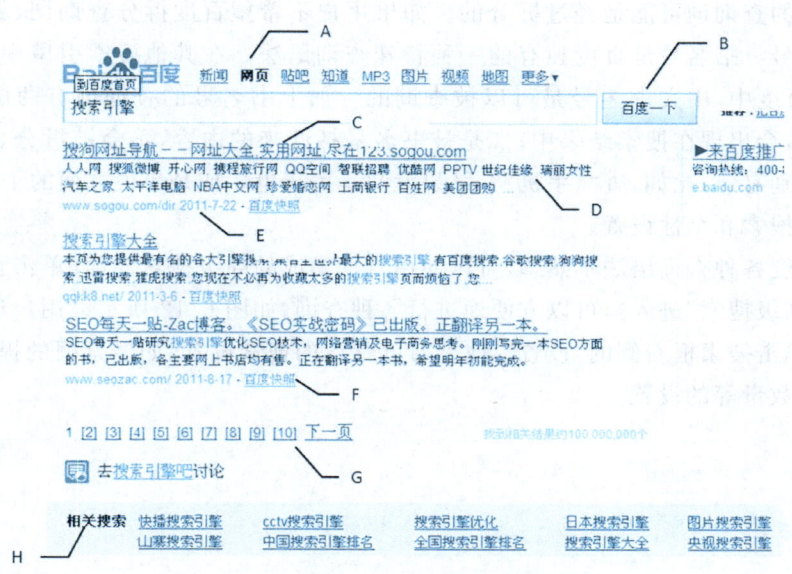

图 6.11　百度搜索结果页面

　　(2)百度搜索支持二次检索(又称渐进检索或逼近检索)。可在当前检索结果中继续检索,逐步缩小查找范围,直至达到最小、最准确的结果集,便于用户更加方便地在海量信息中找到自己真正感兴趣的内容。

　　(3)相关检索词智能推荐技术。在用户第一次检索后,会提示相关的检索词,帮助用户查找更相关的结果,统计表明可以促进检索量提升 10%～20%。

　　(4)搜索框提示。百度会根据用户的输入内容,在搜索框下方实时展示最符合要求的提示词。用户只需要单击想要的提示词,或者用键盘上下键选择想要的提示词并按 Enter 键,就会返回该词的查询结果,不必费力地敲打键盘即可轻松地完成查询。如果用户输入了拼音,百度会提示最符合要求的汉字,如输入"moshou",搜索框提示中会显示"魔兽世界""魔兽"等;如果输入的是错别字,百度会提示正确的输入词,如输入"周杰论",搜索框提示中会显示"周杰伦"。

　　(5)百度快照巧妙地解决了搜索用户经常遇到的死链接问题。百度搜索引擎会预览各网站,拍下网页的快照,为用户储存大量的应急网页。百度快照不仅下载速度极快,而且已将用户查询字串用不同颜色在网页中进行标记。

　　(6)常用搜索功能。在百度搜索框中输入计算式,即可获得计算结果;输入股票代码、列车车次或者飞机航班号,就能直接获得相关信息;输入要查询的城市名称加上天气这个词,就能获得该城市当天的天气情况;输入需要完成的货币转换或者度量衡转换,即可进行相应转换。

　　(7)智能、可扩展的搜索技术保证了最多地搜集互联网信息。百度拥有目前世界上最大的中文信息库,为向用户提供最准确、最广泛、最具时效性的信息奠定了坚实基础。

　　(8)支持多种高级检索语法,使用户查询效率更高、结果更准。已支持"＋"或空格(逻辑与)、"—"(逻辑非)、"｜"(逻辑或)、"site："、"link："、"filetype："、"intitle："、"inurl："等搜索语法,还将继续增加其他高效的搜索语法。

　　(9)精确匹配——双引号和书名号。如果输入的查询词很长,百度在经过分析后,给出的搜索结果中的查询词可能是经过拆分的。如果用户不希望百度拆分查询词,就可以给查询词加上双引号。书名号是百度独有的一种特殊查询语法。在其他搜索引擎中,书名号会被忽略,而在百度中,中文书名号是可以被查询的。加上书名号的查询词有两层特殊的功能,一是书名号会出现在搜索结果中;二是被书名号括起来的内容,不会被拆分。书名号在某些情况下特别有效,比如,查"《手机》",结果就都是关于电影或是小说方面的了。

(10)高级搜索和个性设置。

如果对百度各种查询语法不熟悉,可以使用百度集成的高级搜索界面(单击页面右上角的"设置"—"高级搜索"进入),可以方便地进行各种查询,如图 6.12 所示。用户还可以根据自己的习惯,单击搜索框右侧的"设置",改变百度默认的搜索设置,如搜索框的提示、每页搜索结果的显示数量等的设置。

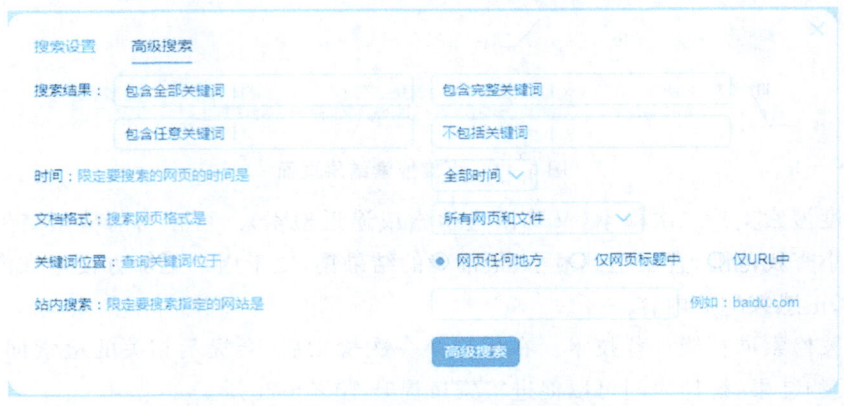

图 6.12　百度搜索——高级搜索页面

◆ 6.5.2　谷歌

1. 简介

谷歌(Google Inc.)是一家美国上市公司(公有股份公司),于 1998 年 9 月以私有股份公司的形式创立,目的是设计并管理一个互联网搜索引擎。Google 公司的总部称作"Googleplex",位于加利福尼亚山景城。Google 创始人 Larry Page 和 Sergey Brin 在斯坦福大学的学生宿舍内共同开发了全新的在线搜索引擎,然后迅速传播给全球的信息搜索者。Google 目前被公认为全球规模最大的搜索引擎,它提供了简单易用的免费服务。"不作恶"(Don't be evil)是谷歌公司的一项非正式的公司口号,最早是由 Gmail 服务创始人在一次会议中提出。

2. Google 的服务介绍

Google 的首页也对最常见的搜索服务做了超链接处理,包括网页、图片、视频、地图、资讯等,但 Google 的搜索服务远不止这些,点击首页中的"更多"超链接,将看到 Google 的搜索服务清单,如图 6.13 所示。Google 地图、Google 翻译、Google 生活、Google 音乐都是非常具有特色的搜索服务,下面做简要介绍。

1)Google 地图

Google 地图是一种网络地图服务。通过使用 Google 地图,用户可以查询详细地址,寻找周边信息、商户信息,并规划点到点路线。在 Google 地图首页输入起始地和目的地,

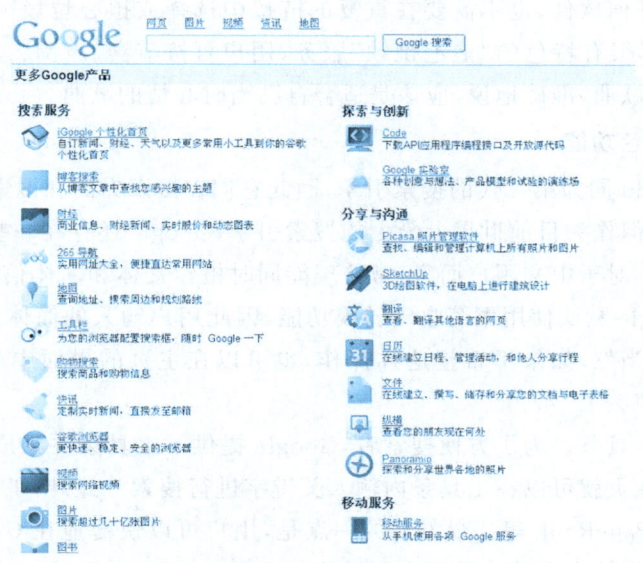

图 6.13　谷歌搜索服务清单

Google 地图将自动规划线路,并提供每一段路的具体行驶或公交换乘路线,包括公交站位置和公交车行驶里程,大家可选择少换乘或较快捷的乘车方案。Google 地图还有跨省查询、实时交通流量查看、自动定位位置等功能。Google 地图支持搜索结果免费发送,当用户在 Google 地图上查到一个地方的地址或电话时,旁边有一个发送的选项,只要单击它就可直接把信息免费发送到指定的电子邮箱或手机上。另外,也可以在 Google 地图中定制一个自己的地图或是添加本地商户信息。

2)Google 翻译

Google 免费提供非英语语言网页的翻译服务。单击"翻译此页"链接后,用户将得到被自动翻译成英语的网页版本。要想查看原始网页,可单击翻译后网页顶部框架中的"查看原始网页"链接,或返回 Google 结果页,然后单击所选结果最前面的蓝色较大字体的链接。但并非所有语言都能被翻译,也并非所有 Google 支持翻译的语言的网页都能被完全翻译。翻译软件不能辨认图片中的文字,因此这些文字是不能被翻译的。目前,Google 可支持法语、德语、意大利语、西班牙语、中文(简体)、中文(繁体)、日语和韩语的英语翻译。

3)Google 生活

Google 生活搜索服务为用户提供了周边完整的衣食住行信息,"房屋、工作、餐饮、出行票务",一切尽在掌握。生活搜索同地图和移动搜索的整合,使得生活信息和地理信息联系更紧密,同时获取更方便。Google 生活根据中国用户的需求,继续强化浏览功能,使得用户可以方便地通过单击来获取信息。

4)Google 音乐

中国是谷歌在全球第一个,也是唯一一个推出音乐搜索的区域,Google 音乐是谷歌第一次针对中国用户需求所推出的产品,目前,只有中国的 IP 地址才能通过 Google 音乐下载搜索到的音乐。2009 年 3 月推出的 Google 音乐搜索是一种新的音乐服务运作模式,用户无须为正版音乐付费。当用户在谷歌搜索歌手、专辑或歌曲的时候,会在搜索结果页面顶部找到歌手照片、专辑封面等信息。用户可以通过链接到巨鲸音乐网试听或下载高质量的正版音乐,不需要安装任何软件,也不需要在重复的链接中选择或担心垃圾链接的存在。同时,Google 音乐提供了很有特色的"泡泡挑歌"服务,用户可按节奏、声调、音乐、年代等信息逐步找到自己想要的歌曲,准确地说,应该是适合自己当时心情的歌曲。

3. Google 的特色功能

Google 和 Baidu 同为第二代的搜索引擎,因此它们在搜索界面和搜索结果界面上,都有着很多相似之处。但作为目前世界上最大的搜索引擎,Google 还存在一些特色功能。

(1)繁简转换。对于中文用户而言,常希望能同时检索繁体和简体信息,而 Google 就能做到这一点。Google 默认使用繁简自动转换功能,因此用户输入的简体关键字也将被转换成繁体进行检索。当然,如果不希望这样操作,也可以在主页的界面中单击"使用偏好"链接,把这个选项关掉。

(2)集成化的工具条。为了方便搜索者,Google 提供了工具条并集成于浏览器中,用户无须打开 Google 主页就可以在工具条内输入关键字进行搜索。此外,工具条还提供了其他功能,如显示页面 PageRank 等。最方便的一点是,用户可以快捷地在 Google 主页、目录服务、新闻组搜索、高级搜索和搜索设定之间转换。

(3)手气不错。在主页的检索界面中,输入关键词后,单击"手气不错"按钮,将自动进入 Google 查询到的第一个网页,用户将完全看不到其他搜索结果。使用"手气不错"进行搜索,表示用于搜索网页的时间较少而用于检查网页的时间较多。

(4)支持多种高级检索语法,而且其语法种类要比百度丰富。已支持"+"或空格(逻辑与)、"—"(逻辑非)、"OR"(逻辑或)、"site:"、"link:"、"filetype:"、"intitle:"、"inurl:"等基本搜索语法和"info:"、"stock:"等一些罕见搜索语法。

6.6 学科信息资源

6.6.1 学科信息资源的类型

学科信息资源的类型如表 6.1 所示。

表 6.1 学科信息资源的类型

类　　型	形　　式
文献资源	图书(书目/文摘)、图书(全文)、期刊(书目/文摘)、期刊(全文)、论文/报告(资源集合)、论文/报告(单篇)、综合性资源站点
研究机构/团体	学会/协会、大学院系、科研院所
科学家/学者	学科领域内的科学家或学者
研究项目	研究项目内容
会议	国际会议、国内会议
邮件列表/讨论组/新闻组	
其他	软件、图谱、数值数据库

6.6.2 学科信息的查找途径与方法

1.分布式资源的查找途径

(1)研究机构、学术团体、教育机构、基金组织、政府部门、文献信息机构;

(2)数字化期刊、技术报告、学位论文、标准与专利、数字化工具书;

(3)数据库、地学图集、图书馆目录、信息服务系统、专业软件;

(4)学术会议(会议录)、论坛、BBS 等。

2.集成式资源的查找途径

1)学科信息门户

学科信息门户是利用网络技术向用户提供某一学科领域的各类资源和各种信息,提供对这一学科信息资源的"一站式"检索途径。学科信息门户实际上就是某学科领域网络信息资源的"信息超市"。

2)学科资源导航

学科资源导航的目的是将相关重点学科的最优秀的网络资源提供给用户,帮助高校科研人员快速、准确地获取所需信息,如 CALIS 重点学科导航库。

3)行业专业网站

某行业的网站是该行业信息的集合,如建筑行业、包装行业等。

集成式信息资源的优点:针对专业用户的研究需要,学科信息比较权威与全面;注重学科信息的横向整合与纵向联系;支持个性化定制和开放式集成;具有长期的运行管理机制。

6.7 常用在线参考工具书

6.7.1 百科全书

1.百度百科

百度百科(https://baike.baidu.com/)是百度公司推出的一部内容开放、自由的网络百科全书,其测试版于 2006 年 4 月 20 日上线,正式版在 2008 年 4 月 21 日发布。截至 2020 年 11 月,百度百科收录了超 2130 万个词条,参与词条编辑的网友超过 723 万人,几乎涵盖了所有已知的知识领域。百度百科有秒懂星课堂、艺术百科、城市百科、明星百科、特色词条、数字方志馆、数字博物馆、数说科学等特色板块。

2.维基百科

维基百科(https://www.wikipedia.de/)是全球最大且最受欢迎的网络参考工具书,建立于 2001 年,有超过 280 多种语言版本。中文维基百科于 2002 年成立,由非营利组织——维基媒体基金会负责维持。

3.MBA 智库

MBA 智库(https://www.mbalib.com/)创办于 2006 年,号称全球最大、最专业的中文经管百科全书。它主要为中国各企业管理人员和各大院校的企业管理学生提供管理资讯及技术服务,是人人可以参与编写的百科全书,其目标是专注于经济管理领域知识的创建。

6.7.2 字典、词典

1. 在线汉语字典

在线汉语字典(http://xh.5156edu.com/)的检索方式有按部首检索、按拼音检索两种，可以查询成语、歇后语、近义词、反义词、文言文、古诗词，也可使用中文转拼音等特色功能。

2. 汉辞网

汉辞网(http://www.hydcd.com/)是《汉语大辞典》的官方网站，成立于 2004 年。该网站提供汉语大辞典软件、汉语大辞典 app 及相关真人语音库的下载，并提供字典、词典、成语、古文、古诗词、近义词、反义词等的在线查询，弘扬汉语文化。

3. 书法字典

书法字典(http://www.shufazidian.com/)从 1125 种碑碣法帖中选出数以万计的字，将其按字体分为 5 类，包括楷书、行书、草书、隶书与篆书，可直接输入汉字搜索相应的字体。

6.7.3 年鉴

1. 北京教育年鉴在线资源平台

北京教育年鉴在线资源平台(http://njzypt.jyzh.cn/portal.php)于 2017 年 12 月开通，立足于北京教育年鉴以及北京教育系统的年鉴资源，通过网站的形式，展现北京教育发展轨迹。该平台在线整合组稿、编辑、审稿、返稿等年鉴编纂环节，通过即时提醒、数据分析和稿件合拢等功能，实现年鉴的在线编纂。

2. 中国信息年鉴

《中国信息年鉴》由国家发展与改革委员会主管，国家信息中心和中国信息协会主办，中国信息年鉴期刊社出版，国家各大部委及行业协会等信息化建设主管部门或牵头单位高层主管、著名专家与业界权威共同组成年鉴顾问委员会和编辑委员会，是第一部反映我国信息化建设全貌的大型专业年刊。其官网地址为 http://www.cia.org.cn/。

3. 中国艺术年鉴

《中国当代大学生艺术作品年鉴》是当代大学生艺术设计界最具影响力和最权威的艺术设计类文献图书，收录了中国当代大学生优秀艺术设计作品，作品涉及绘画艺术、书画艺术、造型艺术、视觉艺术、环境艺术、动漫艺术、新媒体艺术、摄影艺术、纺织服装艺术等九大艺术科目类别。其网站名称为中国艺术年鉴，网站地址为 http://www.zhuri100.com/。

6.7.4 手册

脚本之家(https://www.jb51.net/)成立于 2006 年，是一个收藏整理了多类脚本学习资料的专业网站，为个人网站，访客主要是网站建设、网页设计和网络编程开发人员及业余网页爱好者。网站定位于最新的网页制作教程、网站建设指南、网络编程、网页素材下载、网页相关书籍，以及网络安全知识和操作系统知识等，网站主页如图 6.14 所示。

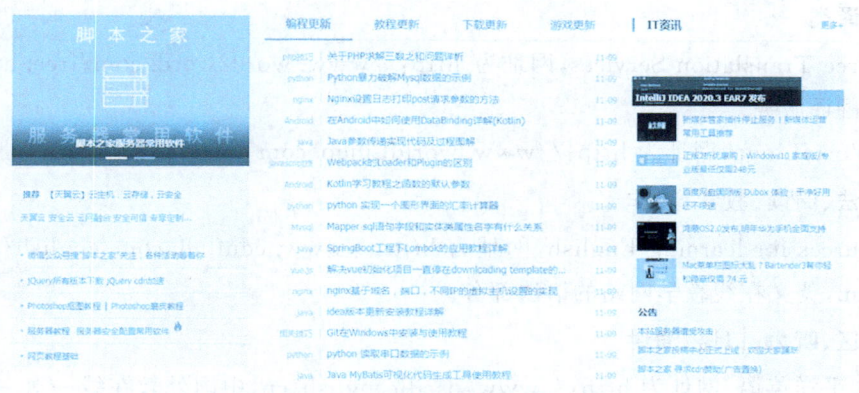

图 6.14　脚本之家主页

6.8　大学生常用信息网站

◆ 6.8.1　英语学习信息网站

1. 搜索类

（1）全球最强大的搜索网站——谷歌，网址为 http://www. google. com。在语言学习中，它的功能至少包括：搜索新词可用的语境，确认某种搭配或用法是否准确，通过同时输入中文及"English"寻找可能存在的双语介绍，查询文学作品译本，了解某一类事物的相关知识等。

（2）雅虎分类检索，网址为 http://www. yahoo. com。

2. 汉英、英汉、英英、汉汉词典

（1）金山词霸，网址为 http://www. iciba. com/。可以下载部分字典软件的共享版，英汉之间各种转换都有，词条数在百万以上。

（2）韦氏大词典，网址为 http://www. m-w. com/，属于英英词典。

（3）同义词电子词典，网址为 http://dico. isc. cnrs. fr/dico/en/search，属于英英词典。

3. 百科辞典

（1）Great Books Online，网址为 https://www. bartleby. com/reference/，是美国最大的免费在线参考网站。下有 Columbia Encyclopedia，Roget's Thesauri，American Heritage Dictionary，Columbia History of English and American Literature 等众多参考词典。该网站更新快，内容丰富。

（2）在线简明牛津百科全书，网址为 http://education. yahoo. com/reference/encyclopedia/index. html。

（3）Getty Thesaurus of Geographic Names，网址为 http://www. getty. edu/research/tools/vocabulary/tgn/index. html，地名大词典。

（4）A Shi'te Encyclopedia，网址为 http://www. al-islam. org/encyclopedia/index. html，伊斯兰教英文百科全书。

（5）CARM，网址为 http://www. carm. org/dictionary. htm，基督教神学词典。

4. 翻译类

（1）Free Translation Services，网址为 http://www.word2word.com/free.html，提供免费网上翻译服务。

（2）WorldLingo，网址为 http://www.worldLingo.com，提供免费网上翻译服务。

5. 语法、阅读、教学、写作

Resources for learning English，网址为 http://www.edufind.com/english/grammar/subidx.cfm，英文在线教学网站的语法部分。

6. 社区、听力、口语、演讲

（1）太平洋英语，网址为 http://www.pacificenglish.cn，中国外教在线一对一英语口语培训。

（2）在线英语听力室，网址为 http://www.tingroom.com/，拥有众多时文，可下载收听。

（3）听力特快，网址为 http://www.listeningexpress.com/，有部分 VOA、BBC、NCE 的听力材料。

（4）American rhetoric，网址为 http://www.americanrhetoric.com/speechbank.htm，强大的名人演说集（文本＋录音）。

7. 综合类

（1）世博英语，网址为 http://www.360abc.com/。

（2）中国日报网英语点津，网址为 http://language.chinadaily.com.cn/

8. 英语考试

（1）无忧雅思，网址为 www.51ielts.com，专门针对各种英语考试，如 TOFEL、GRE、GMAT、IELTS、ESL。

（2）寄托天下，网址为 http://www.gter.net/。

（3）TESTMAGIC，网址为 http://www.testmagic.com/。

9. 国际常用背景材料（外交、政治、经济、文化）

（1）联合国官方网站，网址为 http://www.un.org，支持多种语言，包括新闻、发言、文件、活动等大量内容。

（2）联合国教科文组织官方网站，网址为 http://www.unesco.org，支持五种语言，材料丰富。

（3）欧盟官方网站，网址为 https://europa.eu/。

（4）雅虎的世界知识网站，网址为 http://education.yahoo.com/reference/factbook/，综合性强。

（5）COUNTRYREPORTS，介绍世界各国情况的英文网站，网址为 http://www.countryreports.org/，有地区论坛。

（6）ISPA，国际演艺协会官方网站，网址为 http://www.ispa.org。

（7）The White House，美国白宫官方网站，网址为 http://whitehouse.gov，了解美国政治必备。

10. 主要媒体、英语杂志

(1) 新华网,网址为 http://www.xinhuanet.com/english,新闻量丰富,分类详尽,支持多种语言。

(2) 中国日报网,网址为 http://www.chinadaily.com.cn,国内最大的英语新闻媒体,适合新闻搜索。

(3) 央视网,网址为 http://www.cctv.com.cn,可提前一周下载节目预告,有英语频道纪录片。

(4) 联合早报网,网址为 http://www.zaobao.com/bilingual/bilingual.html,新加坡、中国、亚洲和国际的即时、评论、商业、体育、生活、科技与多媒体新闻,汉英双语专辑。

(5)《探索》杂志官方网站,网址为 http://dsc.discovery.com/。

(6)《国家地理》杂志官方网站,网址为 http://www.nationalgeographic.com/。

(7)《发现》杂志官方网站,网址为 http://www.discover.com。

(8) Arts & Letters Daily,网址为 http://www.aldaily.com,展示世界文化、艺术、出版界的动态及丰富的评论与知识。

6.8.2　考研

1. 考研网站

中国研究生招生信息网,网址为 http://yz.chsi.com.cn/。

中国考研网(官方站点),网址为 http://www.cnky.net/。

中公考研网,网址为 http://www.kaoyan365.com/。

中国高等教育学生信息网(学信网),网址为 http://www.chsi.com.cn/。

中国教育在线考研频道,网址为 http://kaoyan.eol.cn/。

中国考研网,网址为 http://www.chinakaoyan.com/。

2. 考研论坛

考研帮,网址为 http://bbs.kaoyan.com/。

小木虫论坛,网址为 https://xmuchong.com/。

考研论坛,网址为 http://bbs.kaoyan.com/。

6.8.3　就业类信息网站

1. 帮助求职应聘的网站

(1) 应届毕业生网,网址为 http://www.yjbys.com/。

(2) 智通人才网,网址为 http://www.job5156.com/。

(3) 应届生求职网,网址为 http://www.yingjiesheng.com/。

2. 我国著名的招聘类专业网站

1) 智联招聘

智联招聘(http://www.zhaopin.com/)成立于 1997 年,是国内最早、最专业的人力资源服务商之一。智联招聘的前身是 1994 年创建的猎头公司智联(Alliance)。智联招聘面向大型公司和快速发展的中小企业,提供一站式专业人力资源服务,是拥有政府颁发的人才服务许可证和劳务派遣许可证的专业服务机构。

2）中华英才网

中华英才网（http://www.chinahr.com/index.htm）从 1997 年开始从事网络招聘业务，是中国最早、最专业的人才招聘网站之一，现在已经成为中国最著名的全国性人才招聘网站。其品牌和服务已得到广大个人求职者和企业人力资源部普遍认可。

3）前程无忧网

前程无忧（http://www.51job.com/）是国内第一个集中了多种媒介资源优势的专业人力资源服务机构。它集合了传统媒体、网络媒体及先进的信息技术，加上一支经验丰富的专业顾问队伍，提供包括招聘猎头、培训测评和人事外包在内的全方位的专业人力资源服务，现在全国包括香港在内的 25 个城市设有服务机构。

4）深圳人才网

深圳人才网（http://www.szhr.com.cn）隶属于深圳市人事局下属的深圳市人才交流服务中心。从深圳人才大市场的创建到创办深圳人才网以及开通毕业生就业网，从为下岗职工谋生路到为跨国公司提供“猎头”服务，从创办流动党员之家到承办人才高交会，从开展人才测评到文凭验证、身份证鉴别，从单纯的人才中介到集引才、辩才、育才、荐才、征信服务于一体，深圳人才网现已覆盖人才交流、人事代理、人才测评、人才培训、毕业生就业、人才派遣、文凭验证、身份证鉴别、流动党员管理等多层次、全方位的服务。

5）南方人才网

南方人才网（http://www.job168.com/）是中国南方人才市场旗下的大型人力资源专业网站，集网络招聘、猎头、高校毕业生就业服务、代理招聘、人才培训、人事政策法规咨询、HR 经理人俱乐部等多项服务于一身，立足广州，覆盖华南，辐射全国。该网站在广东地区的广州、佛山、中山、珠海、惠州、东莞、深圳、江门、花都等地设有分站，在广州地区占有市场份额高达 75％，会员企业累计逾 30 万家，个人注册简历量累计逾 300 万份，网站每日总访问量超过 800 万人次，是华南地区最具影响力的专业人力资源网站。

6.9　搜索网上信息的方法与技巧

搜索引擎是专门从事网上信息的搜集，并将搜集的信息进行组织分类，建立索引，以供人们查寻的一类专业的工具。如何利用搜索引擎在网上搜集到需要的信息，一直是我们在网上搜索信息时所面对的问题。要在网上搜集到需要的信息，最重要的是做好两点：一是选好关键词，二是灵活运用检索方法和检索技巧。

◆ 6.9.1　关键词的选择

关键词就是输入搜索框中的文字，也就是命令搜索引擎寻找的内容。用户可以命令搜索引擎寻找任何内容，所以关键词的内容可以是人名、网站、新闻、小说、软件、游戏、星座、工作、购物、论文等，也可以是任何中文、英文、数字，或中文、英文、数字的混合体。例如，可以搜索“大话西游”“windows”“911”“F-1 赛车”。可以输入 1 个关键词，也可以输入 2 个、3 个、4 个，甚至可以输入一句话。例如，可以搜索“读书”“美女”“mp3 下载”“游戏攻略大全”“蓦然回首，那人却在灯火阑珊处”。最基本同时也是最有效的搜索技巧，就是选择合适的关键词。选择关键词靠的是经验积累,在一定程度上也有章可循。

(1)表述准确,搜索引擎会严格按照提交的关键词去搜索。

关键词表述准确是获得良好搜索结果的必要前提。一类常见的表述不准确的情况是,脑袋里想的是一回事,搜索框里输入的是另一回事。例如,要查找 2019 年国内十大新闻,关键词可以是"2019 年国内十大新闻",但如果把关键词换成"2019 年国内十大事件",搜索结果就没有能满足需求的了。另一类典型的表述不准确的情况,是关键词中包含错别字。例如,要查找杨幂的写真图片,用"杨幂写真",当然是没什么问题。但如果写错了字,变成"杨密写真",搜索结果就差得远了。

(2)关键词的主题简练,与需要的信息相关联。

目前的搜索引擎并不能很好的处理自然语言,因此在提交搜索请求时,最好把自己的想法提炼成主题简单的,而且与希望找到的信息内容相关联的关键词。

例如,某三年级小学生,想查一些关于时间的名人名言,他的关键词是"小学三年级关于时间的名人名言"。这个关键词很完整地体现了搜索者的搜索意图,但效果并不好。因为绝大多数名人名言并没有规定是针对几年级的,因此"小学三年级"事实上和主题无关,会使得搜索引擎丢掉大量不含"小学三年级",但非常有价值的信息;而"关于"也是一个与名人名言本身没有关系的词,多一个这样的词,又会减少很多有价值的信息;"时间的名人名言"其中的"的"也不是一个必要的词,会对搜索结果产生干扰;"名人名言",名言通常就是名人留下来的,在名言前加上名人,是一种不必要的重复。由此看来,最好的关键词应该是"时间名言"。

(3)根据网页特征选择关键词,很多类型的网页都有某种相似的特征。

例如,小说网页通常都有一个目录页,小说名称一般出现在网页标题中,页面上通常有"目录"两个字,点击页面上的链接,就可进入具体的章节页,章节页的标题是小说章节名称;而对于软件下载页而言,通常软件名称在网页标题中,网页正文有下载链接,并且会出现"下载"这个词,等等。

经常搜索并且总结各类网页的特征,并将这些特征应用于关键词的选择中,就会使搜索变得准确而高效。

例如,找明星的个人资料页。一般来说,明星资料页的标题是明星的名字,而在页面上会出现"姓名""身高"等词语,因此找宋丹丹的个人资料,就可以用"宋丹丹姓名身高"来查询。而由于明星的名字一般在网页标题中出现,因此更精确的查询方式,可以是"姓名身高 intitle:宋丹丹",其中"Intitle"表示后接的词限制在网页标题范围内。

这类主题词加上特征词的关键词构造方法,适用于搜索具有某种共性的网页,前提是必须了解这种共性(或者通过试验性搜索预先发现共性)。

6.9.2 基本检索语法

专业的搜索引擎一般都会实现一个搜索语法,基本的搜索语法有以下逻辑运算符:

与(+、空格):查询词必须出现在搜索结果中。

或(OR、|):搜索结果可以包括运算符两边的任意一个查询词。

非(-):要求搜索结果中不含特定查询词。如果用户发现搜索结果中有某一类网页是其不希望看见的,而且这些网页都包含特定的关键词,那么用此语法就可以去除所有这些含有特定关键词的网页。

例如,搜索"康熙王朝",希望搜索结果是关于武侠小说的内容,却发现很多关于电视剧的网页。那么就可以这样查询:

康熙王朝 一电视剧

注意:前一个关键词和减号之间必须有空格,否则,减号会被当成连字符处理,而失去减号语法的功能。减号和后一个关键词之间有无空格均可。

除了逻辑运算相关的搜索语法,还有以下几种搜索语法。

1. 把搜索范围限定在网页标题中——intitle

网页标题通常是对网页内容提纲挈领式的归纳。把查询范围限定在网页标题中,有时能获得良好的效果。实现的方式是把查询内容中特别关键的部分用"intitle:"限定。例如,找赵本山的小品就可以这样查询:

小品 intitle:赵本山

注意:"intitle:"和后面的关键词之间不要有空格。

2. 把搜索范围限定在特定站点中——site

有时候,用户知道某个站点中有自己需要找的东西,就可以把搜索范围限定在这个站点中,以提高查询效率。实现的方式是在查询内容的后面加上"site:站点域名"。例如,要从软件下载网站"天空网"查找 MSN 聊天工具软件,可以这样查询:

MSN site:skycn.com

注意:"site:"后面跟的站点域名不要加"http://",另外,"site:"和站点名之间不要有空格。

3. 把搜索范围限定在 URL 链接中——inurl

网页 URL 中的某些信息常常具有某种有价值的含义。因此,如果对搜索结果的 URL 做某种限定,就可以获得良好的效果。实现的方式是在"inurl:"后面加上需要在 URL 中出现的关键词。例如,查找关于 Word 的使用技巧,可以这样查询:

Word inurl:jiqiao

上面这个查询串中的"Word"可以出现在网页中的任何位置,而"jiqiao"必须出现在网页 URL 中。

注意:"inurl:"和后面所跟的关键词之间不要有空格。

4. 精确匹配——双引号和书名号

如果输入的关键词很长,搜索引擎在经过分析后,给出的搜索结果中的关键词可能是拆分的。如果用户对这种情况不满意,可以尝试让搜索引擎不拆分关键词,给关键词加上双引号,就可以达到这种效果。

例如,搜索上海科技大学,如果不加双引号,搜索结果被拆分,效果不是很好,但加上双引号后,即搜索"上海科技大学",获得的结果就全是符合要求的了。

书名号是中文搜索独有的一个特殊查询语法。在有些搜索引擎中,书名号会被忽略,而在百度、Google 等搜索中,中文书名号是可被查询的。加上书名号的关键词,有两层特殊功能:一是书名号会出现在搜索结果中,二是在书名号中的内容不会被拆分。

书名号在某些情况下特别有用,例如,查那些名字很常用的电影或者小说。在搜索电影

《手机》时,如果不加书名号,很多情况下搜出来的是通信工具——手机,而加上书名号后,搜索《手机》的结果就都是电影方面的了。

6.9.3 一些特殊的搜索功能

随着新技术的不断推出,各搜索引擎提供了各种特殊的搜索功能,以方便搜索者查询信息。下面介绍一些常见的特殊搜索功能。

1. 网页快照

"快照"是直接从搜索引擎数据库缓存(cache)中调出的该网页的存档文件,以方便用户在预览网页内容后决定是否访问该网站,或是在对应网页发生变动时查看原始页面。通常缓存中保存的是网页的文字部分,图像等多媒体元素需要实时从对应的网站上下载。这种"快照"非常实用,如果原地址打开很慢,就可直接查看"快照"内容,因为缓存打开速度很快。经搜索引擎处理后,搜索项均用不同颜色标明,并在标题信息中说明其存档时间,提醒用户这只是存档资料。因此,如果打开的页面信息量巨大,一时找不到关键词所在位置,则可以通过"快照"迅速找到关键词。同时,如果原链接已经死掉或者因为网络的原因暂时打不开,也可以通过"快照"查看该页面的信息。当然,"快照"内容不是该网页最新页面。

2. 高级搜索页面

搜索引擎一般有简单检索与高级检索之分,简单检索是搜索引擎的默认工作状态,要进入高级检索必须单击"高级搜索(Advanced Search)"按钮。现在大多数搜索引擎都提供了一个友好且简洁的高级搜索页面,使用户能够细化查询条件。每个搜索引擎都有自己独特的高级搜索特性,但多数都提供了针对检索范围、文件类型、地点或域名、日期、语言以及包括基本检索语法功能在内的大量选项。因此,如果用户记不住基本检索语法中的操作符,也可以利用"高级搜索"来完成。通过设置这些选项,搜索者可以严格限定关键词的出现情况,从而得到精确的搜索结果,提高搜索效率。

3. 二次检索

在网络信息搜索中,经常会感到搜索结果太多,令人目不暇接,而且其中很大一部分是不需要的。因此大多数搜索引擎提供了二次检索功能,即搜索结果页面中的"在结果中找(Search Within)"选项。搜索引擎的二次检索可以锁定搜索的范围,它指的是在当前搜索结果的基础上进一步地查找,相当于逻辑与的功能,但在使用上更具灵活性,便于用户在海量信息中找到自己真正感兴趣的内容。

4. 搜索引擎的工具条

目前,越来越多的搜索引擎为方便搜索者而提供了工具条(toolbar),用户无须打开搜索引擎的主页,就可以在工具条内输入关键字进行搜索。当前的搜索工具条大多是嵌入浏览器的"toolbar",还有一种在桌面上运行的"deskbar"。toolbar 只有在打开浏览器时才可以显示,占用的系统资源也相对较少,而 deskbar 在使用时不需要打开浏览器,真正做到了即时查看,但占用的系统资源相对较多。除了搜索外,各大搜索引擎还为其工具条增添了许多方便实用的附加功能,如流行的广告拦截、IE 修复、关键字标亮,以及在搜索引擎主页、目录服务、新闻组搜索、高级搜索和搜索设定之间进行快速切换等功能。

◆ 6.9.4　给用户的建议

1. 选择最恰当的搜索引擎

每个搜索引擎都有自己的信息采集原则和不同的特点,只有选择合适的搜索工具才会节约时间,获得最佳搜索结果。因此在开始搜索之前,应仔细阅读相关搜索引擎主页上的说明,比较不同搜索引擎的强项和弱点,并根据自己搜索的目的,选择最恰当的搜索引擎,优先考虑专业搜索引擎。

2. 尝试使用多个搜索引擎

在选择搜索引擎的过程中,还应注意不要一直使用某一个搜索引擎,因为再好的搜索引擎也有局限性,合理的方式应该是根据具体要求选择不同的搜索引擎。每次检索时最好使用一个以上的搜索引擎,直到找到完美的搜索结果为止。不同搜索引擎的索引数据库具有低交叉重叠性,如果我们不使用一个以上的搜索引擎进行搜索,将会错过很多有用的网络资源。因此,要想得到更好的搜索结果,需要养成使用多个搜索引擎进行搜索的习惯。另外,我们还可以尝试一下元搜索引擎,利用它可以一次输入检索式,同时输出多个搜索引擎的检索结果,从而大大提高检索的查全率。

3. 使用好搜索的辅助工具

检索不一定每次都要从搜索引擎入手,也可以利用平时积累的有用的网址,直接进入相关站点。建议大家平时注意收集常用的网址,可以用浏览器的"书签"功能,将经常访问的网站加入"收藏夹"进行保存,再次使用时,直接点击便可进入,省去大量输入网址和利用搜索引擎的时间。另外还可以利用网上书签,许多网站都提供已整理好的书签,这样就不必自己再去找了;还有些网站提供存放书签的地方,这样就不用担心系统将书签丢失了。将网站的内容加以收藏或保存,既可以节省时间和费用,也省去了日后搜索的麻烦,还可以避免有价值信息的丢失。

4. 有意识地培养搜索的好习惯

搜索技巧与其他的技术不一样,只有通过不断的练习和总结才能逐渐成熟起来,并形成自己的一套有效的搜索习惯,这将有助于更快地完成搜索。首先要养成利用搜索引擎的好习惯,在日常生活中遇到一些不清楚、不明白的事,都利用搜索引擎好好地搜索一下,一方面可以增长知识,另一方面可以在实践中学到更多关于搜索引擎的知识,自己的搜索技巧也会不断提高。其次,除了不断地在搜索实践中摸索经验之外,向搜索高手学习绝对是快速提高搜索技巧的捷径,可以通过订阅搜索杂志、加入搜索论坛、向高手请教等多种方式,让自己不断向搜索高手这个目标迈进。

第 7 章

图书馆检索服务

微课视频

7.1　联机公共目录检索系统

7.1.1　联机公共目录检索系统的定义

传统的联机公共目录检索系统(Online Public Access Catalog,OPAC)是专门针对图书馆馆藏书目进行检索的系统。书目是著录一批相关文献,并按一定次序编排而成的用以揭示和报道文献信息的工具,它揭示文献的名称、作者、卷册、版本、出版年月及价格等,也涉及文献的内容、源流和收藏等信息。书目的特定结构决定了它的检索性能,在浩繁的文献中查检所需要的文献,利用书目是节时省力的便道。20世纪70年代,OPAC起源于美国的一些大学图书馆和公共图书馆,作为图书馆自动化集成系统的重要组成部分和图书馆与用户在网上交流的重要窗口,OPAC直接体现了图书馆在网络环境下对读者的服务能力,其提供的服务与功能已成为衡量图书馆业务水平的重要指标。我国是在20世纪80年代初开始开展国际联机检索的。OPAC作为图书馆自动化系统最终面对用户的互动界面,是图书馆和读者在网上交流的最重要的窗口,起着沟通用户与馆藏资源、用户与资源服务的作用,为用户进行网络检索和利用图书馆馆藏资源提供了极大的便利。

7.1.2　OPAC平台的发展历程

1. 第一代OPAC

第一代OPAC为词组标引或先组式系统。20世纪70年代,一些美国大学和公共图书馆在研究基金的资助下,开始研制联机编目系统。项目采用非营利性经营模式,主要为图书馆工作人员服务。当时,这些项目主要集中在编目和流通方面,并没有为用户提供公共检索服务。美国国会图书馆的机读目录著录标准和北美四个公用设施(North American Utilities,包括OCLC、RLIN、WLN和ULTAS)等成为OPAC产生的基础。第一代OPAC基本沿用卡片目录模式,记录字段与卡片目录相仿,采用首字母组合和短语方式,从题名中抽取主题词并严格按照字段匹配检索。用户界面采用菜单及指令方式控制检索过程。早期OPAC操作复杂,只有经过严格的专业培训才能掌握检索技术,因此在应用推广方面受到阻碍。但由于OPAC是一种新型的信息组织及查询方式,其快速处理信息的能力受到用户的欢迎。

2. 第二代OPAC

第二代OPAC也称关键词或后组式系统,形成于20世纪80年代中期,是在第一代OPAC的基础上,经过局部调整而形成的新一代产品。第二代OPAC吸收商用书目信息检索系统的优点,采用字词后组配方式,能够提供关键词检索和布尔检索,用户界面采用下拉式菜单,并提供帮助、浏览、查询以及人机交互、用户导航等功能。有些OPAC系统甚至可以区分初、高级检索以及词组检索,从而极大地提高了检索能力。但在处理检索请求时,第二代OPAC在检索能力、界面设计、响应时间、数据库规模和书目内容等方面还存在一些缺陷。同时,由于缺少必要的规范,不同系统之间的兼容也受到限制。

3. 第三代OPAC

20世纪90年代初,OPAC在检索和匹配技术方面有了新的突破。增强式检索和匹配技术、检索结果相关性排序等新技术的应用,使第三代 OPAC 开始具备"与用户交流,理解并掌握用户需求"的能力,并可以"改善用户检索策略和检索过程,帮助用户获得理想的检索结果"。第三代 OPAC 具有词组检索和关键词检索功能,可以为用户提供更多的受控与非受控检索点以及联机帮助;检索对象突破书目数据范围,拓展到期刊题录、文摘、专题数据库、全文数据库、商业数据库和其他情报数据库等信息资源;用户界面采用超文本和图形接口技术以及 Z39.50 协议,支持图像和多媒体界面、语音用户界面和触摸屏用户界面等,成为用户实现信息共享的重要设施。

武汉大学图书馆 OPAC 平台主页如图 7.1 所示。

图 7.1　武汉大学图书馆 OPAC 主页

7.2　参考咨询服务

7.2.1　参考咨询服务的定义

参考咨询服务(reference service)是图书馆员在利用文献和寻求知识、情报方面对读者所提供的帮助,是从"help"一词衍生而来。简言之,图书馆参考咨询服务是针对读者的需要,帮助和指导读者查找和获取各种形式的信息的过程。

随着信息社会背景下图书馆功能的演变,近年来,图书馆服务工作的重心逐渐向信息咨询方向倾斜,随着网络技术和信息科学的飞速发展,参考咨询服务的形式和内容都发生了根本性的改变,在线咨询、实时咨询、互动咨询、可视咨询等各种方式纷纷涌现,为读者提供实时、动态、便捷、高效的信息服务。

7.2.2　网络环境下图书馆参考咨询服务的内容

1. 网上参考咨询服务

网上参考咨询服务(online reference service)不限于事实性问题解答,还可以处理课题检索、定题服务、全文传递等高层次的咨询问题。图书馆一般在其网页上都建有一般性、常规性问题解答库,用户在浏览时,点击想咨询的问题就会自动显示答案。

2. 在线查询与信息提供

随着计算机的普及和网络的广泛应用,人们越来越多地习惯于在家里或办公室里通过网络来获取信息,许多用户愿意通过查询图书馆的公共联机检索目录来确定一个图书馆是否有其所需要的文献信息资料,并希望在线得到所需信息。图书馆参考咨询馆员可以通过适当的途径协助咨询用户查询书目,并将其所需文献信息资料以数字化形式进行传递。

3.网络信息导航服务

网络上的信息资源数量庞大,类型复杂,具有分散、无序、更迭频繁等特点。开展网络信息导航服务,使之条理化、有序化,可引导用户在网上快速、准确地找到自己所需的信息资料,减少查找的盲目性。图书馆参考咨询馆员在充分熟悉网络资源分布状况的基础上,掌握获取信息的方法,向咨询用户介绍各种网络搜索引擎,帮助用户了解并掌握检索网上信息资源的知识和技术,提高他们获取网络信息资源的能力。可针对一般用户的需求,对各类 web 网站进行搜索,建立网站分类索引并放在图书馆网站主页或建立导航库,为读者提供必要的查询途径,使读者能方便、快捷地获取所需信息。针对特定用户的需求,将网上的具体信息进行搜集、评价、筛选、加工和重组后,依照信息质量水平的高低,有序地链接到图书馆的咨询网页上,同时提供每一个环节的超级链接,帮助用户实现准确、快捷的查询和浏览。

4.定(专)题情报及特色信息服务

根据图书馆参考咨询馆员的学识水平、馆藏文献结构特点及数字化程度,结合挖掘、利用网络信息资源的能力,开展网上定(专)题情报及特色信息服务是网络信息咨询工作提高服务水平的重要途径。定(专)题情报及特色服务包括定(专)题情报跟踪、科研课题查新、专利查询、地方资料查询、学位论文查询、剪报服务等。

5.用户教育与培训

网上用户教育与培训是利用网络技术,将用户指导教程链接到图书馆主页,为用户自学提供方便。这是图书馆信息咨询服务的一项基础业务工作,针对用户在利用图书馆服务中产生的问题给予帮助,培养用户的信息意识和获取信息的能力,增强用户的信息素质。图书馆开设网上课程,设立"网络课堂"或"在线教室",培训内容不再限于图书馆利用、文献检索、新书导读等,还扩展到计算机、多媒体、光盘数据库检索,网上信息资源开发与利用,乃至其他专业知识的教育与培训。

7.2.3 网络环境下图书馆参考咨询服务的方式

1.常见问题解答

FAQ(frequently asked questions)是一种解答式的服务,是指图书馆根据长期参考工作实践经验和对用户的调查,将用户最可能问到和实际问到的一些问题及答案编辑成网页,并在图书馆 web 站点主页的显要位置建立链接。用户只要点击链接,就可以通过其所提供的信息源找到自己所需的答案。

2.E-mail 服务

E-mail 服务是指用户通过图书馆主页上提供的图书馆电子信箱或学科咨询馆员的电子信箱,将需要咨询的问题发送到电子信箱,再由图书馆信息咨询人员将答案以电子邮件的形式返回给用户。其服务程序有:①request,即用户填写网上咨询服务单向咨询人员请求服务。②identify,即咨询人员接收到服务订单后,就问题的主题进行审定,并进一步确认细节问题和用户期望,明确用户需求,这一过程可能需要进行频繁的交流。③explore,即咨询人员就问题进行分析,利用已有的知识和资源库寻求最佳答案,这是体现服务质量的关键。④reply,即咨询人员将总结的答案通过邮件发送给用户,完成该项服务。如果咨询人员无法做出解答,则要向用户说明情况,尽可能地建议用户采取其他可行办法,如推荐其他咨询服务机构或请教专家组,等候专家咨询系统的结论等。

3. Web 表单

Web 表单(Web-forms)服务也是图书馆咨询服务中采用越来越多的一种方式。许多图书馆在其网站的虚拟咨询台上设置了 Web 表单,用户通过填写表单来提问。这种咨询方式的操作也极其简单,用户只需先填写完表单上必须填写的内容,再点击提交按钮,咨询馆员就会对所提的问题给予及时的答复。

4. 实时咨询

实时咨询(real-time reference)服务是虚拟咨询服务的重要组成部分之一,是一种效率非常高的交互式的虚拟咨询服务方式,它通过网络聊天、视频会议或基于 Web 的聊天室等方式,由图书馆参考咨询馆员在网上的虚拟社区直接"面对"用户,即时回答用户的咨询,用户也可以就自己的问题和参考馆员展开讨论或反复提问,直至获得满意答案为止。这种交流充分利用了网络的实时互动优势,比 e-mail 和 Web 表单服务要快捷得多,体现了即时性和互动性。

5. BBS 服务

BBS 即电子公告板,以论坛的形式存在,用户可在登录后提出问题并在网上留言,咨询馆员则可随时分类总结,进行回复,这种方式的动态性和交互性强,类似于聊天室。咨询馆员也可将重要信息在 BBS 上公布,这种情况下用户不必登录,而是以访客身份获得帮助。BBS 还是一个讨论区,咨询人员实时针对热点问题集中予以解答。甚至可以把 BBS 作为虚拟咨询台,组织专家进行在线咨询,形成专家咨询组,进行合作解答。

7.3 定题服务

7.3.1 定题服务的定义

所谓定题服务 (selective dissemination of information service,SDI),就是情报部门根据经济建设和科学研究的实际需要,选定有关重点研究课题或亟待解决的关键问题,利用计算机围绕特定课题及时地、连续地向科研工作者提供对口的各种文献资料,直到完成研究课题或解决关键问题的一种综合性服务。这一服务对满足不同层次、不同学科专业人员和广大读者的需求具有十分重要的意义,是其他服务所不可替代的。

7.3.2 定题服务的类型

SDI 是一种利用计算机开展的服务。目前 SDI 有两种形式:一种叫标准 SDI,是根据用户的教学、科研需要,定期或不定期对某一特定主题进行跟踪检索,把经过筛选的最新检索结果,以书目、索引、全文等方式提供给用户;或是针对自然科学、社会科学及人文科学各个学科、各种项目的研究课题,经过和用户的协商,从课题前期调研、开题立项、中期成果,直到成果验收,开展整个过程的文献检索提供服务。另一种叫用户委托 SDI,是对用户所委托的各种研究课题(包括研究生的学位论文课题)进行检索,把检索结果以书目、索引、文摘、全文或汇编等形式提供给用户,在实际工作中,这种形式的服务深受委托单位的青睐。

7.3.3 定题服务的特点

1. 主动性

主题服务工作是一种主动性很强的服务工作。高校图书馆情报人员应本着热心、耐心和细心的服务宗旨,主动配合课题研究,深入实际,选择服务课题,主动与教学及科研人员沟通,及时了解教学及科研进展情况,为教学及科研人员提供相关课题研究所需的最新文献信息。即主动送资料上门,解决难题,促进科研课题早日完成。

2. 针对性

定题服务工作是一种针对性很强的服务工作。从选定科研课题到研究(提出科学假说),再到研究成果的形成(文献服务),定题服务都体现了很强的针对性。它是从众多的科研课题中选择关键的、有代表性的重点课题进行服务。一旦课题确定,就只针对该研究课题对有关文献信息进行收集、查找、整理、传递,具有专一性和单一性,而不涉及课题研究人员之外的其他用户或其他信息需求。

3. 连续性

定题服务工作是一项连续性服务工作。它要求不断更新、补充文献信息,动态跟踪科研活动直到课题完成。只有保证自始至终地、及时地、连续不断地提供文献资料服务,才能满足课题研究对文献信息不断深化的需求,才能保证课题研究持续有效地进行,避免因信息输送的间断而导致课题研究的中止。

4. 专深性

定题服务工作是一项专业性很强的服务工作。它的服务范围是用户的研究课题,这些课题往往是针对某一学术问题、科学问题或技术问题等进行深入研究,由已知探索未知,从现在探索未来,专业知识较为精深。这就决定了为其提供的文献信息除了要有很强的专业性以外,还要有一定的深度。这也是定题服务明显区别于其他常规服务的显著特点。

7.3.4 定题服务的作用

1. 定题服务加速科研进程,提高科研效率

科研工作者在整个研究过程中用 30% 以上的时间查找和阅读文献资料,而随着信息时代的到来,文献数量呈几何级数增长,内容交叉重复,专业文献分散,一篇文献可以用不同的方式在不同的专业期刊上发表。科研人员要在这纷繁复杂的文献海洋中查找适用的情报资料,势必存在很大的困难,需要花费大量的宝贵时间。定题服务工作能使科研人员从搜集、查找文献资料的繁重劳动中解脱出来,迅速地得到适用的资料,把更多的精力投入到课题的研究上,进而加速科研进程,提高科研效率。

2. 定题服务是攻克课题难关的秘密武器

苏联著名情报学家米哈依洛夫在《科学交流与情报学》一书中指出:"在所有的情报服务方式中,值得特别阐述的是定题服务。它不仅能保证有效地满足科学家和专家各自的情报需要,同时是研究这些需要的强有力的手段。"任何一项科研项目都离不开对前人和他人研究成果的借鉴和汲取,文献情报工作者为科研工作者系统、全面地占有这些文献、吸收这些成果、借鉴他人的方法创造了条件。当研究者们遇到棘手的难题时,或需要一种有效的方法,或需要开启思维的"钥匙",或需要专家学者指点迷津……所有这些都离不开对古今中外文明成果的借鉴。尤其在计算机检索日臻完善的今天,定题服务在这方面的作用就更不能低估。

7.4 馆际互借与文献传递服务

7.4.1 馆际互借与文献传递概述

馆际互借是同一系统或者不同系统的图书馆之间根据所签的协议,相互出借馆藏文献,是一种返还式文献提供服务。文献传递是将用户所需文献的替代品以快速的方式与合理的价格,直接或者间接地传递给用户的一种非返还式文献提供服务。

馆际互借与文献传递服务在国外的发展始于 20 世纪中期,而在我国正式开展是 20 世纪 90 年代中期以后的事情。经过近年的发展,馆际互借与文献传递服务在我国已经初步形成规模,大多数图书馆都正式开展了该项服务,通过利用更广泛的文献信息源,获取了更多文献,满足了用户对馆内未有资源的需求,推动了教学、科研、经济和文化的发展。

馆际互借与文献传递服务具有重大意义,一方面,对读者来说,弥补了图书馆馆藏资源的不足,充分满足了用户对馆内未收藏文献资源的需求;另一方面,对图书馆来说,可以为合理配置馆藏提供参考,并且节约购置经费。

文献传递的工作模式有以下两种。

(1)用户传递:读者自行在文献传递服务系统注册,经图书馆核实注册信息后开通账号,读者即可自行检索并传递文献全文。

(2)馆员传递:读者将查找到的文献线索(题名、作者、来源文献等)提交到图书馆,由馆际互借员向文献收藏机构申请原文传递,得到文献后再传递给读者。

传递的文献类型一般包括期刊论文、学位论文、会议论文、科技报告、专利、标准等。所获原文一般以电子版形式提供。

7.4.2 CALIS 馆际互借与文献传递

中国高等教育文献保障系统(China Academic Library & Information System,简称 CALIS)是中华人民共和国教育部投资建设的面向所有高校图书馆的公共服务基础设施,通过构建基于互联网的"共建共享"云服务平台——中国高等教育数字图书馆,制定图书馆协同工作的相关技术标准和协作工作流程,培训图书馆专业馆员,为各成员馆提供各类应用系统等,实现高校成员馆间的"文献、数据、设备、软件、知识、人员"等的多层次共享。CALIS 已成为高校图书馆基础业务一日不可或缺的公共服务基础平台,并担负着促进高校图书馆整体发展的重任。

CALIS 从 1998 年 11 月开始正式启动建设,至 2012 年,国家累计投资 3.52 亿元建设资金,建成以 CALIS 联机编目体系、CALIS 文献发现与获取体系、CALIS 协同服务体系和 CALIS 应用软件云服务(SaaS)平台等为主干,各省级共建共享数字图书馆平台、各高校数字图书馆系统为分支节点和叶节点的分布式"中国高等教育数字图书馆"。目前注册成员馆逾 1800 家,覆盖除台湾省外的中国 31 个省(自治区、直辖市)和香港、澳门特别行政区,成为全球最大的高校图书馆联盟。

CALIS 由设在北京大学的 CALIS 管理中心负责运行管理。CALIS 的骨干服务体系由 4 大全国中心(文理中心——北京大学、工程中心——清华大学、农学中心——中国农业大学、医学中心——北京大学医学部)、7 大地区中心(东北——吉林大学、华东北——南京大学、华东南——上海交通大学、华中——武汉大学、华南——中山大学、西南——四川大学、西北——西安交通大学)、除港澳台之外的 31 个省级(省、自治区、直辖市)中心和 500 多个服务馆组成。这些骨干馆的各类文献资源、人力资源和服务能力被整合起来,支撑着面向全国所有高校的共享服务。

CALIS 于 2012 年 5 月通过教育部对三期建设的验收,2013 年 1 月通过国家发改委委托中国国际工程咨询公司对项目建设成果的评估。从 2013 年开始,CALIS 在教育部高教司的领导下开始进行管理架构、运行机制与发展模式的优化调整,从以项目建设为主的发展阶段转向以持续运维服务和新一代图书馆服务平台研发为主的发展阶段。

在新的发展阶段,CALIS 的目标是在已经建成的高等教育文献保障体系的基础上,继续深化内涵,拓展边界,成为支撑高校图书馆日常业务运行与馆际协同协作的国家级、保障性公共基础设施。引领行业研究,推动行业实践,促进行业合作,带动行业发展,将我国高校图书馆凝聚成发展共同体,主动、广泛、高效地开展跨系统、跨产业、跨国界的对话和合作,共同迈向新时代、新未来。

CALIS 馆际互借与文献传递(以下简称 CALIS 文献传递)是中国高等教育文献保障系统在"十五"期间推出的,面向读者或文献服务机构提供馆际互借与文献传递服务的系统,于 2004 年 6 月 21 日正式启动。读者直接在网上提交馆际互借申请,并且可以实时查询申请处理情况。读者通过馆际互借或文献传递的方式可以获取 CALIS 文献传递成员馆丰富的文献收藏。

该体系利用 CALIS 外文期刊目次数据库、CALIS 联机合作编目系统、高校学位论文和成员馆馆藏目录文献收藏单位,提供系统内各成员馆收藏的期刊论文、学位论文、会议论文等文献传递和可利用的电子全文数据库的原文传递服务。图 7.2 为 CALIS 全文资源检索主页。

图 7.2　CALIS 全文资源检索主页

7.4.3 CASHL 文献传递

CASHL 的网址为 http://www.cashl.edu.cn/（见图 7.3）。

CASHL(China Academic Humanities and Social Sciences Library)是全国性的、唯一的人文社会科学文献收藏和服务中心，为全国高校、哲学社会科学研究机构和工作者提供综合性文献信息服务。其最终目标是成为"国家级哲学社会科学资源平台"。

CASHL 目前已收藏有 11 100 多种国外人文社会科学领域的核心期刊和重要期刊，48万种外文原版图书，1370 种电子期刊等，提供数据库检索和浏览、书刊馆际互借与原文传递、相关咨询服务等。

文献传递的实现方式：个人网上注册—到图书馆确认账户—检索并提交文献传递请求—接收 e-mail 并下载全文。

图 7.3　CASHL 主页

7.4.4 NSTL 文献传递

NSTL 的网址为 http://www.nstl.gov.cn/（见图 7.4）。

国家科技图书文献中心(National Science and Technology Library，简称 NSTL)是经国务院批准的，于 2000 年 6 月组建的一个基于网络环境的科技文献信息资源服务机构。其所提供的主要服务为免费检索及浏览文摘，网上订购全文，24 小时之内原文传递。

NSTL 资源包括中外文期刊、学位论文、会议文献、科技报告、中外专利、标准文献等。遵守统一采购、规范加工、联合上网、资源共享的原则。

文献传递的实现方式：通过原文请求的方式获得所需要的文献全文复印件，传递方式包括电子邮件、普通信函、平信挂号、传真或特快专递等。文献检索无须注册也无须付费，全文提供则需要注册并需要支付文献复制费及相应的邮费。

图 7.4   NSTL 主页

◆ 7.4.5   读秀文献传递

读秀的网址为 http://www.duxiu.com/，如图 7.5 所示。

超星数字图书馆是目前国内最大的全文数字图书馆系统，读秀是超星公司开发的一个新产品。

读秀知识库是海量中文学术资源组成的庞大知识系统，以 9 亿页全文资料为基础，为读者提供深入图书内容的章节和全文检索、部分文献的原文试读、文献传递等多种服务。

图 7.5   读秀主页

7.5　科技查新服务

7.5.1　科技查新的概念

科技查新是文献检索和情报调研相结合的情报研究工作,它以文献为基础,以文献检索和情报调研为手段,以检出结果为依据,通过综合分析,对查新项目的新颖性进行情报学审查,写出有依据、有分析、有对比、有结论的查新报告。也就是说,查新是以检出文献的客观事实来对项目的新颖性做出结论。因此,查新有较严格的年限、范围和程序规定,有查全、查准的严格要求,要求给出明确的结论,查新结论具有客观性和鉴证性,但不是全面的成果评审结论。以上都是单纯的文献检索所不具备的,也有别于专家评审。

随着数字化、网络化技术的发展和数字图书馆的建设,高校图书馆的业务模式、服务方式和管理手段均发生了重大的改变。高校科技查新充分利用现代信息技术,包括计算机技术、网络与通信技术、多媒体技术等,以不断进取、不断创新的科技查新工作理念为高校和地方科研提供服务。目前,各高等院校图书馆,特别是重点高校图书馆一般都具备课题查新的能力,科技查新服务已成为高校图书馆的一项核心工作。

7.5.2　科技查新的对象

(1)申报国家级或省(部)级科学技术奖励的人或机构;

(2)申报各级各类科技计划、各种基金项目、新产品开发计划的人或机构;

(3)各级成果的鉴定、验收、评估、转化;

(4)科研项目开题立项;

(5)技术引进;

(6)按国家、地方或企事业单位有关规定要求查新的科技成果。

7.5.3　科技查新的作用

1.为科研立项提供客观依据

要确定科研课题在论点、研究开发目标、技术路线、技术内容、技术指标、技术水平等方面是否具有新颖性,在正式立项前,首要的工作是全面、准确地掌握国内外的有关情报,查清该课题在国内外是否已研究开发过。通过查新可以了解国内外有关科学技术的发展水平、研究开发方向,是否已研究开发或正在研究开发,研究开发的深度及广度,已解决和尚未解决的问题等,对所选课题是否具有新颖性提供客观依据。这样可防止重复研究开发而造成人力、物力、财力的浪费和损失。

2.为科技成果的鉴定、评估、验收、转化、奖励等提供客观依据

查新可以为科技成果的鉴定、评估、验收、转化、奖励等提供客观的文献依据,还能保证科技成果鉴定、评估、验收、转化、奖励等的科学性和可靠性。在这些工作中,若无查新部门提供可靠的查新报告作为文献依据,只凭专家小组的专业知识和经验,难免会有不公正之处,可能无法得出确切的结论。这样既不利于调动科技人员的积极性,又妨碍成果的推广应用。高质量的查新,结合专家丰富的专业知识,便可防止上述现象的发生,从而保证鉴定、评估、验收、转化、奖励等的权威性和科学性。

3.为科技人员进行研究开发提供可靠而丰富的信息

随着科学技术的不断发展,学科分类越来越细,信息源于不同的载体已成为普遍现象,这给获取信息带来了一定的难度。有关研究表明,技术人员查阅文献所花的时间,约占其工作量的 50%,若通过专业查新人员查新,则可以大量节省科研人员查阅文献的时间。查新机构一般具有丰富的信息资源和完善的计算机检索系统,能提供从一次文献到二次文献的全面服务,可检索科技、经济、商业等资料的数据库,内容涉及各种学术会议和期刊的论文、技术报告、学位论文、政府出版物、科技图书、专利、标准和规范、报纸、通告等,保证信息的回溯性和时效性,基本能满足科研工作的信息需求。

7.5.4 科技查新的结果

查新服务的结果是为被查课题出具一份查新报告,称为"科技成果查新证明书",该证明书包括封面、正文及签名盖章等内容。其中正文为证明书的核心,包括三项内容:

(1)课题的技术要点。根据用户提供的研究报告及其他技术资料写出的课题的概要,重点表述主要技术特征、参数、指标、发明点、创新点、技术进步点等。

(2)检索过程与检索结果。包括对应查新课题所选用的检索系统、数据库、检索年限、检索词、检索式及检索命中的结果。

(3)查新结果。对查新课题与以上命中的结果进行新颖性及先进性对比分析,最后得出查新结论。

第8章

学位论文写作

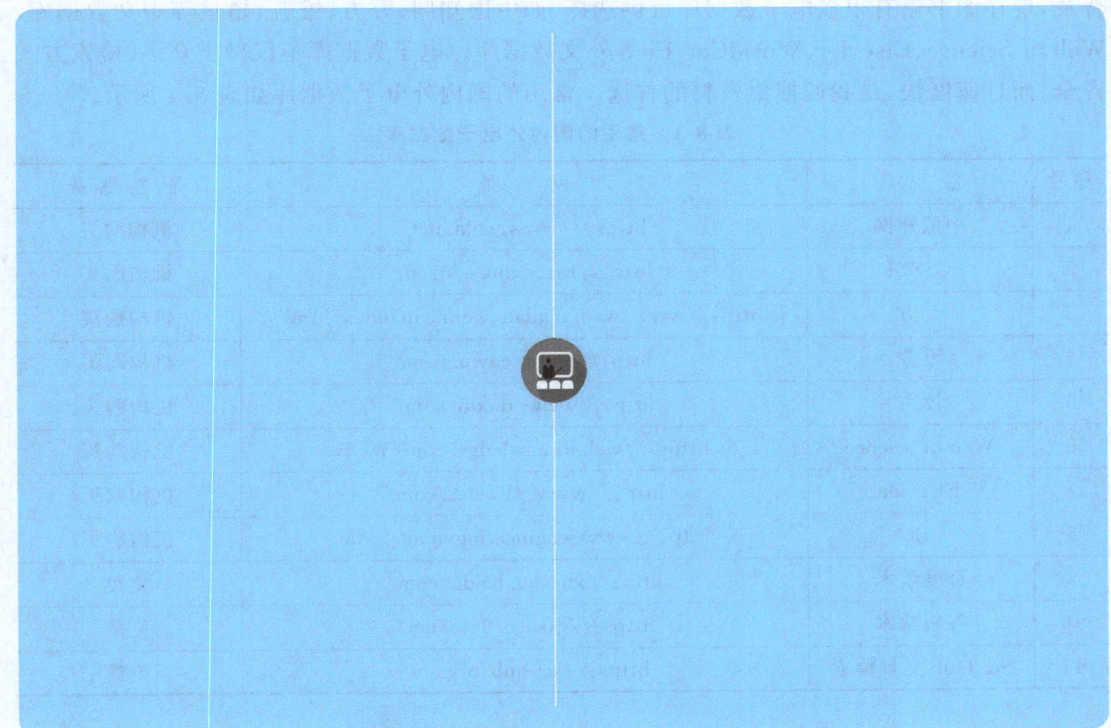

高等院校的学生在毕业前需要撰写学位论文,包括学士学位论文、硕士学位论文与博士学位论文三种类型。学位论文是学生学习与科研过程的一个环节,也是学业成绩考核和评定的一种重要方式。其目的在于总结学生在校期间的学习与科研成果,培养学生综合运用所学知识解决问题的能力,并使他们受到科学研究的基本训练。这就要求学生综合运用有关课程的理论和技术,通过计算、绘图、实验等技能,解决某学科内某一基本问题,深化和熟练运用所学知识及技能。

8.1   学位论文资料准备

学位论文不同于一般的论文,专业的学位论文是某一学科领域科研成果的描述与反映,没有研究,写作就无法进行。而研究的必要前提是掌握尽可能多的文献信息资料。一个人读的书越多,查找的资料越全面,专业水平就越高,创造性思维产生的可能性就越大,写出来的论文质量就越高。

◆ 8.1.1   国内外文献信息资料的检索

图书馆及其他文献信息机构收藏的文献资料有很多种类,我们可以从图书、期刊、研究报告、会议论文、学位论文以及专利中广泛收集与论文题目相关的资料。同时,随着网络的普及,现在图书馆有很多电子数据库可供选择,如中国知网、万方、维普、超星等中文数据库,Web of Science、Elsevier、WorldCat、Ei 等外文数据库。电子数据库不仅种类众多、检索方式齐全,而且速度快,是我们搜集资料的首选。常用的国内外电子数据库如表 8.1 所示。

表 8.1   常用的国内外电子数据库

序号	名　称	网　址	是否免费
1	中国知网	https://www.cnki.net/	机构购买
2	CSSCI	http://cssci.nju.edu.cn/	机构购买
3	万方	http://www.wanfangdata.com.cn/index.html	机构购买
4	维普	http://www.cqvip.com/	机构购买
5	读秀	http://www.duxiu.com/	机构购买
6	Web of science	https://webofknowledge.com/WOS	机构购买
7	Elsevier	http://www.elsevier.com/	机构购买
8	Ei	http://www.engineeringvillage.com	机构购买
9	百度学术	http://xueshu.baidu.com/	免费
10	谷粉学术	https://gfsoso.99lb.net/	免费
11	Sci-Hub 文献检索	https://sci-hub.org.cn/	免费

◆ 8.1.2   国内外文献信息资料的阅读

通过检索得到的文献信息资料没有必要全部通读,可以先翻翻目录或索引,找出与学位论文题目有关或紧密相连的章节。通过泛读文献题目、摘要、引言、研究结论与展望,精读与研究主题相关的文献综述,大致了解本研究主题的研究现状和前景,避免重复别人的工作。

在这些过程中,有几样事情需要做:概括与学位论文题目有关的研究现状,整理学位论文提纲或大致思路,拟定研究方法,熟悉基本的学位论文格式与写作规范。

8.2　学位论文结构

◆ ### 8.2.1　学位论文结构的基本型

人们在长期的写作实践过程中,对某些文体的写作逐渐形成了一些特定规范,即结构的基本型。学位论文也有其基本型,即绪论、本论、结论的三段式。

1. 绪论

学位论文的绪论应包括下列内容:

(1)说明研究这一课题的理由、创新点、意义。这一部分要写得简洁,一定要避免像作文那样,用很长的篇幅写自己的心情与感受,不厌其烦地讲选定这个课题的思考过程。

(2)提出问题。这是绪论的核心部分,提出的问题要明确、具体。有时需要写一点历史的回顾,关于这个课题,谁做了哪些研究以及研究的不足之处,作者本人将有哪些补充、纠正或发展。

(3)说明作者论证这一问题将要使用的研究方法。如果是一篇较长的论文,在绪论中还有必要对本论部分加以扼要、概括地介绍,或提示论述问题的结论,便于读者阅读、理解本论。

绪论只能简要地交代上述各项内容,尽管绪论可长可短,因题而异,但其篇幅的分量在整篇论文中所占的比例要小,用几百字即可。

2. 本论

本论是展开论题,表达作者个人研究成果的部分。它是学位论文的主体部分,必须下功夫把它写充分,写好。

有些学位论文,绪论部分中提出的问题很新颖、有见地,但是本论部分写得很单薄,论证不够充分,勉强引出的结论也难以站住脚。这样的学位论文是缺乏科学价值的,所以一定要全力把本论部分写好。

一般议论文的本论安排,有所谓直线推论,又称为递进式结构(即提出一个论点之后,一步步深入,一层层展开论述,论点由一点到另一点,循着一个逻辑线索直线移动);也有并列分论,又称为并列式结构(即把从属于基本论点的几个下位论点并列起来,一个一个分别加以论述)。两者结合起来运用称为混合型。

由于学位论文论述的是比较复杂的理论问题,一般篇幅较长,所以常常使用直线推论与并列分论两者相结合的方法。而且往往是直线推论中包含有并列分论,而并列分论下又有直线推论,有时还有更下位的并列分论。学位论文中的直线推论与并列分论是多重结合的。

3. 结论

结论是论文的收束部分。学位论文的结论应包括下述内容:

(1)论证得到的结果。这一部分要对本论分析、论证的问题加以综合概括,引出基本论点,即课题解决的答案。这部分要写得简要而具体,使读者能明确了解作者的独到见解。最值得注意的是,结论必须是绪论中提出的、本论中论证的、自然得出的结果。学位论文最忌论证得并不充分,而妄下结论。要首尾一贯,成为一个严谨的、完善的逻辑构成。

(2)对课题研究的展望。个人的精力是有限的,尤其作为学生,在某项课题研究上所能取得的成果也只能达到一定程度,而不可能达到顶点。所以,在结论中最好能提出课题研究工作中的遗留问题,或者需要进一步探讨的问题,以及可能解决的途径等。

(3)对在整个研究过程中给予自己帮助的同志表示谢意。

上面所说的是学位论文结构的基本型,是一种常用到的论文结构。但论文结构不是一成不变的,作者可以根据表达的研究内容灵活地进行处理。

◆ 8.2.2 学位论文常用的几种结构形式

前面所讲的绪论、本论、结论是学位论文结构的基本型,就学位论文全文的具体结构安排而言,常见的有如下几种。

1. 总提分述

所谓总提分述,就是先提出中心论点,然后分别从几个方面去论证,阐明中心论点。这种形式也叫"首括式"(演绎法):

$$
\text{(总提)} \qquad \text{(分述)}
$$
$$
\text{第一层次} \left\{ \begin{array}{l} \text{第二层次} \\ \text{第三层次} \\ \text{第四层次} \end{array} \right.
$$

2. 先分论后总论

先分论后总论就是从几个方面比较分析,然后归纳起来得出结论。这种结构形式也叫"尾括式"(归纳法):

$$
\text{(分述)} \qquad \text{(总论)}
$$
$$
\left. \begin{array}{l} \text{第一层次} \\ \text{第二层次} \\ \text{第三层次} \end{array} \right\} \text{第四层次}
$$

3. 总提、分述、总论

总提、分述、总论三者兼而有之,也称为"双括式":

$$
\text{(总提)} \qquad \text{(分述)} \qquad \text{(总论)}
$$
$$
\text{第一层次} \left\{ \begin{array}{l} \text{第二层次} \\ \text{第三层次} \\ \text{第四层次} \end{array} \right\} \text{第五层次}
$$

4. 推进式

推进式就是一步一步深入,是由浅入深的论证方法,也叫退步式:

$$
\text{第一层次——提出问题}
$$
$$
\downarrow
$$
$$
\text{第二层次——叙述现象}
$$
$$
\downarrow
$$

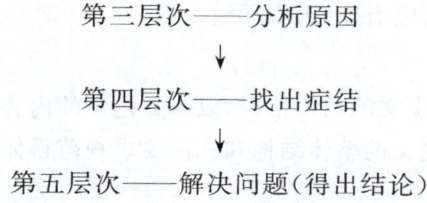

第三层次——分析原因

↓

第四层次——找出症结

↓

第五层次——解决问题(得出结论)

5. 综合式

把以上几种方式结合起来安排层次结构,就可以形成综合式结构。一篇论文往往要论及许多事物,牵涉到许多方面。而每一事件又都是复杂的,都有很多方面。因此,论文往往难以用单一结构来说明问题,这就有必要采用综合式结构:

(总提)   (分述)   (总论)

第二层次 { 第三层次 / 第四层次(先总提后分述) / 第五层次 }

↓

第一层次 { 第六层次 / 第七层次 / 第八层次 } 第九层次(先分论后总论) } 第十二层次

↓

第十层次   (推进式)

第十一层次

6. 散述式

散述式就是边分析边做结论,没有总提也没有总论,是松散的叙述。在学位论文中很少采用这种结构方式,一般用于一些议论文中。

8.3 学位论文撰写

◆ 8.3.1 学位论文写作的总体原则

通常来说,客观公正、论据翔实、论证严密等是学位论文写作的基本原则。具体来说,学位论文在写作时要遵循的原则主要包括以下几点。

1. 理论客观,具有独创性

文章的基本观点必须来自具体材料的分析和研究,所提出的问题在某专业学科领域内有一定的理论意义或实际意义,并通过独立研究,提出自己一定的认知和看法。

2. 论据翔实,富有确证性

论文能够做到旁征博引,多方佐证,对于所用论据要表明自己持何看法,有主证和旁证。论文中所用的材料应做到有理有据、准确可靠、精确无误。

3. 论证严密,富有逻辑性

作者提出问题、分析问题和解决问题,要符合客观事物的发展规律,全篇论文形成一个有机的整体,使判断与推理言之有序、天衣无缝。

4. 论点明确,标注规范

论文必须围绕论点形成全文的结构格局,以多方论证的内容组成文章的整体,以较深的理论分析辉映全篇。此外,论文的整体结构和标注要求规范得体。

5. 语言准确,表达简明

论文最基本的要求是读者能看懂。因此,要求文章想得清,说得明,想得深,说得透,做到深入浅出、言简意赅。

◆ 8.3.2 学位论文的撰写流程

学位论文的撰写流程如下。

1. 选定主题

主题是论文所要表达的中心思想,是全文思想内容的高度概括和集中表现,论文的材料取舍、结构安排、论点、论证、结论等都要服务于主题。主题应具有鲜明、集中、深刻、新颖的特点,它贯穿于论文始终,需要应用充分的例证、数据、结果及引用文献对主题进行明确、突出的论证和表达。

2. 拟定提纲

论文提纲是作者对文章内容和结构所做的初步安排。论文提纲即文章的框架,其本质在于体现作者的写作思路和事物的客观规律,即按照科学的逻辑规律对论文的内容进行合理的组织安排。拟定提纲需根据文章主题思想和逻辑规律,由略到详地进行多次补充、取舍、增删和调整,经过反复思考后逐步修改完善。

3. 确定层次和段落

划分层次时应按主题需要把材料分门别类,做到主次有序且前后呼应。段落在形式上是相对独立的最小单元,能体现作者思想发展的节点,也可使读者易于理解论文的层次和各段的中心思想。

4. 撰写初稿

撰写初稿要紧紧围绕主题,按提纲的编排进行撰写。写初稿要纵观全局,开头提出观点,展开讨论,恰如其分地使用论据、论证,并力争篇幅简短,段落、层次清晰,重点突出,论点明确,论证充分而恰当,结论切题,语言流畅、简练、逻辑性强。

5. 修改定稿

修改论文应本着严肃而认真的态度,不厌其烦,精益求精。在修改过程中,可请他人批评指正。修改工作包括结构修改、内容修改、段落修改、句子修改、文字和标点符号修改、图标修改,以及引文、参考文献等的检查核实。

◆ 8.3.3 学位论文的组成

学位论文各组成部分如下所示。

题目:应准确得体、简短精练,外延和内涵恰如其分,用最少的文字表达出最丰富的信息,字数一般不宜超过 20 个字,必要时可加副题名。

摘要:要有高度的概括力,语言精练、明确,中文摘要约 $200 \sim 300$ 字。

关键词:从论文标题或正文中挑选 3～5 个最能表达主要内容的词作为关键词。

目录:写出目录,标明页码。

正文:学位论文正文一般包括引言、本论、结论三个部分。

引言(前言)是学位论文的开头部分,主要说明论文写作的目的、现实意义、对所研究问题的认识,并提出论文的中心论点等。前言要写得简明扼要,篇幅不要太长。

本论是学位论文的主体,包括研究内容与方法、实验材料、实验结果与分析(讨论)等。在本论部分要运用各方面的研究方法和实验结果,分析问题,论证观点,尽量反映出自己的科研能力和学术水平。

结论是学位论文的收尾部分,是围绕本论所做的结束语。其基本的要点就是总结全文,加深题意。

致谢:简述自己做学位论文的体会,并对指导教师和协助完成论文的有关人员表示谢意。

参考文献:在学位论文末尾要列出写作论文参考过的专著及其他资料,所列参考文献应按文中参考或引证的先后顺序排列。

注释:在论文写作过程中,有些问题需要在正文之外加以阐述和说明。

附录:对于一些不宜放在正文中,但有参考价值的内容,可编入附录中。

◆ 8.3.4　学位论文的撰写要求

1. 标题

标题是文章的眉目,准确(accuracy)、简洁(brevity)和有效(effectiveness)是其三大精髓。作为论文主题思想的概括,标题要用最少的文字表达文章特定的思想内容,反映研究的范围、深度、水平及价值,使读者一目了然。

文章的标题样式繁多,但无论何种形式,总要以全部或不同的侧面体现作者的写作意图、文章的主旨。学位论文的标题一般分为总标题、副标题、分标题几种。

1)总标题

总标题是文章总体内容的体现。常见的写法有:

①揭示课题的实质。这种形式的标题高度概括全文内容,往往是文章的中心论点。它具有高度的明确性,便于读者把握全文内容的核心。诸如此类的标题很多,也很普遍,如"精准扶贫背景下农产品营销模式创新与发展"。

②提问式。这类标题用设问句的方式隐去要回答的内容,实际上作者的观点是十分明确的,只不过语意婉转,需要读者加以思考罢了。这种形式的标题因观点含蓄,易引起读者的注意,如"对外援助能促进能源对外直接投资吗?——来自中国企业的微观证据"。

③交代内容范围。这种形式的标题,从其本身看不出作者想要表达的观点,只是对文章的内容范围做出限定。拟定这种标题,一方面是因为文章的主要论点难以用一句简短的话加以归纳;另一方面,交代文章的内容范围可引起读者的注意,以求引起共鸣。这种形式的标题也较普遍,如"21 世纪以来中国动画电影的民族性、现代性与工业美学"。

④用判定句式。这种形式的标题对全文内容做出限定,可伸可缩,具有很大的灵活性。文章研究对象是具体的,范围较小,但引申的思想须有很强的概括性,范围较宽。这种从小处着眼、大处着手的标题,有利于科学思维和科学研究的拓展,如"觉醒·重塑·超越——从

'经山海'看当代文学新型人格建构"。

⑤用形象化的语句,如"微生物'暗物质'研究曙光""车头向下:客运企业逆境下的曙光"等。

标题的样式还有很多种,作者可以在实践中大胆创新。

2)副标题和分标题

为了点明论文的研究对象、研究内容、研究目的,对总标题加以补充与解说,有的论文还可以加副标题。商榷性的论文一般都有一个副标题,如在总标题下方,添上"与××商榷"之类的副标题。

另外,为了强调论文研究的某个侧重面,也可以加副标题,如"移动社交网络用户间歇性中辍行为形成机理的概念模型———一项基于扎根理论的探索性研究""开发蛋白质资源,提高蛋白质利用效率——探讨解决吃饭问题的一种发展战略"等。

设置分标题的主要目的是清楚地显示文章的层次。有的用文字,一般直接表明本层次的中心内容;有的用数字,仅标明一、二、三等的顺序,起承上启下的作用。需要注意的是,无论采用哪种形式,都要注意紧扣所属层次的内容,以及上文与下文联系的紧密性。

2. 目录

一般说来,篇幅较长的学位论文都设有分标题。设置分标题的论文,因其内容的层次较多,整个理论体系较庞大、复杂,故通常设有目录。

设置目录的目的主要包括下面两个方面。

①使读者能够在阅读该论文之前对全文的内容、结构有一个大致的了解,以便读者决定是读还是不读,是精读还是略读等。

②为读者选读论文中的某个分论点提供方便。长篇论文除中心论点外,还有许多分论点。当读者需要进一步了解某个分论点时,就可以依靠目录而节省时间。

目录一般放置在论文正文的前面,因而是论文的导读图。要使目录真正起到导读图的作用,必须注重以下几点。

①准确。目录必须与全文的纲目相一致。也就是说,论文的标题、分标题与目录存在一一对应的关系。

②清楚无误。目录应逐一标注该行目录在正文中的页码,标注页码必须清楚无误。

③完整。目录既然是论文的导读图,因而必须具有完整性,也就是要求文章的各项内容都应在目录中反映出来,不得遗漏。

3. 摘要

摘要即内容提要,是全文内容的缩影。在此应以极简洁的笔墨,勾画出全文的整体面目,提出主要论点,揭示论文的研究成果,简要叙述全文的框架结构。

摘要是正文的附属部分,一般放置在论文的篇首。

写作摘要的目的在于:

①使指导老师在未审阅论文全文时,先对文章的主要内容有大体上的了解,知道研究所取得的主要成果和研究的主要逻辑顺序。

②使其他读者通过阅读摘要,就能大致了解作者所研究的问题,假如产生共鸣,则进一步阅读全文。在这里,摘要成了把论文推荐给众多读者的"广告"。

因此,摘要应把论文的主要观点展示出来,使读者一看就能了解论文内容的要点。论文摘要要求写得简明而全面,不要啰唆而抓不住要点,缺乏说明观点的材料。

摘要可分为报道性摘要和指示性摘要。

报道性摘要主要介绍研究的主要方法与成果以及成果分析等,对文章内容的提示较全面。

指示性摘要只简要地叙述研究的成果(数据、看法、意见、结论等),不涉及研究手段、方法、过程等。学位论文一般使用指示性摘要。

4. 关键词

关键词是标示文献关键主题内容,但未经规范化处理的主题词。它是为了文献标引工作,从论文中选取出来,用以表示全文主要内容信息款目的单词或术语。一篇论文可选取 3~5 个词作为关键词。

5. 正文

一般来说,学术论文正文的内容应包括以下三个方面:

①事实根据(通过本人实际考察所得到的语言、文化、文学、教育、社会、思想等事例或现象)。提出的事实根据要客观、真实,必要时要注明出处。

②前人的相关论述(包括前人的考察方法、考察过程、所得结论等)。理论分析中,应将他人的意见、观点与本人的意见、观点加以明确区分。无论是直接引用还是间接引用他人的成果,都应该注明出处。

③本人的分析、论述和结论等。做到使事实根据、前人的成果和本人的分析论述实现有机结合,注意其间的逻辑关系。

6. 结论

结论应是学位论文最终的、总体的结论。换句话说,结论应是整篇论文的结局,是整篇论文的归宿,而不是某一局部问题或某一分支问题的结论,也不是正文中各段小结的简单重复。论文结论应当体现作者更深层的认识,且是从全篇论文的全部材料出发,经过推理、判断、归纳等逻辑分析过程而得到的新的学术总观念、总见解。结论可采用"结论"等字样,要求精炼、准确地阐述自己的创造性工作或新的见解及其意义和作用,还可提出需要进一步讨论的问题和建议。结论应该准确、完整、明确、精练。

结论的写作内容一般应包括以下几个方面:

①本文的研究结果说明了什么问题;

②对前人有关的看法做了哪些修正、补充、发展、证实或否定;

③本文研究的不足之处或未解决的问题,以及解决这些问题的可能的关键点和方向。

7. 致谢

按照有关规定,致谢语句可以放在正文后。致谢的对象有:国家科学基金、资助研究工作的奖学金基金、合同单位、资助和支持的企业、组织或个人;协助完成研究工作和提供便利条件的组织或个人;在研究工作中提出建议和提供帮助的人;给予转载和引用权的资料、图片、文献、研究思想和设想的所有者;其他应感谢的组织和个人。学位论文中的致谢主要感谢导师和对论文工作有直接贡献及帮助的人士和单位。

8. 参考文献

在学术论文后一般应列出参考文献(表),其目的如下:

①反映出真实的科学依据。

②体现严肃的科学态度,分清是自己的观点或成果还是别人的观点或成果。

③对前人的科学成果表示尊重,同时指明引用资料的出处,便于检索。学位论文的撰写应本着严谨、求实的科学态度,凡有引用他人成果之处,均应按论文中出现的先后次序列于参考文献中,并且只列出正文中以标注形式引用或参考的有关著作和论文。

9. 附录

对于一些不宜放入正文中,但作为学位论文不可缺少的部分,或有重要参考价值的内容,可编入学位论文附录中,如问卷调查原件、数据、图表及其说明等。

8.4　参考文献标准

参考文献是为撰写论文或论著而引用的有关期刊论文和图书资料等。它的质量和数量是评价论文质量和水平的重要指标,也能反映论文的起点、深度以及科学依据。对于大学生学位论文来说,参考文献是指作者在撰写学位论文过程中查阅、参考过的著作、报刊及其他形式的文献资料,它们按照规范的格式列在学位论文的末尾。

8.4.1　引用参考文献的原则

参考文献的引用应遵循"准确、规范、合理"的原则,具体要求如下:

(1)参考文献应严格按照规范格式著录,并按被引用的先后顺序排列。

(2)直接引用原文的需要用双引号括起来,并标明出处。

(3)对于数据、指标,需要准确引用,标明来源并做注释。

(4)引用的观点需要重新总结,在论文中用自己的语言再描述一遍,并做注释。

(5)要适当引用和合理使用。适当引用是指引用的部分不能修改引用作品的主要部分或实质部分,应忠实于作品原意,不能随意歪曲或篡改。合理使用是指引用的目的仅限于介绍、评论某一作品或者说明某一问题,而且是他人已经发表了的作品。

(6)引用文献不是罗列条目、堆砌数量,要体现必要性原则。

8.4.2　参考文献的著录规范

参考文献按在正文中出现的先后次序列于文后,著录格式应当遵从国家标准《信息与文献　参考文献著录规则》(GB/T 7714—2015)。著录页面以"参考文献:"(左顶格)或"[参考文献]"(居中)作为标识。参考文献的序号左顶格,并用数字加方括号表示,如[1]、[2]······参照 ISO 690 及 ISO 690-2,每一参考文献条目的最后均以"."结束。各类参考文献条目的编排格式及示例如下。

1. 专著

著录格式:[序号]主要责任者.文献题名[文献类型标识].其他责任者.版本项.出版地:出版者,出版年:引文页码.

示例:

[1]刘国钧,陈绍业,王凤翥.图书馆目录[M].北京:高等教育出版社,1957:15-18.

2. 论文集

著录格式:[序号]主要责任者.文献题名[文献类型标识].出版地:出版者,出版年:引文页码(任选).

示例:

[2]辛希孟.信息技术与信息服务国际研讨会论文集:A 集[C].北京:中国社会科学出版社,1994.

3. 学位论文

著录格式:[序号]主要责任者.文献题名[文献类型标识].保存地:保存单位,年份.

示例:

[3]张筑生.微分半动力系统的不变集[D].北京:北京大学数学系数学研究所,1983.

4. 报告

著录格式:[序号]主要责任者.文献题名[文献类型标识].报告地:报告会主办单位,年份.

示例:

[4]冯西桥.核反应堆压力管道与压力容器的 LBB 分析[R].北京:清华大学核能技术设计研究院,1997.

5. 期刊文章

著录格式:[序号]主要责任者.文献题名[文献类型标识].刊名,年份,卷(期):引文页码.

示例:

[5]何龄修.读顾城《南明史》[J].中国史研究,1998(3):167-173.

[6]金显贺,王昌长,王忠东,等.一种用于在线检测局部放电的数字滤波技术[J].清华大学学报(自然科学版),1993,33(4):62-67.

6. 论文集中的析出文献

著录格式:[序号] 析出文献主要责任者.析出文献题名[文献类型标识]∥原文献主要责任者(任选).原文献题名.出版地:出版者,出版年:析出文献起止页码.

示例:

[7]钟文发.非线性规划在可燃毒物配置中的应用[C]∥赵玮.运筹学的理论与应用——中国运筹学会第五届大会论文集.西安:西安电子科技大学出版社,1996:468-471.

7. 报纸文章

著录格式:[序号]主要责任者.文献题名[文献类型标识].报纸名,出版日期(版次).

示例:

[8]谢希德.创造学习的新思路[N].人民日报,1998-12-25(10).

8. 国际、国家标准

著录格式:[序号]主要责任者.标准名称:标准编号.[文献类型标识].出版地:出版者,出版年.

示例:

[9]中华人民共和国国家质量监督检验检疫总局,中国国家标准化管理委员会.汉语拼

音正词法基本规则:GB/T 16159—2012[S].北京:中国标准出版社,2012.

9.专利

著录格式:[序号]专利所有者.专利题名:专利号[文献类型标识].发布日期.

示例:

[10]姜锡洲.一种温热外敷药制备方案:881056073[P].1989-07-26.

10.电子文献

著录格式:[序号]主要责任者.电子文献题名[电子文献类型/载体类型标识].电子文献的出处或可获得地址,发表或更新日期/引用日期(任选).

示例:

[11]王明亮.关于中国学术期刊标准化数据库系统工程的进展[EB/OL].http://www.cajcd.edu.cn/pub/wml.txt/980810-2.html,1998-08-16/1998-10-04.

[12]万锦坤.中国大学学报论文文摘(1983—1993).[DB/CD].北京:中国大百科全书出版社,1996.

11.各种未定义类型的文献

著录格式:[序号]主要责任者.文献题名[文献类型标识].出版地:出版者,出版年.

◆ **8.4.3 参考文献与注释的区别**

参考文献是作者撰写著作或论文时所参考的文献书目,一般集中列表于文末;注释是对正文中某一特定内容的进一步解释或补充说明,一般排印在该页地脚。参考文献序号用方括号标注,而注释用数字加圆圈标注(如①、②等)。

◆ **8.4.4 文献类型及其标识代码**

(1)以下文献类型的标识代码以单字母表示,如表 8.2 所示。

表 8.2 文献类型及其标识代码(单字母)

参考文献类型	普通图书	会议录	汇编	报纸	期刊	学位论文	报告	标准	专利
文献类型标识代码	M	C	G	N	J	D	R	S	P

(2)对于数据库(database)、计算机程序(computer program)及电子公告(electronic bulletin board)等电子文献类型,以双字母作为标识代码,如表 8.3 所示。

表 8.3 文献类型及其标识代码(双字母)

电子参考文献类型	数据库	计算机程序	电子公告
电子文献类型标识代码	DB	CP	EB

(3)电子资源的载体类型及其标识代码。

对于非纸张型载体的电子资源,当被引用为参考文献时需要在参考文献类型标识中同时标明其载体类型,以下列格式表示:[电子资源的载体类型/载体类型标识代码]。

如:[DB/OL]——联机网上数据库(database online)

［DB/MT］——磁带数据库（database on magnetic tape）

［M/CD］——光盘图书（monograph on CD-ROM）

［CP/DK］——磁盘软件（computer program on disk）

［J/OL］——网上期刊（serial online）

［EB/OL］——网上电子公告（electronic bulletin board online）

以纸张为载体的传统文献在引作参考文献时不必注明其载体类型。

8.5　论文写作学术规范

◆　8.5.1　文献信息资源利用学术规范的基本原则

所谓学术规范，是指学术共同体内形成的进行学术活动的基本规范。一般来讲，它涉及学术研究的全过程和学术活动的各方面。所以，有学者说学术规范包括学术研究规范、学术评审规范、学术批评规范、学术管理规范。也有学者对学术规范做了横向概括，认为它包括两方面的含义：一是学术研究中的具体规则，如文献的合理使用规则、引证标注规则、立论阐述的逻辑规则等；二是高层次的规范，如学术制度规范、学风规范等。

学术规范并非只是文献信息资源利用层面上的规范。由于在学术研究活动中，文献信息的利用是贯穿于研究全过程的一项不可缺少的重要工作，所以，学术规范的许多方面都与文献信息资源利用有关。可以说，有关文献信息资源利用的规范构成了学术规范的重要内容。

综合学术研究的国际惯例、中国传统和时代特色，文献信息资源利用学术规范的基本原则主要包括以下内容。

(1)所有的专门性研究，都应该依据已有文献对相同或相关方面的研究成果、研究状况做出概略性的说明介绍。

这一规范，在国家标准《学位论文编写规则》（GB/T 7713.1—2006）中有体现。该标准规定，报告、论文的主体部分由引言、正文、结论等构成，其中引言（或绪论）部分"简要说明研究工作的目的、范围、相关领域的前人工作和知识空白、理论基础和分析、研究设想、研究方法和实验设计、预期结果和意义等"。

为什么需要这种规范？首先，任何知识生产、知识创新都需要以知识的有序继承和必要积累为基础，概略性说明介绍实际上就是作者继承和积累的知识的体现；其次，概略性说明介绍展现了研究现状，提供了必要的信息，为人们评价研究课题的价值提供了基本的资料或线索；最后，体现了对前人创造成果的尊重。

实现这一规范，必然要求研究者在选题之前尽可能全面地普查相关文献。因为只有对获得的文献进行全面的检索，才能对文献进行进一步的分析研究，从而明确前人的研究已经解决了哪些问题，存在什么缺陷，自己研究的推进和创新是什么。这也就是概略性的说明介绍的内容。由此可见，检索相关文献是有价值的专门性研究的起点。

(2)对已有文献任何形式的引用，都必须注明出处。

这是在学术研究中征引文献应遵循的最基本的道德规范。注明出处的意义在于，体现作者实事求是、言之有据的科学态度，体现保护他人著作权的精神，把作者的成果和前人的成果明确地区分开来，为读者深入了解相关内容、查找相关资料提供线索，为文献信息的定量统计提供方便。

在学术研究中，规范的对立面是"失范"，失范最典型的表现就是剽窃抄袭。所以，剽窃抄袭被认为是学术研究中最不可容忍的事情，是最严重的学术过失——不管是什么形式、什么动机、什么情况下的剽窃抄袭。因此，在学术研究领域，剽窃抄袭者面对着最为严厉的学术惩罚。

在国外的学术评价体系中，对剽窃抄袭往往有较为明确的界定："复制、综合或解释他人的想法或观点而不指明出处的享有。"复制是逐字引用他人的文本，复制而不指明出处，就是抄袭。概括其他作者的观点是合法的，但这样做的前提是要清楚地指出正在这样做。如果将别人的观点、思想或信息概括得好像是自己的一样，则是抄袭。释义是用不同的话语将某一作者的意思进行重新表达，如果完整、确切地指出参考出处是允许的，否则是抄袭。上述几种方法的综合使用，如复制加释义等同样属于抄袭。界定虽然细密，但基本原则简单明了：不指明出处的享有，就是抄袭。

到目前为止，我国还没有公认的、成体系的对剽窃抄袭的界定，但约定俗成的鉴别办法也不是没有，而且在本质上和国外并没有什么差异，这就是——是否注明了出处。这一原则并不是舶来品，在我国古已有之。古人说得很明确："当明引不当暗袭。""明引"就是指明出处的引用，"暗袭"则是隐瞒出处的因袭。古人认为，明引"足见其心术之笃实，又足征其见闻之渊博。若暗袭以为己有，则不足见其渊博，且有伤于笃实之道"。所以，"明引则有两善，暗袭则两善皆失也"。可见，不论古今中外，在学术研究中对已有文献任何形式的引用都必须注明出处，这不仅仅是技术方法的问题，而是鉴别是否抄袭的基本依据，也是谨守学术伦理道德最基本的体现。

按照现代学术惯例，不同性质的作品在要求注明征引出处的严格性上有所不同。研究性作品在这一点上是最严格的，教材和主要供大众阅读、以传播知识为主的普及性作品相对宽松。在大学里，学生的作业、读书报告、小论文等不一定都用来发表，但由于学习阶段主要是接受基本而系统的理论、方法、技能训练的阶段，所以，要求一般较为严格。学位论文因其内容本身就是研究性的，而且包含学术规范的养成训练，因此，要求是严格的。如哈佛大学的《哈佛学习生活指南》对学生有这样的要求："独立思想是美国学界的最高价值。美国高等教育体系以最严肃的态度反对把他人的著作或者观点化为己有，即所谓剽窃。每一个这样做的学生都将受到严厉的惩罚，甚至取消学位。当你在准备任何类型的学术论文，包括口头发言稿、平时作业、考试论文等时，你必须明确地指出，你的文章中有哪些观点是从别人的著作或任何形式的文字材料上借鉴而来的。"澳大利亚国立大学在学生手册中公告："学生应该显示他们能够独立思考，用他们自己的文字来维系清楚和符合逻辑的论证。学生可以不交含有未指明出处或是以不妥方式指出出处的他人作品的内容，不交含有过量引语的作业。学术技能和学习中心将为表达有困难的学生提供帮助。"

（3）原则上不采用间接引用方式。所谓间接引用，就是一般所说的"转引"，即引用第三者作品中所引用的内容。

在学术研究中，转引在原则上是被禁止的，因为转引不能确保所引内容的准确无误。你可以把转引的内容一字不错地加以复制，但你不能保证第三者在引用时也是一字不错；你可以说你对转引资料的意思有了准确的理解，但你无法保证在原作的语境当中，转引的内容就是这样的意思。从学术研究的角度说,错误的资料、数据会导致错误的结论,因此,要求作为依据的资料一定是原始的、准确的,所以转引自然就被归入禁止之列。

间接引用一般都可以转化为直接引用。因为如果能够形成转引,那么第三者的作品中必然提供了引文出处。在这种情况下,只要按照第三者作品中提供的资料线索去查找并核对原文,就可以看到资料的原始面貌,也就可以把间接引用转化为直接引用了。

就人文社会科学研究来说,有时候间接引用难以避免。如某些国外资料、珍贵古籍资料、目前仍然限制阅读的资料等,虽然通过第三者的作品获知了资料线索,但一般人往往无法获得原作。若要引用,只有转引,别无他法,这种情况下的间接引用是允许的。这也就是把不采用间接引用的方法界定为"原则上"的含义所在。不过,这种情况下的转引必须明确注明"转引自××",否则会被认为是对出处的不实标注,学术界惯称"伪引"。不实标注同样是一种学术上的弄虚作假,同样为学术伦理规范所不容。

在我国,原则上不采用间接引用也是一种古已有之的学术规范。清代学者陈澧在《引书法示端溪书院诸生》一文中对此做过总结:"引书必见本书而引之。若未见本书而从他书转引者,恐有错误,且贻诮于稗贩者矣。或其书难得,不能不从他书转引,宜加自注云'不见此书,此从某书转引',亦笃实之道也。"陈氏的总结与今天的规范别无二致,可以说,原则上不采用间接引用的规范在我国有着悠久的传统。

(4)引用以必要、适当为限。

这是对征引文献量的限制。虽然"必要""适当"难以给出一个明确的数量标准,但过度的引用必然会带来两个后果:一是使人怀疑作者是否具有原创能力,二是涉嫌侵权。没有原创能力,把研究作品变成资料长编,让引用的内容成为研究成果的主要部分或实质部分,即便是注明了出处,研究成果也从根本上失去了存在的价值。从另一方面说,现代著作权保护中的"合理使用",界限是在作品中"适当"地引用他人已经发表的作品。如果超越了"适当"的界限,势必涉嫌侵权。

早在1985年,文化部颁布过《图书、期刊版权保护试行条例实施细则》,对引用他人作品做过数量上的限制:引用非诗词类作品不得超过两千五百字或被引用作品的十分之一,如果多次引用同一部长篇非诗词类作品,总字数不得超过一万字;引用诗词类作品不得超过四十行或全诗的四分之一,但古体诗词除外。凡引用一人或多人的作品,所引用的总量不得超过本人创作作品总量的十分之一,但专题评论文章和古体诗词除外。如今,随着《中华人民共和国著作权法》的施行,这一规定已不再具有法律效力,但它为我们判断引用文献数量"适当"提供了参考。

(5)引用不得改变或歪曲被引内容的原貌、原义。

这是对原作者拥有的作品不受歪曲、篡改权利的尊重,也是如实使用资料、论据的科学态度的体现。

直接引文,原貌不能改变,原义不能篡改。尤其要防止断章取义。概括引用,被引文字的原貌可以改变,但不能脱离原义,更不能篡改原义。在这方面,需要特别注意的是常常使用的"某某认为""某某看来"一类概括,一定要概括出作者的真正主张,而不能将解释学中的"不正确理解形式"或"合理误读"移植到概括引用上来。

改变或歪曲被引内容的原貌、原义,被认为是不实引用。不实引用被视为学术上的弄虚作假。

（6）原则上使用原始文献。

这是针对引用文献的来源的规范。有些文献，特别是一些著名文献，往往有汇编本、改编本、简本、摘要等诸多形式，引用时应尽可能使用原始形态的文本。比如原本和汇编本并存，尽量使用原本；原文和摘要并存，则尽量使用原文。这是为了最大限度地忠实于原作，防止由于汇编、改编等编辑工作使文献的本来面目失真。

人文社会科学领域的有些文献，原始形态的文本已不通行或已亡佚，在这种情况下，可以使用非原始形态的文本。比如中国古代的类书，按照一般的规范，使用类书中的资料必须和原书核对，但类书中辑录的许多资料，原书今已亡佚，对这类资料，允许直接引自类书。

（7）原则上使用最新版本。

这是针对有修订本的文献的规范。最新版本一般就是指最新修订本。一般来说，作品的初印本和修订本有形式上或实质上的差异，修订本往往体现了作者最新的思想、观点。因此，当引用某一作者的某一资料作为支持性论据或批评对象时，应当以作者的最新表达为依据，即使用负载作者最新修正信息的版本。从学术研究的角度说，允许思想、观点的修正，有了修正，此前的观点既不受责难，也不作为依据。

在中国的人文社会科学领域，往往有这样的现象：最新版本不一定是最好的版本，不一定是体现作者最真实思想、观点的版本，如某些名作的当代修订本。这就涉及另外一个问题：当以一位作者的思想演变过程作为研究对象时，所谓"最新版本"不一定是最新出版的修订本，而是最能反映作者某一时段思想主张的版本。研究作者的思想演变，当然要以能够反映思想演变轨迹的版本作为依据，这实际上又回到了使用原始文献的原则。

（8）引文标注应完整、准确地显示被引作品的相关信息。

这是对引文标注技术方法的规范。相关信息包括作者、题名、出版地、出版时间、卷期、页次等。完整、准确地显示相关信息，一方面体现了引文的确切性，是严谨的学术研究态度的体现，另一方面为读者以此为线索进行进一步查找提供了方便。

近年来，学术规范日益受到重视，引文标注的技术规范也在逐渐强化，所以，这方面的问题，主要是熟悉技术规范并在研究中加以运用的问题。

（9）引用网络资源必须注意其"动态性"。

随着时代的发展，网络文献信息资源因内容丰富、更新及时、传播迅速、获取方便，越来越成为学术研究中重要的文献信息源。在学术研究中，严肃的网络资源和印刷版文献具有同等效力，使用的基本规范也相同。唯一的重要区别是，为了适应网络资源"动态"的特点，网络资源的引用出处一般由网址和时间信息构成。时间信息是指网络资源的发布、更新时间或获取时间。

8.5.2 文献信息资源的引证标注

文献信息资源的引证标注有三种情况：注释、引文出处、参考文献。

注释是对正文内容的解释或补充。

引文出处是对正文中引用文献出处的揭示。

参考文献是论文写作过程中参考过的文献。从理论上说，参考文献可以是引用过的文献，也可以是仅仅潜在性地启发了作者的思路而并没有直接引用的文献。

参考文献

[1] 余向春.化学化工信息检索与利用[M].3版.大连:大连理工大学出版社,2008.

[2] 刘延淮.中外专利数据库检索指南[M].北京:中国专利文献出版社,1997.

[3] 孟广均,沈英,郭志明,等.信息资源管理导论[M].北京:科学出版社,1998.

[4] 赵国璋,朱天俊,潘树广.社会科学文献检索[M].北京:北京大学出版社,2016.

[5] 江镇华.怎样检索中外专利信息[M].北京:知识产权出版社,2001.

[6] 黄如花.网络信息的检索与利用[M].武汉:武汉大学出版社,2002.

[7] 金红亚.光盘数据库检索使用指南[M].上海:上海科学技术文献出版社,2002.

[8] 焦玉英,符绍宏,何绍华.信息检索[M].武汉:武汉大学出版社,2001.

[9] 马费成.信息管理学基础[M].武汉:武汉大学出版社,2002.

[10] 沈固朝.信息检索(多媒体)教程.[M].北京:高等教育出版社,2002.

[11] 王知津,崔永斌.科技信息检索[M].天津:南开大学出版社,2003.

[12] 叶继元.信息检索导论[M].2版.北京:电子工业出版社,2010.

[13] 叶鹰.信息检索:理论与方法[M].北京,高等教育出版社,2004.

[14] 孙济庆,杨永厚.新编化学化工信息检索[M].2版.上海:华东理工大学出版社,2003.

[15] 陈树年.大学文献信息检索教程[M].上海:华东理工大学出版社,2006.

[16] 萨莉·拉姆奇.如何查找文献[M].廖晓玲,译.北京:北京大学出版社,2007.

[17] 张帆.信息存储与检索[M].2版.北京:高等教育出版社,2007.

[18] 张黎.怎样写好文献综述:案例及评述[M].北京:科学出版社,2008.

[19] 秦殿启.文献检索与信息素养教育[M].南京:南京大学出版社,2008.

[20] 徐庆宁.新编信息检索与利用[M].上海:华东理工大学出版社,2008.

[21] 刘廷元,邵卫东,汤凝.信息检索教程[M].北京:北京交通大学出版社,2008.

[22] 叶晓风.网络信息资源检索与利用[M].南京:南京大学出版社,2008.

[23] 夏立新,金燕,方志.信息检索原理与技术[M].北京:科学出版社,2009.

[24] 陆宏弟.网络环境下的文科信息检索[M].上海:上海交通大学出版社,2009.

[25] 张振华.工程信息检索与论文写作[M].北京:清华大学出版社,2009.

[26] 康桂英.网络环境下信息资源检索及毕业论文写作[M].北京:北京理工大学出版社,2009.

[27] 洪全.信息检索与利用教程[M].北京:清华大学出版社,2009.

[28] 黄如花.英文参考源的检索与利用[M].北京:海洋出版社,2010.

[29] 凤元杰.文献信息检索[M].北京:科学出版社,2010.

[30] 舒炎祥,方胜华.数字文献检索[M].北京:科学出版社,2010.

[31] 邰峻,刘文科.网络信息检索实用教程[M].北京:电子工业出版社,2010.

[32] 张俊慧.信息检索教程[M].北京:科学出版社,2016.

[33] 吉家凡,杨连真,李明,等.网络信息检索[M].武汉:华中科技大学出版社,2010.

[34] 王细荣,丁洁,苏丽丽.文献信息检索与论文写作[M].6版.上海:上海交通大学出版社,2017.

[35] 李爱明,明均仁.信息检索教程[M].武汉:华中科技大学出版社,2012.

[36] 陈蔚杰,徐晓琳,谢德体.信息检索与分析利用[M].3版.北京,清华大学出版社,2013.

[37] 国家知识产权局专利局专利文献部.专利文献与信息检索[M].北京:知识产权出版社,2013.

[38] 彭奇志.信息检索与利用[M].北京,中国轻工业出版社,2013.

[39] 刘湘萍.科技文献信息检索与利用[M].北京:冶金工业出版社,2014.

[40] 徐岚.信息检索实用教程[M].北京:化学工业出版社,2015.

[41] 孙昊,孙波.科技信息检索[M].重庆:重庆大学出版社,2015.

[42] 袁守亮,周春宏.信息检索与利用[M].北京:人民邮电出版社,2015.

[43] 魏振枢,史子木.科技文献信息检索[M].北京:化学工业出版社,2016.

[44] 王知津.信息存储与检索[M].2版.北京:机械工业出版社,2015.

[45] 邹广严,王红兵.信息检索与利用[M].2版.北京:科学出版社,2015.

[46] 黄如花,胡永生.信息检索与利用实验教材[M].武汉:武汉大学出版社,2017.

[47] 杨兆辉,明丽宏.信息检索教程[M].北京:电子工业出版社,2018.

[48] 汪楠,成鹰.信息检索技术[M].3版.北京:清华大学出版社,2017.

[49] 李树青,曹杰.经济管理信息的检索与利用[M].2版.北京:清华大学出版社,2018.

[50] 刘婧.网络信息资源检索与利用[M].北京:电子工业出版社,2018.

[51] 杨云川,杨晶,王清晨,等.信息元素养与信息检索[M].北京:电子工业出版社,2018.

[52] 赵乃瑄.实用信息检索方法与利用[M].3版.北京:化学工业出版社,2018.

[53] 黄如花.信息检索[M].3版.武汉:武汉大学出版社,2019.

[54] 邓发云.信息检索与利用[M].3版.北京:科学出版社,2018.

[55] 杨建林.社会化信息搜寻研究[M].南京:南京大学出版社,2019.

[56] 陈英,章童.科技信息检索[M].7版.北京:科学出版社,2020.